UTB **3179**

**Eine Arbeitsgemeinschaft der Verlage**

Böhlau Verlag · Köln · Weimar · Wien
Verlag Barbara Budrich · Opladen · Farmington Hills
facultas.wuv · Wien
Wilhelm Fink · München
A. Francke Verlag · Tübingen und Basel
Haupt Verlag · Bern · Stuttgart · Wien
Julius Klinkhardt Verlagsbuchhandlung · Bad Heilbrunn
Lucius & Lucius Verlagsgesellschaft · Stuttgart
Mohr Siebeck · Tübingen
Orell Füssli Verlag · Zürich
Ernst Reinhardt Verlag · München · Basel
Ferdinand Schöningh · Paderborn · München · Wien · Zürich
Eugen Ulmer Verlag · Stuttgart
UVK Verlagsgesellschaft · Konstanz
Vandenhoeck & Ruprecht · Göttingen
vdf Hochschulverlag AG an der ETH Zürich

STEFAN STÜRMER

# Sozial-
# psychologie

Mit 12 Abbildungen, 3 Tabellen
und 48 Übungsaufgaben

Ernst Reinhardt Verlag München Basel

Prof. Dr. *Stefan Stürmer* lehrt Sozialpsychologie an der Fernuniversität Hagen.

Covermotiv: © MEV

Lektorat / Redaktion im Auftrag des Ernst Reinhardt Verlages:
Dr. med. Martina Steinröder

Bibliografische Information der Deutschen Nationalbibliothek
Die Deutsche Nationalbibliothek verzeichnet diese Publikation in der
Deutschen Nationalbibliografie; detaillierte bibliografische Daten sind im
Internet über <http://dnb.d-nb.de> abrufbar.

UTB-ISBN 978-3-8252-3179-8          ISBN 978-3-497-02056-0

Grundlayout und Einbandgestaltung: Atelier Reichert Stuttgart
Satz: PTP-Berlin Protago-T$_E$X-Production GmbH, Berlin
Druck: Friedrich Pustet, Regensburg

Printed in Germany
ISBN 978-3-8252-3179-8 (UTB-Bestellnummer)

Ernst Reinhardt Verlag, Kemnatenstr. 46, D-80639 München
Net: www.reinhardt-verlag.de  E-Mail: info@reinhardt-verlag.de

# Inhalt

# Vorwort

Die Sozialpsychologie erforscht die psychologischen und sozialen Prozesse, die menschliches Sozialverhalten – inklusive solcher Phänomene wie Aggressionen, Vorurteile, Altruismus, Konformität oder Kooperation – bedingen. Für viele Sozialpsychologen üben diese Themen eine besondere Faszination aus, weil sie fundamentale Fragen der menschlichen Natur berühren – Fragen, die Denker und Forscher unterschiedlicher Disziplinen seit Jahrhunderten beschäftigen: Sind Menschen von Natur aus aggressiv und egoistisch? Oder sind sie auch fähig zu selbstlosem Verhalten? Haben sie eine „natürliche" Abneigung gegen alles Fremde – oder ist ein friedliches Zusammenleben unterschiedlicher Gruppen möglich? Ein zusätzlicher Reiz resultiert aus der unmittelbaren Verbindung vieler sozialpsychologischer Forschungsfragen zu praktischen und gesellschaftspolitischen Themen und dem daraus resultierenden Anwendungspotenzial.

Ein Hauptanliegen dieses Buches ist es, Ihre Begeisterung für die Sozialpsychologie und ihre Forschungsfragen zu wecken – und zwar dadurch, dass Ihnen grundlegendes Wissen über die relevanten Theorien, Modelle und Forschungsbefunde vermittelt wird.

**Zielgruppen – Handhabung.** Das Buch richtet sich an Studierende in psychologischen Studiengängen, es ist aber auch für Studierende in anderen sozial- und verhaltenswissenschaftlichen Studiengängen geeignet. Das Buch behandelt sämtliche Themen, die zu einer Einführung in die Sozialpsychologie gehören – soziale Kognitionen, Attribution, soziale Beziehungen, Einstellungen, Aggression, prosoziales Verhalten, sozialer Einfluss, Arbeiten in Gruppen und Intergruppenverhalten u.a. Ziel dieses Buches ist es nicht, diese Themen erschöpfend zu behandeln, sondern Schlüsselwissen zu diesen Forschungsbereichen zu vermitteln, das Ihnen eine systematische Grundlage für eine weitere Auseinandersetzung und erfolgreiches Lernen bietet. Das didaktische Konzept beruht auf einer Kombination folgender Elemente:

▶ Definition zentraler Begriffe zu Beginn jedes Kapitels und im Glossar;
▶ Erläuterung zentraler Argumente grundlegender Theorien, Modelle und Forschungsansätze;

▶ komprimierte Darstellung wegweisender Forschungsbefunde;
▶ Kapitelzusammenfassungen;
▶ Hinweise zur weiterführenden und vertiefenden Literatur;
▶ Übungsaufgaben zu jedem Kapitel.

Der Aufbau des Buches erlaubt es prinzipiell, nur einzelne Kapitel zu lesen. Studienanfängern wird aber empfohlen, mit Kapitel 1 und 2 zu beginnen, da in diesen Kapiteln wichtige begriffliche und theoretische Grundlagen geklärt werden, die ein Verständnis der folgenden Kapitel erleichtern.

Zur Sprache: Aus Gründen der Lesbarkeit wird auf die explizite Nennung beider Geschlechter verzichtet; falls nicht ausdrücklich anders erwähnt, sind immer beide Geschlechter gemeint. Bei der Darstellung von Forschungsergebnissen, die sich auf soziale Minoritäten beziehen, werden die Begriffe verwendet, die von den Minoritätsangehörigen selbst zur Bezeichnung ihrer Gruppe verwendet werden.

**Danksagung.** Mein Dank gilt Dr. Alexandra Babioch für ihre kompetenten Kommentare und Rückmeldungen zum Manuskript. Für die gute Betreuung bei der Manuskripterstellung möchte ich mich auch bei meinen Lektorinnen Ulrike Landersdorfer und Susanne Schimmer herzlich bedanken.

Hagen, März 2009                                Stefan Stürmer

# Einführung

## Was ist Sozialpsychologie? | 1.1

Was ist der zentrale Forschungsgegenstand? Was sind forschungsleiten-
de Grundannahmen?

### Begriffsbestimmung | 1.1.1

Die Sozialpsychologie ist eine grundlagenwissenschaftliche Teildisziplin
der empirischen Psychologie. Sie untersucht das Erleben und Verhalten
von Menschen in *sozialen Situationen*, d.h. Situationen, in denen Kogniti-

soziale Situationen

onen, Emotionen, Motive und Handlungen einer Person durch die tatsächliche, vermutete (oder mitunter lediglich vorgestellte) Anwesenheit anderer Menschen beeinflusst werden (Allport 1954a). Die Sozialpsychologie ist eine vergleichsweise junge empirische Wissenschaft – ihre akademische Institutionalisierung begann erst in den 30er-Jahren des vergangenen Jahrhunderts (Jones 1998).

Bis in die 1960er Jahre hinein entwickelt sich die Sozialpsychologie im Wesentlichen in den USA. In Europa erfolgte eine breitere akademische Institutionalisierung etwa ab Mitte der 1970er Jahre; in Deutschland ging dies, wie in vielen anderen Ländern auch, mit der Etablierung der Sozialpsychologie als einem der Kernfächer der akademischen Grundlagenausbildung in Psychologie einher.

Zur Erkenntnisgewinnung bedient sich die Sozialpsychologie eines breiten Spektrums empirischer Forschungsmethoden, das Beobachtungsverfahren, korrelative Verfahren und experimentelle Verfahren umfasst. Sozialpsychologische Theorien und Erkenntnisse werden in vielfältigen Anwendungsbereichen der Psychologie zur Erklärung und Lösung praktischer Probleme herangezogen (z.B. der Arbeits- und Organisationspsychologie, der Gesundheitspsychologie, der Rechtspsychologie oder der Werbepsychologie). Zahlreiche grundlagenwissenschaftliche Forschungen wurden (und werden) durch soziale und gesellschaftlich relevante Fragen inspiriert (z.B. die Vorurteilsforschung, die Forschung zu Kooperationsprozessen in Gruppen, die Aggressionsforschung).

Obwohl die Sozialpsychologie eine Vielzahl unterschiedlicher sozialer Phänomene untersucht, gibt es eine Reihe gemeinsamer forschungsleitender Prämissen. Eine dieser Prämissen ist, dass Menschen das, was sie als soziale Realität wahrnehmen, aktiv konstruieren. Sie reagieren also nicht darauf, wie eine Situation „objektiv" ist, sondern darauf, wie diese Situation von ihnen selbst subjektiv wahrgenommen und interpretiert wird (z.B. Bruner 1958). Eine zweite Prämisse sozialpsychologischer Forschung steht im Einklang mit der von Kurt Lewin (1951), einem der Mitbegründer der empirischen Sozialpsychologie, aufgestellten Verhaltensgleichung. Sie beschreibt menschliches Verhalten (V) als eine Funktion von Personenfaktoren (P) und Umweltfaktoren (U):

$$V = f(P, U)$$

Die sozialpsychologische Forschung untersucht daher zum einen, wie und auf welche Weise *Personenmerkmale* (z.B. Einstellungen, Motive, Emo-

**Merksatz**

Ein Hauptziel sozialpsychologischer Forschung besteht darin, empirisch überprüfbare Theorien und Modelle zu entwickeln, um zu beschreiben, zu prognostizieren und zu erklären, wie Menschen sich in sozialen Situationen verhalten – wie sie einander wahrnehmen, wie sie Einfluss aufeinander ausüben und wie sie ihre Beziehungen zueinander gestalten.

tionen) Wahrnehmung, Erleben und Verhalten in sozialen Situationen beeinflussen. Zum anderen werden die *Effekte von Merkmalen der* (subjektiv wahrgenommenen) *sozialen Situation* auf Wahrnehmung, Erleben und Verhalten untersucht (z.B.: Wird das Verhalten in Anwesenheit oder Abwesenheit anderer Personen ausgeführt? Ist der Interaktionspartner Mitglied der eigenen Gruppe oder gehört er zu einer anderen Gruppe?). Sozialpsychologen erforschen zudem die Wechselwirkung (Interaktion) der Effekte von Personen- und Situationsfaktoren auf das menschliche Erleben und Verhalten in sozialen Situationen.

Der Begriff der *Wechselwirkung* wird in der psychologischen Forschung unterschiedlich verwendet. Sozialpsychologen interessieren sich insbesondere für Wechselwirkungen im Sinne statistischer Interaktionen.

Wechselwirkung

### Definition

Eine **Interaktion** zwischen zwei Einflussfaktoren liegt vor, wenn die Stärke des Effekts, den ein bestimmter Faktor (z.B. ein Situationsmerkmal) auf eine Variable (z.B. ein bestimmtes Verhalten) ausübt, systematisch mit der Ausprägung eines anderen Faktors (z.B. einem Personenmerkmal) variiert.

### Studie

Zur Illustration ein empirisches Beispiel: In einer experimentellen Studie zu Determinanten von Versöhnungsprozessen im Kontext langanhaltender politischer Konflikte untersuchten Arie Nadler und Ido Liviatan (2006) die Auswirkungen von Entschuldigungen von politischen Führern der Gegenseite auf die Versöhnungsbereitschaft. Zu diesem Zweck präsentierten sie ihren Versuchspersonen (jüdischen Israelis) unterschiedliche Versionen der Rede eines Palästinenserführers. In einer Version drückte er Mitgefühl für das durch den Konflikt verursachte Leiden der jüdisch-israelischen Bevölkerung aus; in einer anderen Version fehlte der Ausdruck von Mitgefühl. Intuitiv könnte man erwarten, dass sich der Ausdruck von Mitgefühl generell positiv auf die Versöhnungsbereitschaft auswirkt. Wie die Forscher vermutet hatten, war dies allerdings nur bei denjenigen Israelis der Fall, die Palästinensern schon vor der Rede ein gewisses Maß an Vertrauen entgegenbrachten. Bei denjenigen, die Palästinensern generell wenig oder gar nicht vertrauten, wirkte sich der Ausdruck von Mitgefühl durch den politischen Führer hingegen sogar negativ auf ihre Versöhnungsbereitschaft aus (wahrscheinlich, weil sie hinter dem Verhalten ein politisches Täuschungsmanöver vermuteten).

Dieses Ergebnismuster verdeutlicht, wie der Effekt eines sozialen Situationsfaktors (hier: Ausdruck von Mitgefühl des politischen Gegners für das erlittene Leid) systematisch durch die Ausprägung eines Personenfaktors (hier: Vertrauen des Rezipienten) beeinflusst werden kann („Interaktionseffekt").

### 1.1.2 | Forschungsbereiche

Die Phänomene, mit denen sich die sozialpsychologische Forschung befasst, lassen sich zwei breiten Forschungsbereichen zuordnen: 1) intra- und interpersonale Prozesse und 2) intra- und intergruppale Prozesse.

*intra- und interpersonale Prozesse*  Ein traditioneller Schwerpunkt der Forschungsarbeiten zu *intra*personalen Prozessen liegt auf der Erforschung von Einstellungen (Welche Funktionen haben Einstellungen und wie beeinflussen sie das Verhalten?). Schwerpunkte der Forschung zu *inter*personalen Prozessen sind u. a. die soziale Beziehungsforschung (Wie entwickeln sich Freundschaften zwischen Individuen?), die Forschung zu prosozialem Verhalten (Unter welchen Bedingungen helfen Menschen einander?) oder zu aggressivem Verhalten (Wann und warum fügen Menschen anderen Menschen absichtlich Schaden zu oder verletzen einander?).

*intra- und intergruppale Prozesse*  Ein traditioneller Schwerpunkt der Forschung zu *intra*gruppalen Prozessen befasst sich mit der Kooperation in Gruppen und der Gruppenleistung. Ein Schwerpunkt der Forschung zu *inter*gruppalen Prozessen liegt u. a. auf der Eruierung der Ursachen von Vorurteilen und Diskriminierung und der Erforschung von Strategien zur Verbesserung von Intergruppenbeziehungen (Unter welchen Bedingungen führt Kontakt zwischen verfeindeten Gruppen zum Abbau von Vorurteilen?).

### 1.1.3 | Interdisziplinäre Verbindungen

Welche Verbindungen bestehen zwischen der Sozialpsychologie und anderen Sozial- und Verhaltenswissenschaften? Zur Beantwortung dieser Frage bietet sich die Unterscheidung verschiedener Ebenen sozial- und verhaltenswissenschaftlicher Analysen an (s. Pettigrew 1996, 114f):

*Makroebene*  Analysen auf der *Makroebene* widmen sich typischerweise den soziostrukturellen, ökonomischen oder politischen Prozessen, die Phänomene des gesellschaftlichen Zusammenlebens kennzeichnen und bedingen. Makroebenenanalysen fallen damit in den Bereich der Politikwissenschaft, der Wirtschaftswissenschaft, der Soziologie u. a.

*Mikroebene*  Analysen auf der *Mikroebene* konzentrieren sich im Gegensatz dazu auf psychologische oder biologische Prozesse – Analyseeinheiten sind hier das Individuum oder kleinere biologische Einheiten (z. B. das Gehirn). Die Allgemeine und die Kognitionspsychologie, die Persönlichkeitspsychologie, die Humanbiologie und die Neurowissenschaften, um nur einige Disziplinen zu nennen, konzentrieren sich nahezu vollständig auf diese Ebene. Sozialpsychologen untersuchen zwar ebenfalls intrapsychische Phänomene, die eigentliche Domäne der Sozialpsychologie ist aber die Mesoebene – dort wo Psychisches und Soziales aufeinandertreffen.

Analysen auf der *Mesoebene* konzentrieren sich auf soziale Prozesse – Interaktionen zwischen Individuen, innerhalb von Gruppen oder zwischen Gruppen. Wissenschaftliche „Nachbarn" der Sozialpsychologie auf dieser Ebene sind u. a. die (Mikro-)Soziologie, die Kommunikationswissenschaft und die Ethnologie.

*Mesoebene*

Die sozialpsychologische Forschung und Theoriebildung wurde und wird durch Nachbardisziplinen auf unterschiedlichen Ebenen beeinflusst (die Aggressionsforschung z.B. durch Erkenntnisse aus der Humanbiologie; die sozialpsychologische Intergruppenforschung

**Merksatz**

**Die sozialpsychologische Analyse stellt eine Verbindung zwischen Analysen auf der Mikro- und der Makroebene her.**

z.B. durch soziologische Theorien). Sozialpsychologische Erkenntnisse werden wiederum in andere Disziplinen „exportiert" (die Soziologie, die Politikwissenschaft, die Kommunikationswissenschaft u.a.). Ein besonderes Potenzial der Sozialpsychologie besteht darin, Erklärungsansätze dafür bereitzustellen, wann und auf welche Weise sich Makroprozesse (objektive Strukturen) auf Mikroprozesse (subjektives Erleben) auswirken und umgekehrt.

**Beispiel**

Lassen Sie uns dies an einem Beispiel erläutern: Ob und wann ökonomische, strukturelle oder politische Faktoren der Makroebene (z.B. soziale und ökonomische Ungleichheiten zwischen Gruppen) zu sozialen Unruhen führen, hängt davon ab, wie Angehörige der unterprivilegierten Gruppe auf diese Situation psychologisch reagieren (z.B. Frustration vs. Resignation). Allerdings reagieren Menschen i.d.R. nicht direkt auf diese objektiven Bedingungen, sondern darauf, wie diese innerhalb ihrer Gruppe gedeutet und interpretiert werden (als soziale Ungerechtigkeit oder als gerechtes Ergebnis unterschiedlicher Leistungsfähigkeit von Gruppen?).

Der Einfluss makrostruktureller Faktoren auf das Individuum wird also durch sozialpsychologische Prozesse (soziale Einflussprozesse) auf der

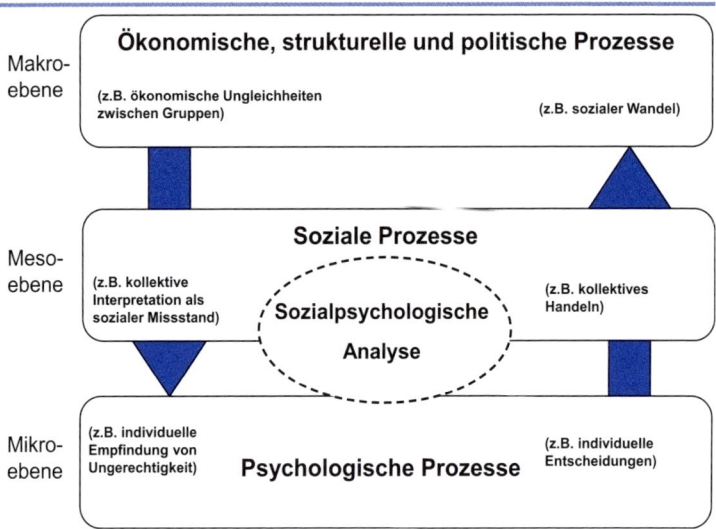

Abb 1.1

*Soziale Prozesse vermitteln die Effekte zwischen Makro- und Mikroebene*

Mesoebene vermittelt, was entsprechender Analysen bedarf. Sozialpsychologische Analysen leisten andererseits auch einen Beitrag zur Klärung der folgenden Frage: Welche psychologischen und sozialen Prozesse führen dazu, dass sich Individuen mit anderen Individuen zusammenschließen, um durch kollektives Handeln Veränderungen der Strukturen auf der Makroebene zu bewirken (d.h. zur Erklärung des Einflusses des Individuums auf die Makroebene, s. Abb. 1.1)?

## 1.2 | Methoden der Sozialpsychologie

Menschen beschäftigen sich einen Großteil ihres Lebens mit ganz ähnlichen Dingen wie wissenschaftlich arbeitende Sozialpsychologen: Sie versuchen, Gesetzmäßigkeiten im Verhalten von Menschen aufzudecken, und bemühen sich soziales Verhalten vorherzusagen und zu erklären. In diesem Sinne verhalten sich Menschen wie „naive" (Sozial-)Psychologen (Heider 1958). Ein wichtiger Unterschied zwischen dem naiven und dem wissenschaftlichen Sozialpsychologen besteht in den Ansprüchen, welche sie an die Theorien und Hypothesen stellen, die sie über die soziale Welt generieren – anders als Laientheorien müssen wissenschaftliche Theorien bestimmten Gütekriterien entsprechen und intersubjektiv nachvollziehbar sein. Ein zweiter wichtiger Unterschied besteht in der Art und Weise, wie Laien und Wissenschaftler ihre Hypothesen prüfen (Stichwort: Forschungsmethoden).

## Wissenschaftstheoretische Grundbegriffe | 1.2.1

Allgemein formuliert besteht eine wissenschaftliche Theorie aus Begrif- **hypothetische**
fen und Hypothesen. Definitionen klären die Begriffe, die in einer Theo- **Konstrukte**
rie verwendet werden. Durch eine möglichst präzise Definition der Begriffe sollen v. a. Missverständnisse und Mehrdeutigkeiten ausgeräumt
werden. Dies ist in der (Sozial-)Psychologie von großer Bedeutung, da
zahlreiche Phänomene, auf die sich sozialpsychologische Theorien und
Begriffe beziehen, selbst nicht unmittelbar physikalisch mess- oder beobachtbar sind (z. B. Einstellungen). Ihre Existenz und Ausprägung kann
nur über Indikatoren erschlossen werden. Man bezeichnet deswegen
diese Begriffe auch als *hypothetische Konstrukte*.

### Definition

**Hypothetische Konstrukte** sind abstrakte theoretische Begriffe, die sich
nicht direkt beobachten lassen, sondern nur mit Hilfe von Indikatoren
beobachtet oder erschlossen werden können.

Der Begriff *Variable* bezieht sich auf die messbaren Indikatoren eines hy- **Variable**
pothetischen Konstrukts. Um z. B. zu erfassen, welche Einstellung eine
Person gegenüber einer Gruppe hat, könnte man die Person fragen, wie
sie die Gruppe bewertet; man könnte ihr Verhalten gegenüber Mitgliedern der Gruppe beobachten; oder man könnte erfassen, welche physio-
logischen oder neuropsychologischen Reaktionen sie zeigt, wenn man
ihr Bilder von Mitgliedern der Gruppe zeigt.
  Im Allgemeinen gibt es vielfältige Verfahren, ein hypothetisches Konstrukt messbar zu machen – i. d. R. hat jedes Verfahren gewisse Vor- und
Nachteile (Selbstberichte können verfälscht sein; ein beobachtetes Verhalten kann unterschiedliche Gründe haben etc.). Die Güte der Operationalisierung ist für die Qualität einer empirischen Untersuchung bzw.
die Gültigkeit der Schlussfolgerungen, die aufgrund der Datenerhebung
vorgenommen werden können, von hoher Bedeutung.

### Definition

Unter **Operationalisierung** wird die Art und Weise verstanden, wie ein hypothetisches Konstrukt in eine beobachtbare Variable überführt wird.
Sie hat Auswirkungen auf die Validität (Gültigkeit) der wissenschaftlichen Schlussfolgerungen.

Definition

Der Begriff **Konstruktvalidität** bezieht sich darauf, inwieweit eine beobachtete Variable das zugrunde liegende theoretische Konstrukt angemessen repräsentiert.

Wenn-dann-Sätze

Da ein Ziel sozialpsychologischer Theorien darin besteht, menschliches Erleben und Verhalten zu erklären und vorherzusagen, nehmen die Hypothesen (sozial)psychologischer Theorien (im Sinne der Logik) häufig die Form von Wenn-dann-Sätzen an (z. B. „Wenn Menschen sich stark mit ihrer Gruppe identifizieren, dann steigt ihre Bereitschaft, individuelle Interessen zugunsten von Gruppeninteressen zurückzustellen" – eine Hypothese, die sich aus der Selbstkategorisierungstheorie von Turner et al. 1987 ableiten lässt). Je allgemeiner die Formulierungen der Hypothesen sind, desto größer ist der Gültigkeitsbereich einer Theorie.

**Merksatz**

**Die Hypothesen einer Theorie spezifizieren die Beziehung zwischen den hypothetischen Konstrukten.**

Aus den allgemeinen Hypothesen einer Theorie lassen sich wiederum spezielle Hypothesen für einen bestimmten Kontext oder Verhaltensbereich ableiten, die dann im Rahmen empirischer Untersuchungen der Prüfung unterzogen werden („Wenn sich Angehörige einer benachteiligten Minorität stark mit ihrer Gruppe identifizieren, sollten sie bereit sein, an politischen Protestaktionen zur Durchsetzung von Gruppeninteressen teilzunehmen, und zwar unabhängig davon, welche unmittelbaren persönlichen Kosten und Nutzen damit für sie verbunden sind", s. Stürmer/Simon 2004). Theorien sind daher insofern nützlich, da ihre allgemeine Formulierung die Vorhersage und Erklärung von Phänomenen mit dem gleichen begrifflichen Instrumentarium in einer Vielzahl von unterschiedlichen Kontexten erlaubt – ein Sachverhalt, der in dem Lewin zugeschriebenen Zitat „Nichts ist so praktisch wie eine gute Theorie" pointiert zusammengefasst wird (Lewin 1951, 169).

Gütekriterien

Die Güte wissenschaftlicher Theorien lässt sich anhand einer Reihe von innerhalb der Wissenschaftlergemeinschaft bzw. der Scientific Community geteilten Kriterien beurteilen (z. B. Opp 2005). Einige dieser Kriterien sind:

▶ Innere Widerspruchsfreiheit: Man sollte nicht eine Aussage und deren Gegenteil (Verneinung) aus einer Theorie ableiten können.
▶ Äußere Widerspruchsfreiheit: Eine Theorie sollte nicht im Widerspruch zu als gesichert geltenden Theorien stehen, ohne genau zu spezifizieren, wo bisherige Annahmen zu korrigieren sind.

▶ Eine Theorie ist umso besser, je präziser ihre Vorhersagen sind und je mehr Phänomene sie erklärt oder vorhersagt.

▶ Und eine Theorie ist umso besser, je größer die Prüfbarkeit ihrer Hypothesen ist. Die Hypothesen müssen potenziell falsifizierbar sein.

Trotz dieser Kriterien ist es in manchen Fällen nicht möglich (oder erkenntnistheoretisch sinnvoll), sich für eine einzige Theorie zu entscheiden. Wie Sie bei der Lektüre dieses Buches wiederholt feststellen werden, liegen in der Sozialpsychologie für die Erklärung bestimmter Phänomene (z.B. Intergruppenkonflikt) oft eine Reihe verschiedener Theorien (oder theoretischer Modelle) vor. Jede(s) von ihnen kann bestimmte Phänomene (besser) erklären, die von anderen Theorien nicht (oder nur unzureichend) erklärt werden können. Die Entscheidung für eine einzige Theorie würde daher zu einer unangemessenen Vernachlässigung der durch diese Theorie nicht ausreichend erklärten Phänomene führen.

## Forschungsmethoden

1.2.2

Im Alltag prüfen Menschen ihre Annahmen über die soziale Welt i.d.R. durch subjektive Beobachtung – dieses Vorgehen kann allerdings bestimmten Verzerrungen unterliegen. Ein gut dokumentierter sozialpsychologischer Befund ist z.B. folgender: Menschen tendieren oft dazu, einseitig nach Informationen zu suchen, die ihre Annahmen bestätigen, während sie Informationen vernachlässigen, die ihre Annahmen widerlegen könnten – ein Prozess, der als *selektive* (oder auch *konfirmatorische*) *Informationssuche* bezeichnet wird (→ Kap. 2.1.3). Im Unterschied dazu bedienen sich wissenschaftliche Sozialpsychologen systematischer Methoden der Datenerhebung und Hypothesenprüfung. Dazu gehören die systematische Beobachtung, (neuro)psychologische oder physiologische Messungen, Befragungen, Experimente u.a. (zum Überblick s. Reis/Judd 2000). Sozialpsychologische Forschungsmethoden lassen sich generell anhand zweier Fragen klassifizieren:

*selektive Informationssuche*

**Frage 1: Findet die Datenerhebung im Feld oder im Labor statt?** Bei der *Feldforschung* werden die Erlebens- und Verhaltensdaten in der Umgebung erhoben, in der sie natürlicherweise auftreten. Bei der *Laborforschung* findet die Datenerhebung unter hoch kontrollierten Bedingungen in speziell dafür ausgestatteten Räumlichkeiten statt.

Ein Vorteil von Laborforschung im Vergleich zu Feldforschung besteht in der Kontrollierbarkeit und Standardisierung relevanter Einflussgrößen und Rahmenbedingungen. Ein Nachteil ist, dass die im Labor isolierten Wirkmechanismen nicht ohne Weiteres auf spezifische Kontexte oder Populationen außerhalb des Labors übertragen (generalisiert) werden können (z.B. weil dort andere Einflussfaktoren dominieren). Zudem kann sich das ungewohnte „Setting" der Laborsituation auf das Erleben und Verhalten der Versuchspersonen auswirken und dadurch die Ergebnisse verfälschen.

Die Prüfung sozialpsychologischer Theorien und ihrer Anwendbarkeit auf unterschiedliche Kontexte und Populationen stützt sich daher typischerweise auf eine Kombination aus Feld- und Laborforschung. Die Feldforschung spielt auch eine wichtige Rolle für die Weiterentwicklung und Modifikation von Theorien, da durch sie bislang unberücksichtigte Einflussfaktoren im Feld aufgedeckt werden können.

Methoden der
Beobachtung

**Frage 2: Dient die Methode der Beschreibung, der Vorhersage oder der Erklärung sozialer Phänomene?** Wenn das Ziel der Forschung in erster Linie in der *Beschreibung* sozialer Phänomene besteht, verwenden Sozialpsychologen *Methoden der Beobachtung* – die sozialen Phänomene werden systematisch beobachtet und protokolliert.

Ein Beispiel für eine solche Methode ist die Ethnografie. Mit dieser versucht der Forscher, durch Beobachtung unter natürlichen Bedingungen ein Bild von Normen, Bräuchen und Sozialstrukturen u.Ä. einer Gruppe oder Kultur zu bekommen.

Sozialpsychologen wollen i.d.R. allerdings mehr, als soziale Phänomene beschreiben – sie wollen sie vorhersagen und erklären.

Korrelationsmethode

Besteht das Ziel primär in der *Vorhersage* von Phänomenen, verwenden Forscher häufig die Korrelationsmethode – zwei oder mehrere Variablen werden systematisch gemessen, und es wird die Beziehung zwischen ihnen ermittelt.

**Beispiel**

Beispielsweise könnte man bei Kindern mittels Fragebogen ihren durchschnittlichen täglichen Konsum medialer Gewalt durch das Spielen von Ego-Shootern erfassen. Unabhängig davon könnte ihr Aggressionsverhalten von ihren Lehrern mittels eines Aggressionsfragebogens beurteilt werden. Anhand dieser beiden Messungen könnten dann über korrelationsstatistische Verfahren geklärt werden, ob ein signifikanter Zusammenhang zwischen dem Konsum medialer Gewalt durch Spielen von Ego-Shootern und Aggression besteht.

Die Ergebnisse von Korrelationsstudien lassen allerdings keine eindeutigen Kausalschlüsse zu. Wenn man beispielsweise einen Zusammenhang zwischen einer Variable X (z.B. Konsum von medialen Gewaltdarstellungen) und Y (z.B. Aggression) ermittelt, steht dies zwar im Einklang mit der Annahme, die Variable X (der Konsum medialer Gewaltdarstellungen) sei die Ursache für Y (Aggression) – prinzipiell könnte allerdings auch ein umgekehrter kausaler Zusammenhang vorliegen (aggressive Kinder konsumieren mehr mediale Gewaltdarstellungen). Außerdem könnte auch eine dritte Variable für den beobachteten Zusammenhang verantwortlich sein, indem sie die Ausprägung von X und Y beeinflusst (z.B. der Erziehungsstil der Eltern).

    Besteht das Ziel der Forschung in der *Erklärung*, verwenden Sozialpsychologen daher *experimentelle Methoden*. Der Vorteil dieser Methoden ist, dass Annahmen über kausale Beziehungen zwischen Variablen (das zentrale Element einer Erklärung) mit wesentlich größerer Sicherheit überprüft werden können als durch Beobachtungs- oder Korrelationsmethoden. In der sozialpsychologischen Forschung spielen Experimente, insbesondere Laborexperimente, daher eine herausragende Rolle (zu einer experimentellen Prüfung der Effekte des Konsums medialer Gewalt auf das Aggressionsverhalten des Zuschauers → Kap. 6.4.3). | experimentelle Methoden

**Das (sozial-)psychologische Experiment.** Schlüsselmerkmale des Experiments sind *Manipulation* und *Kontrolle*. Wenn X tatsächlich eine Ursache von Y ist, dann sollten Veränderungen in X im Regelfall auch Veränderungen in Y zur Folge haben. Um dies zu prüfen, vollzieht der Forscher im einfachsten Fall eines Experiments zwei Schritte: | Manipulation und Kontrolle

(1) Er manipuliert (variiert) die Ausprägung der Variable, von der er annimmt, dass sie eine Ursache einer anderen Variable ist (die sog. *unabhängige Variable*), und

(2) er beobachtet (bzw. misst) die daraus resultierenden Veränderungen in der anderen Variable (der sog. *abhängigen Variable*).

Kontrolltechniken dienen dazu, sicherzustellen, dass die beobachtete Kovariation von Ursache und Wirkung in einem Experiment allein auf die manipulierte Ursache (die unabhängige Variable) und nicht auf andere mit der manipulierten Ursache zufällig variierende Faktoren zurückzuführen ist (letzteres Phänomen wird als *Konfundierung* der unabhängigen Variable mit einer *Störvariable* bezeichnet).

## Definition

Die Variable, für die eine ursächliche Wirkung angenommen wird, wird als **unabhängige Variable (UV)** und die Variable, deren Ausprägung als von der unabhängigen Variable abhängig angenommen wird, als **abhängige Variable (AV)** bezeichnet.

Tabelle 1.1 gibt einen Überblick über die Variablentypen, die in der experimentellen Forschung unterschieden werden.

*Randomisierung*   Eine der wichtigsten experimentellen Kontrolltechniken ist die zufällige (randomisierte) Zuteilung der Versuchspersonen (im Folgenden: Vpn) auf die verschiedenen Bedingungen des Experiments, durch die unterschiedliche Ausprägungen der UV realisiert werden. Die *Randomisierung* soll sicherstellen, dass alle potenziell relevanten Merkmale der Vpn vor der Manipulation in den verschiedenen Bedingungen des Experiments (zumindest im Durchschnitt) gleich ausgeprägt sind. Sie können infolgedessen nicht für beobachtete unterschiedliche Ausprägungen der AV zwischen den Experimentalbedingungen verantwortlich sein. Um ein „echtes" Experiment handelt es sich nur, wenn neben der Möglichkeit der Manipulation der UV auch die Möglichkeit der randomisierten Zuteilung der Vpn besteht.

*interne vs. externe Validität*   **Gütekriterien zur Beurteilung experimenteller Untersuchungen:** Der Begriff der Validität bezieht sich in der empirischen Forschung auf die Gültigkeit der Schlussfolgerungen, die aus einer Untersuchung gezogen werden können. Die Qualität experimenteller Forschung hängt in erster Linie von der *internen Validität* ab, d.h. der Sicherheit, mit der man aus den Ergebnissen des Experiments auf Ursache-Wirkungs-Beziehungen schließen kann. Die interne Validität eines Experiments ist hoch, wenn die beobachtete Veränderung der AV mit hoher Wahrscheinlichkeit auf die experimentelle Manipulation der UV zurückzuführen ist. Die *externe Va-*

## Unterscheidungen von Variablen in der experimentellen (Sozial-)Psychologie

| Tab. 1.1

| Art der Variable | Definition | Andere Bezeichnung |
|---|---|---|
| Unabhängige Variable (UV) | Die Variable, für die eine ursächliche Wirkung angenommen wird; sie wird **manipuliert**. | Treatment, Faktor |
| Abhängige Variable (AV) | Die Variable, von deren Ausprägung angenommen wird, dass sie von der UV abhängt; sie wird **gemessen**. | Outcomevariable, Ergebnisvariable |
| Moderatorvariable | Eine im Rahmen der theoretischen Annahmen relevante Variable, die die Stärke des Kausaleffekts der UV auf die AV beeinflusst. Sie erklärt, **wann** (unter welchen Bedingungen) ein bestimmter Effekt der UV zu erwarten ist; sie wird in Experimenten daher häufig als eine zusätzliche UV manipuliert. | Interagierende Variable |
| Mediatorvariable | Eine im Rahmen der theoretischen Annahmen relevante Variable, die den Kausaleffekt der UV auf die AV vermittelt. Sie erklärt, **warum** sich die UV auf die AV auswirkt; sie wird in Experimenten daher häufig zusätzlich zur AV gemessen oder aber gezielt manipuliert. | Vermittelnder Prozess |
| Störvariable | Variablen, die ebenfall Einfluss auf die Ausprägung der AV haben können. Dieser Einfluss ist **nicht** von primärem theoretischem Interesse, er beeinträchtigt aber die Interpretation des Effekts der UV. Störvariablen müssen daher eliminiert oder kontrolliert werden. | Confoundervariable |

*lidität* bezieht sich darauf, inwieweit die Befunde (unter Berücksichtigung relevanter theoretischer Annahmen) auf andere Situationen oder Populationen übertragbar (generalisierbar) sind.

Ein wichtiges Kriterium zur Beurteilung der externen Validität eines Experiments ist die *Replizierbarkeit*, d.h. die Bestätigung der Befunde bei unabhängigen Wiederholungen mit Vpn aus anderen Populationen, in unterschiedlichen Kontexten oder unter Verwendung unterschiedlicher Varianten der Manipulation.

Replizierbarkeit

### Pro und Contra

An sozialpsychologischen Laborexperimenten wird manchmal kritisiert, dass die Vpn in „künstliche" Situationen gebracht würden, denen sie so im Alltag nicht begegnen würden. Daraus wird geschlussfolgert, die Ergebnisse seien nicht auf das „reale" Leben übertragbar. Diese Kritik beruht jedoch auf einer falschen Prämisse. Entscheidend für die Übertragbarkeit experimenteller Befunde auf andere Situationen ist nicht, dass die Experimentalsituation einer realen Situation maximal gleicht (*offensichtlicher* Realismus). Entscheidend ist vielmehr, dass sie *psychologischen* Realismus besitzt – d.h., dass die in einem Experiment angestoßenen psychologischen Prozesse denjenigen, die unter entsprechenden Bedingungen im „realen Leben" ablaufen, weitgehend ähneln (s. Aronson et al. 1994). Ist der psychologische Realismus hoch, können gerade Laborexperimente weitreichende generalisierbare Ergebnisse produzieren, da sie eine Prüfung der theoretischen Annahmen auf einem hochgradig allgemeinen (statt situationsspezifischen) Niveau ermöglichen.

### 1.2.3 | Ethische Aspekte

*demand characteristics*

Die interne Validität sozialpsychologischer Experimente kann dadurch bedroht werden, dass bestimmte Hinweisreize in der Untersuchungssituation (sog. *demand characteristics*) dazu führen, dass die Vpn Überlegungen über den Zweck des Experimentes anstellen und sich dementsprechend verhalten. Die Ergebnisse werden dann verfälscht, da – anders als intendiert – nicht mehr die spontanen oder „natürlichen" Reaktionen der Vpn beobachtet werden können.

*soziale Erwünschtheit*

Vpn können auch bemüht sein, während des Experiments in einem günstigen Licht zu erscheinen. Diese Tendenz zur *sozialen Erwünschtheit* kann die Ergebnisse insbesondere dann verfälschen, wenn negative Verhaltensweisen untersucht werden (z.B. aggressives Verhalten, soziale Diskriminierung).

*cover story*

Eine in der sozialpsychologischen Forschung häufig verwandte Methode, um die Einflüsse derartiger Prozesse zu reduzieren, besteht darin, dass die Vpn von der Versuchsleitung (im Folgenden: Vl) über einige Aspekte der Untersuchung getäuscht werden. Diese Täuschung kann vom einfachen Zurückhalten von Informationen über die wahren Ziele der Untersuchung bis zur absichtlichen Irreführung der Vpn reichen. Dabei wird ihnen vorgespiegelt, die Untersuchung verfolge ganz andere Ziele – es wird eine sog. *cover story* verwendet. Die vorsätzliche Täuschung von Vpn ist aus wissenschaftlicher Sicht gerechtfertigt – man kann ziemlich sicher sein, dass sich Vpn, die an sozialpsychologischen Experimenten zu aggressivem Verhalten, Vorurteilen oder Diskriminierung teilnehmen, anders verhalten würden (weniger aggressiv, weniger vorurteilsbehaftet oder diskriminierend), würden sie vor ihrer Teilnahme über die jeweiligen Ziele der Untersuchung vollständig in Kenntnis gesetzt. Ohne diese Täuschungen wären wichtige theoretische Annahmen über die Ursachen, die sozial und gesellschaftlich hochrelevante Verhaltensweisen bedingen, dann nicht oder nur sehr eingeschränkt prüfbar.

Nichtsdestotrotz bleibt die Täuschung von Vpn aus ethischer Sicht problematisch. In Reaktion auf Kontroversen über die ethischen Grenzen (sozial)psychologischer Forschung haben wissenschaftlich-psychologische Fachgesellschaften und Verbände (in Deutschland z.B. die Deutsche Gesellschaft für Psychologie; der Berufsverband Deutscher Psychologinnen und Psychologen) *Ethik-Richtlinien* für die Forschung mit Menschen herausgegeben, die für wissenschaftlich arbeitende (Sozial-)Psychologen verbindlich sind. Zu diesen Richtlinien gehören u.a. die Freiwilligkeit der Vpn zur Teilnahme; die Verpflichtung, Vpn keinen psychisch oder physisch schädigenden Einflüssen oder Gefährdungen auszusetzen; sowie die Verpflichtung, Untersuchungen unverzüglich abzubrechen, wenn Vpn unerwartete Belastungsreaktionen zeigen. Im Hinblick auf die Täuschung von Vpn schreiben diese Richtlinien eine vollständige *postexperimentelle Aufklärung* vor. Zudem soll den Vpn die Möglichkeit gegeben werden, die an ihnen erhobenen Daten zurückzuziehen.

*Ethik-Richtlinien*

## Definition

Unter **postexperimenteller Aufklärung** wird verstanden, dass die Vpn nach dem Experiment vollständig über die Täuschung und das eigentliche Ziel der Untersuchung aufgeklärt werden. Die wissenschaftliche Notwendigkeit der Täuschung wird begründet. Im Idealfall vermittelt diese Aufklärung den Vpn ein Verständnis für die Relevanz der Forschungsergebnisse und den Beitrag, den sie dazu geleistet haben.

## Zusammenfassung

Die Sozialpsychologie erforscht die Effekte personaler und situativer Faktoren und deren Wechselwirkungen darauf, wie Menschen einander in sozialen Situationen wahrnehmen, Einfluss aufeinander ausüben und wie sie ihre sozialen Beziehungen gestalten.

Die Sozialpsychologie beschäftigt sich mit der Beschreibung, Vorhersage und Erklärung von (inter)personalen und Gruppenprozessen. Im Kontext anderer sozial- und verhaltenswissenschaftlicher Disziplinen stellt die sozialpsychologische Analyse ein wichtiges Bindeglied zwischen Analysen auf der Mikro- und der Makroebene zur Erklärung sozialen Verhaltens dar.

Bei der Sozialpsychologie handelt es sich, wie bei der Psychologie im Allgemeinen, um eine empirische Wissenschaft, d. h. ihr Erkenntnisgewinn erfolgt über die systematische Generierung und Prüfung von Theorien und Hypothesen auf der Grundlage von Beobachtungs- und Messdaten. Die Sozialpsychologie stützt sich dabei auf ein breites Methodenspektrum, wobei der experimentellen Methode eine herausragende Rolle zukommt.

## Literatur

Hogg, M. A. & Vaughan, G. M. (2005). *Social psychology* (4. Aufl.). Pearson / Prentice: Harlow, UK.

Jonas, K., Stroebe, W. & Hewstone, M. R. C. (Hrsg.) (2007). *Sozialpsychologie. Eine Einführung* (5. Aufl.). Springer: Heidelberg.

Reis, H. T. & Judd, C. M. (2000). *Handbook of research methods in social and personality psychology.* Cambridge University Press: New York.

Ross, L. & Nisbett, R. E. (1991). *The person and the situation: Perspectives of social psychology.* McGraw-Hill: New York.

## Übungsaufgaben

**1** Erläutern Sie zwei grundlegende Prämissen sozialpsychologischer Forschung!

**2** Was versteht man unter der Interaktion zweier Faktoren (oder Variablen)?

**3** Erläutern Sie das Potenzial der Sozialpsychologie im Kontext interdisziplinärer Forschung.

**4** Anhand welcher Kriterien lässt sich die Güte einer wissenschaftlichen Theorie beurteilen?

**5** Erläutern Sie die Schlüsselmerkmale des sozialpsychologischen Experiments!

**6** Welche Argumente sprechen für die Verwendung von Täuschungen in sozialpsychologischen Experimenten und welche dagegen?

# Soziale Kognitionen, soziale Erklärungen, soziale Beziehungen | 2

## 2.1 | Soziale Kognitionen

**Studie**

In einer experimentellen Untersuchung spielte Duncan (1976) weißen Vpn unterschiedliche Versionen eines Videos vor, das eine hitzige Diskussion zwischen einem schwarzen und einem weißen Mann zeigte. Alle Vpn sahen am Ende des Videos, wie der eine Mann den anderen Mann schubste. Ein Teil der Vpn sah allerdings eine Version, in der der Schwarze der „Täter" war; in einer anderen Version war der Weiße der Täter. Obwohl der Grund für den Schubser in beiden Versionen des Videos unklar blieb – es konnte sich um Spaß, eine theatralische Geste oder aber Aggression handeln –, beurteilten die Vpn den Verhaltensakt als gewalttätiger und aggressiver, wenn er von einem Schwarzen statt von einem Weißen ausgeführt wurde. Und nicht nur das: War der Schwarze der Täter, führten die Vpn das Verhalten eher auf seine Persönlichkeitseigenschaften zurück. Das identische Verhalten eines Weißen wurde hingegen eher durch die situativen Umstände erklärt.

Wie dieses einführende Beispiel illustriert, ist das, was Menschen als soziale Realität wahrnehmen, nicht einfach ein Abbild einer irgendwie gearteten „objektiven" Realität. Vielmehr handelt es sich um eine subjektive Konstruktion, die aus einem Zusammenspiel zwischen „objektiven" Daten und Erwartungen, Zielen und Bedürfnissen des Wahrnehmenden resultiert.

### 2.1.1 | Begriffsbestimmung

soziale Kognitionsforschung

Die Frage, wie Menschen Informationen über sich selbst und ihre soziale Welt verarbeiten und wie sich diese Verarbeitungsprozesse auf die subjektive Wahrnehmung und Interpretation der sozialen Realität auswirken, sind Generalthemen der *sozialen Kognitionsforschung* (zum Überblick s. z.B. Bless et al. 2004). Die paradigmatischen Ansätze der sozialen Kognitionsforschung basieren auf Erkenntnissen der Kognitionspsychologie.

**Definition**

Der Begriff **soziale Kognition** bezieht sich auf den Prozess des Erwerbs, der Organisation und Anwendung von Wissen über sich selbst und die soziale Welt.

Konkret beinhaltet dieser Prozess, a) *mentale Repräsentationen* über sich selbst, über andere und über soziale Beziehungen zu erstellen und im Gedächtnis zu speichern und b) diese mentalen Repräsentationen flexibel anzuwenden, um Urteile zu bilden und Entscheidungen zu treffen.

*mentale Repräsentation*

**Definition**

Mit dem Begriff **mentale Repräsentationen** werden Wissensstrukturen bezeichnet, die ein Mensch konstruieren, im Gedächtnis speichern, aus dem Gedächtnis abrufen und in unterschiedlicher Weise verwenden kann.

In Tabelle 2.1 finden Sie einen Überblick über Typen mentaler Wissensrepräsentation, die in der sozialen Kognitionsforschung unterschieden werden.

## Schritte der sozialen Informationsverarbeitung

2.1.2

Das Experiment von Duncan (1976) ist gut geeignet, einige zentrale Erkenntnisse der sozialen Kognitionsforschung zu den Schritten des menschlichen Informationsverarbeitungsprozesses und zum Einfluss des Wissens des Wahrnehmenden zu verdeutlichen.

**Initiale Wahrnehmung.** In einem ersten Schritt muss eine Person die kritischen Stimuli (Objekte, Personen, Ereignisse) wahrnehmen. Dies setzt voraus, dass sie ihre Aufmerksamkeit auf bestimmte Aspekte der Situation konzentriert (im Duncan'schen Experiment beispielsweise auf die Akteure und deren Verhalten) und andere Aspekte der Situation von der weiteren Verarbeitung ausschließt (im Duncan'schen Experiment die Detailmerkmale des Raums, in dem die Interaktion stattfand). Von den individuellen Merkmalen der Akteure in dem Experiment von Duncan (Größe, Sprechgeschwindigkeit, Alter u. a.) zog offenbar die Hautfarbe die besondere Aufmerksamkeit der Vpn auf sich.

**Definition**

Ein Stimulus, der die Fähigkeit besitzt, im Zusammenspiel mit Merkmalen des Wahrnehmenden (z. B. Bedürfnissen, Zielen) die Aufmerksamkeit auf sich zu ziehen, wird in der sozialen Kognitionsforschung als **salient** bezeichnet. Stimuli werden i. d. R. salienter, wenn sie a) sozial bedeutsam sind und b) im Vergleich zu anderen Stimuli im sozialen Kontext

**Tab. 2.1** | **Unterschiedliche Typen von Wissensrepräsentationen**

| Begriff | Definitorische Merkmale | Beispiel |
|---|---|---|
| Schema | Repräsentation, die Informationen über die Attribute eines Konzepts und die Attributrelationen beinhaltet. | Personenschemata: Wissen über bestimmte Personen.<br><br>Kausale Schemata: Abstrakte Annahmen darüber, welche Ursachen für bestimmte Arten von Ereignissen verantwortlich sind. |
| Skript | Repräsentation von Ereignissen, die Informationen über zeitliche Abfolgen beinhaltet. | Wissen über die zeitliche Abfolge von Ereignissen, die einen Restaurantbesuch kennzeichnet. |
| Kategorie | Repräsentation einer Klasse von Objekten, Personen oder Ereignissen mit ähnlicher Bedeutung oder Funktion. | Konkrete Kategorien:<br>Pflanzen, Tiere<br><br>Soziale Kategorien:<br>Männer, Frauen<br><br>Abstrakte Kategorien:<br>Werte, Ideale |
| Stereotype | Repräsentation der allgemeinen Merkmale der Mitglieder einer sozialen Kategorie. | Merkmale von Mitgliedern bestimmter Berufsgruppen (Professoren) oder ethischen Gruppen (Schwarze). |
| Prototyp | Repräsentation der idealtypischen und definitorischen Merkmale einer Kategorie. | Prototypische Merkmale eines Professors: ist über 40 Jahre alt, hält Vorlesung, forscht (etc.). Prototypikalität kann variieren – 30-jährige Professoren sind weniger prototypisch als 50-jährige. |
| Assoziatives Netzwerk | Komplexe kognitive Struktur, in der eine Vielzahl von Konzepten durch assoziative Verbindungen miteinander in Beziehung stehen. Durch Ausbreitung der Aufmerksamkeit entlang dieser Verbindungen werden bei Aktivierung eines Konzepts benachbarte Konzepte ebenfalls aktiviert. | Die Einstellung einer Person gegenüber einem Objekt inklusive aller kognitiven, affektiven, konativen Aspekte. |

relativ selten auftreten (z. B. ein einzelner Angehöriger einer sozialen Minorität unter Mitgliedern der Majorität).

Die *Salienz* eines bestimmten Stimulus hat wichtige Konsequenzen für die weitere Informationsverarbeitung. Grundsätzlich erhöht sie die Wahrscheinlichkeit, dass sich die nachfolgende Informationsverarbeitung auf Informationen konzentriert, die mit dem salienten Stimulus zusammenhängen (Bless et al. 2004).

Salienz

**Enkodierung.** In einem zweiten Schritt muss die Person die wahrgenommenen Stimuli *enkodieren* und interpretieren (d. h. ihnen muss Sinn verliehen werden).

### Definition

Die **Enkodierung** ist der Prozess, der einen äußeren Stimulus in eine mentale Repräsentation überführt, die dann im Gedächtnis gespeichert wird. Der Prozess der Enkodierung beinhaltet, dass der externe Stimulus mit bereits vorhandenem Wissen in Beziehung gesetzt wird, wodurch er informationshaltig wird und einen Sinn erhält.

Der Prozess der Enkodierung setzt voraus, dass im Gedächtnis gespeichertes Wissen, welches für die Interpretation relevant ist, *zugänglich* ist und abgerufen werden kann.

### Definition

Der Begriff der **Zugänglichkeit** bezieht sich darauf, wie leicht ein bestimmter Inhalt aus dem Gedächtnis abgerufen werden kann. Schnell abrufbare Inhalte werden als leicht zugänglich bezeichnet. Ein Reiz, der die Zugänglichkeit eines Gedächtnisinhalts erhöht bzw. zur Aktivierung eines bestimmten Inhalts führt, wird als **Prime** bezeichnet.

Im Hinblick auf die Enkodierung ist der Prozess der *Kategorisierung* des Stimulus von grundlegender Bedeutung.

**Definition**

Die **Kategorisierung** bezeichnet den Prozess, durch den ein Stimulus einer Klasse ähnlicher Objekte (Personen, Ereignisse etc.) zugeordnet wird.

Kategorisierung hat zwei wesentliche Implikationen: Selektion und Inferenz.

Selektion

Kategorisierung führt dazu, dass von der Vielzahl von Merkmalen eines Stimulus nur noch ein bestimmter Teil beachtet und verarbeitet wird. Wenn z. B. ein Kunde eine Person als „Verkäufer" kategorisiert hat, vernachlässigt er typischerweise die individuellen Merkmale der Person (Haarfarbe, Körperlänge etc.) und konzentriert sich auf die Merkmale, die Angehörige der sozialen Kategorie „Verkäufer" (im Unterschied zu Angehörigen der sozialen Kategorie „Kunden") teilen.

Inferenz

Die Kategorisierung erlaubt es zudem, Merkmale des Stimulus zu erschließen, die nicht unmittelbar beobachtet wurden (oder werden können). Ein Kunde weiß z. B. aufgrund der Kategorisierung einer Person als „Verkäufer", was er von dieser im Hinblick auf sein Anliegen im Allgemeinen erwarten kann und was nicht.

Ohne diese Möglichkeit der Inferenz müsste jeder Stimulus immer wieder aufs Neue in einem aufwändigen Prozess auf seine Eigenschaften und Qualitäten etc. geprüft werden.

Wie das Duncan'sche Experiment zeigt, kann in Abhängigkeit von der Kategorisierung einer Person ein und demselben Verhalten eine völlig andere Bedeutung verliehen werden. Ganz offensichtlich haben die Vpn je nachdem, ob sie den Akteur als Weißen oder als Schwarzen kategorisierten, unterschiedliche Gedächtnisinhalte zur Interpretation der Situation herangezogen. Sahen die Vpn, dass der Schubser von einem Schwarzen ausgeführt wurde, dann wurde die Enkodierung dieses Ereignisses durch Annahmen beeinflusst, welche die weißen Vpn aus der sozialen Kategorie „Schwarze" ableiteten – speziell dem (in der damaligen Zeit in den USA) mit der Kategorie assoziierten Stereotyp, schwarze Männer seien aggressiv und gewaltbereit.

Folgen von
Kategorisierung

Das Experiment von Duncan macht damit auch die nachteiligen Folgen von Kategorisierungsprozessen deutlich. Einerseits stellt die Zuordnung von Personen zu Kategorien die Grundlage für eine effektive Orientierung in der sozialen Welt dar (Beispiel: Verkäufer-Kunden-Interaktion). Andererseits kann der Prozess der Kategorisierung – in Abhängigkeit von der verwendeten Kategorie und den assoziierten Stereotypen – zu <mark>voreiligen und falschen Schlussfolgerungen führen.</mark>

**Urteilen und Entscheiden.** In einem weiteren Schritt der Informationsverarbeitung wird die enkodierte Wahrnehmung schließlich im Gedächtnis gespeichert. Dieser neue Gedächtnisinhalt liefert dann in Zusammenspiel mit dem im Gedächtnis bereits gespeicherten Wissen die Grundlage für weitere Urteile und (Verhaltens-)Entscheidungen (im Duncan'schen Experiment beispielsweise Urteile über die Ursachen des Verhaltens des Täters).

Abbildung 2.1 fasst die grundlegenden Schritte der sozialen Informationsverarbeitung zusammen. Es handelt sich um eine idealtypische und vereinfachte Darstellung. Tatsächlich bestehen zwischen einzelnen Schritten vielfältige Verbindungen und Rückkopplungen (z. B. impliziert bereits die Ausrichtung der Aufmerksamkeit auf ein Merkmal wie „Hautfarbe", dass dieses Merkmal vom Wahrnehmenden auf der Grundlage bestimmter Gedächtnisinhalte als sozial relevant eingestuft wird).

## Modus der Informationsverarbeitung

2.1.3

Zu welcher Interpretation der sozialen Realität der Wahrnehmende gelangt, hängt maßgeblich davon ab, auf welche Art und Weise die sozialen Informationen verarbeitet werden (Verarbeitungsmodus). Drei Aspekte sind von besonderer Bedeutung: das Zusammenspiel von Stimulus und Vorwissen, die Menge der verarbeiteten Informationen und das relative Verhältnis von automatischen und kontrollierten Verarbeitungsprozessen.

**Zusammenspiel von Stimulusinformation und Vorwissen.** In manchen sozialen Situationen wird die Verarbeitung der sozialen Informationen überwiegend durch Vorwissen oder Erwartungen des Wahrnehmenden geleitet –

top-down vs. bottom-up

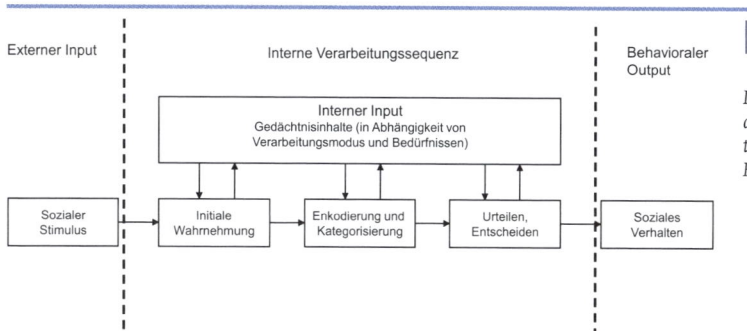

**Abb 2.1**

*Idealtypische Sequenz der sozialen Informationsverarbeitung (nach Bless et al. 2004)*

in diesem Fall spricht man von *top-down* oder konzeptgesteuerter Informationsverarbeitung. In anderen Situationen wird die Informationsverarbeitung überwiegend durch die Merkmale des Stimulus oder des Ereignisses determiniert – man spricht dann von *bottom-up* oder datengesteuerter Informationsverarbeitung. Die Informationsverarbeitung der Vpn in dem Experiment von Duncan, die sahen, wie ein Schwarzer seinen Diskussionspartner schubste, wurde offenbar durch die Aktivierung einer sozialen Kategorie und entsprechender Stereotype geleitet – sie war also eher konzeptgesteuert oder „top-down".

**systematisch vs. heuristisch**

**Menge der verarbeiteten Informationen.** Im Falle *systematischer* Verarbeitung berücksichtigen Menschen eine Vielzahl von Informationen im Rahmen der Eindrucks- oder Urteilsbildung – Informationen werden sorgfältig gesammelt, geprüft und abgewogen, bevor sie in eine Interpretation des sozialen Stimulus oder der sozialen Situation integriert werden. In anderen Situationen verarbeiten Menschen hingegen nur einige wenige Hinweisreize und stützen sich dann auf subjektiv bewährte Entscheidungshilfen (Heuristiken), die ihnen eine schnelle Urteilsbildung ermöglichen – man spricht in diesem Fall von *heuristischer* Informationsverarbeitung.

## Definition

**Kognitive Heuristik** ist eine kognitive Entscheidungshilfe im Sinne einer Faustregel, die es Menschen ermöglicht, mit geringem kognitiven Aufwand auf der Grundlage weniger Informationen Entscheidungen oder Urteile zu treffen.

**Verfügbarkeitsheuristik**

Bei der Einschätzung von Häufigkeiten oder Auftretenswahrscheinlichkeiten von Ereignissen verwenden Personen beispielsweise oft eine Heuristik, bei der der Grad der Zugänglichkeit von Informationen im Gedächtnis als Urteilsgrundlage dient – eine Strategie, die „Verfügbarkeitsheuristik" genannt wird (z. B. Tversky/Kahneman 1973).

## Beispiel

Bittet man eine Person z. B., den Ausländeranteil in ihrem Viertel abzuschätzen, wird sie wahrscheinlich versuchen, sich an ausländische Bewohner und Nachbarn zu erinnern. Je mehr Personen dieser Kategorie ihr einfallen (und je schneller), desto höher wird sie den Ausländeranteil aller Wahrscheinlichkeit nach einschätzen. Einerseits kann diese Strategie zu korrekten Schlussfolgerungen führen – Ereignisse, die häufig auftreten, fallen einem i.d.R. tatsächlich schneller ein. Allerdings gilt dies auch für andere Ereignisse (z.B. emotionsauslösende oder ungewöhnliche Ereignisse) – woraus Fehleinschätzungen resultieren können.

Wie das Experiment von Duncan illustriert, fungieren in sozialen Interaktionen Stereotype häufig im Sinne von Heuristiken: Auf der Grundlage weniger wahrgenommener Hinweisreize (im Fall des Duncan'schen Experiments der Hautfarbe) werden Stereotype aktiviert, die dann Urteile und Entscheidungen beeinflussen, ohne dass weitere verfügbare Informationen systematisch berücksichtigt werden.

Ob die Urteilsbildung eher auf systematischer oder auf heuristischer Informationsverarbeitung beruht, hängt insbesondere von zwei Faktoren ab: *Verarbeitungskapazität* und *Verarbeitungsmotivation*. Ist die Verarbeitungskapazität eingeschränkt (z.B. durch Ablenkung) und/oder die Motivation gering (z.B. weil die persönliche Relevanz des Ereignisses gering ist), dann steigt die Wahrscheinlichkeit zu heuristischer Verarbeitung (zu diesem Prozess → Kap. 4).

*Verarbeitungskapazität und -motivation*

**Relatives Verhältnis zwischen automatischer und kontrollierter Informationsverarbeitung.** Automatische Informationsverarbeitungsprozesse sind u.a. dadurch gekennzeichnet, dass sie wenig kognitive Ressourcen verbrauchen, nicht aktiv reguliert werden müssen (oder reguliert werden können) und unterhalb der Bewusstseinsschwelle ablaufen. Kontrollierte Prozesse benötigen demgegenüber erhebliche kognitive Ressourcen, sie erfordern aktive Regulation, die von einer Person (zumindest teilweise) bewusst gesteuert werden kann.

*automatische vs. kontrollierte Prozesse*

Das *Kontinuum-Modell* von Susan Fiske und Steven Neuberg (z.B. 1990) ist eines der einflussreichsten Modelle zur Frage, wie sich Menschen Eindrücke von anderen Menschen bilden. Es geht davon aus, dass die *Eindrucksbildung* stets mit einer automatischen Kategorisierung der fremden Person beginnt, die auf der Grundlage leicht beobachtbarer Merkmale erfolgt (z.B. der Hautfarbe, dem Geschlecht oder dem Alter). Infolge dieser automatischen Kategorisierung wird die Zielperson zunächst – ohne dass der Wahrnehmende dies beabsichtigt – im Sinne ihrer Kategorienzugehörigkeit und der damit assoziierten stereotypischen Eigenschaften wahrgenommen (z.B. als Schwarzer). Nur wenn die Motivation zu einer kontrollierteren Form der Informationsverarbeitung vorhanden ist, wird die kategorien- oder stereotypenbasierte Informationsverarbeitung zugunsten einer eigenschaftsbasierten oder individualisierten Informationsverarbeitung aufgegeben. Bei dieser berücksichtigt die wahrneh-

*Kontinuum-Modell*

mende Person Schritt für Schritt die individuellen Eigenschaften und Merkmale der Zielperson bei der Eindrucksbildung. Infolge individualisierter Informationsverarbeitung stellen kategoriale Informationen dann nur noch einen Aspekt der vielen individuellen Charakteristika dar, die in den Gesamteindruck von der Zielperson mit einfließen (z.B. Colin, ein 25-jähriger schwarzer Psychologiestudent, der gern über politische Themen diskutiert, Hunde mag und gut Fußball spielt).

Duale-Prozess-Modelle

Modelle wie das Kontinuum-Modell von Fiske und Neuberg werden in der sozialen Kognitionsforschung als Duale-Prozess-Modelle bezeichnet, da sie zwei distinkte Modi des Informationsverarbeitungsprozesses unterscheiden – im konkreten Fall: automatische vs. kontrollierte Informationsverarbeitung.

## 2.1.4 | Zugrunde liegende Bedürfnisse

Die soziale Informationsverarbeitung ist funktional – sie dient grundlegenden Bedürfnissen. Menschen haben ein Bedürfnis nach akkuraten Informationen, positiven Informationen über sich selbst und Informationen, die ihre Erwartungen, Einstellungen und Überzeugungen bestätigen. Diese Bedürfnisse steuern a) die Selektion von Informationen und b) die Art und Weise, wie Informationen verarbeitet werden.

▶ *Bedürfnis, akkurat zu sein:* Ein akkurates Bild von der sozialen Realität stellt die Grundlage für effektive Umweltkontrolle dar. In Situationen, die für Menschen persönlich hochgradig relevant sind, sind sie daher i.d.R. motiviert, alle relevanten Informationen zu beachten und in systematischer Art und Weise zu verarbeiten, bevor sie ein Urteil oder eine Entscheidung treffen. Allerdings ist diese Notwendigkeit nicht in jeder Situation gegeben, und akkurate Informationen sind auch nicht immer erwünscht (z.B. wenn sie mit anderen Bedürfnissen konfligieren). Das Bedürfnis, akkurat zu sein, ist daher nicht immer eine treibende Kraft in der sozialen Informationsverarbeitung.

▶ *Bedürfnis nach positiver Selbstbewertung:* Menschen sind bestrebt, ein positives Bild von sich aufzubauen und aufrechtzuerhalten. Dieses Bestreben beeinflusst insbesondere, welche *selbstbezogenen* Informationen sie aktiv suchen (solche, die geeignet sind, ihr Selbstwertgefühl zu steigern), welche sie vermeiden (solche, die ihr Selbstwertgefühl bedrohen) und wie sie selbstwertrelevante Ereignisse und Personen bewerten (→ hierzu Kap. 4).

kognitive Dissonanz

▶ *Bedürfnis nach Konsistenz:* Menschen haben auch ein Bedürfnis danach, bereits bestehende Erwartungen, Überzeugungen, Einstellungen etc. zu bestätigen. Die *Theorie der kognitiven Dissonanz* von Leon Festinger

(1957) postuliert, dass die Wahrnehmung subjektiv-logischer Widersprüche zwischen zwei oder mehreren thematisch relevanten Kognitionen zu einem unangenehmen Zustand innerer Anspannung führt, der als „kognitive Dissonanz" bezeichnet wird. Um den Zustand kognitiver Dissonanz zu vermeiden, tendieren Menschen daher dazu, Informationen zu suchen, die mit bereits bestehenden Einstellungen und Meinungen im Einvernehmen stehen. Konträre Informationen vermeiden sie dagegen eher, werten sie ab oder interpretieren sie um (zu einem Überblick einschlägiger Forschungsbefunde zu diesem Prozess der selektiven Informationssuche s. z.B. Frey 1986).

Der relative Einfluss dieser drei Bedürfnisse ist personen- und situationsabhängig. Es gibt allerdings Hinweise, dass bei der Verarbeitung selbstbezogener Informationen das Bedürfnis nach positiver Selbstbewertung den stärksten Einfluss ausübt, gefolgt vom Bedürfnis nach Konsistenz (s. Baumeister 1998, 689).

## Soziale Erklärungen | 2.2

Im Folgenden werden wir uns näher damit befassen, nach welchen Prinzipien Menschen Erklärungen für das Verhalten anderer Menschen entwickeln – eine Frage, die im vorangehenden Abschnitt bereits angeklungen ist.

### Begriffsbestimmung | 2.2.1

Wie sich ein Beobachter das Verhalten eines Handelnden gegenüber einem anderen Menschen (oder einem Objekt) erklärt, steht im Mittelpunkt der *Attributionsforschung* (zum Überblick s. Försterling 2001).

**Definition**

Als **Attribution** werden die subjektiven Schlussfolgerungen des Wahrnehmenden bzgl. der Ursachen des beobachteten Verhaltens (oder eines Ereignisses) bezeichnet. Manchmal machen Menschen ihr eigenes Verhalten zum Gegenstand ihrer subjektiven Erklärungen – sie nehmen dann *selbstbezogene* Attributionen vor.

Die Zuschreibung von Ursachen eröffnet Menschen die Möglichkeit, den Wiedereintritt eines in Frage stehenden Ereignisses vorherzusagen und es dadurch unter Umständen zu kontrollieren. Fritz Heider (1958), der

Begründer der Attributionsforschung, sah in dieser Funktion den Hauptgrund dafür, weshalb sich der Alltagsmensch überhaupt für Ursache-Wirkungs-Zusammenhänge interessiert. Menschen machen sich daher nicht bei allen Ereignissen spontan Gedanken über deren Ursachen, sondern sie tun dies insbesondere dann, wenn diese ihr Bedürfnis nach Umweltkontrolle tangieren. So beschäftigen sie sich typischerweise eher mit der Erklärung der Verhaltensweisen von Menschen, von denen sie persönlich abhängig sind, als von Personen, deren Verhalten für sie keine Bedeutung hat. Attributionen werden auch eher durch unerwartete (im Vergleich zu erwarteten) oder durch negative (im Vergleich zu positiven) Ereignisse ausgelöst.

**Attributionsdimensionen**

Die Vielzahl möglicher Attributionen, die Menschen zur Erklärung des Verhaltens anderer Menschen bzw. des Eintretens von Ereignissen vornehmen können, lassen sich anhand einer Reihe unabhängiger Attributionsdimensionen systematisieren.

▶ *Lokation:* Liegen die subjektiv wahrgenommenen Ursachen für das beobachtete Verhalten oder Ereignis in der Person (personale oder interne Faktoren) oder liegen sie in der Situation und den Umständen (situationale oder externe Faktoren)?

▶ *Stabilität:* Sind die Ursachen stabil (nicht veränderlich oder fix) oder instabil (variabel)?

▶ *Kontrollierbarkeit:* Sind die Ursachen für den Handelnden kontrollierbar oder unkontrollierbar?

Wie die Forschungsarbeiten von Bernard Weiner und Kollegen demonstrieren, ist die Unterscheidung zwischen diesen Attributionsdimensionen insbesondere deshalb relevant, weil in Abhängigkeit der spezifischen Ausprägungen einer Ursachenzuschreibung auf diesen Dimensionen ganz unterschiedliche Meinungen, Bewertungen und emotionale Konsequenzen beim Beobachter resultieren. So konnte beispielsweise gezeigt werden, dass die Attribution eigenen Erfolgs auf interne und stabile Faktoren (z. B. die eigenen Fähigkeiten) Stolz und Selbstvertrauen auslöst. Die Attribution eigenen Misserfolgs auf interne und stabile Faktoren hat hingegen negative Affekte wie Niedergeschlagenheit und Enttäuschung zur Folge (zum Überblick s. Weiner 1985).

**Definition**

Als **Attributionsstil** wird die relativ zeitstabile Tendenz einer Person verstanden, über verschiedene Situationen hinweg bestimmte Erklärungsmuster zu verwenden.

Depressive Menschen weisen beispielsweise häufig einen pessimistischen Attributionsstil auf, der darin besteht, dass sie eigene Misserfolge unabhängig davon, ob sie dafür verantwortlich sind oder nicht, auf stabile, interne und kontrollierbare Faktoren zurückführen (z. B. ihre Charaktereigenschaften, s. Abramson et al. 1978).

## Attributionsprozess | 2.2.2

Wie gehen Menschen vor, wenn sie die Ursachen der Handlungen anderer Menschen erschließen? Zur Beantwortung dieser Frage wurden unterschiedliche Theorien entwickelt.

### Kovariation und kausale Schemata
Die Theorie von Harold Kelley (z. B. 1973) ist eine der einflussreichsten Attributionstheorien. Kelley unterscheidet drei Arten von Attributionen:

▶ Personenattributionen (die Ursachen liegen in der beobachteten Person),
▶ Stimulusattributionen (die Ursachen liegen in Eigenschaften eines Reizes bzw. der Umgebung) und
▶ Umständeattributionen (die Ursachen liegen in spezifischen Umständen zu bestimmten Zeitpunkten).

Verfügt eine Person aufgrund wiederholter Verhaltensbeobachtungen über Informationen aus mehreren Informationsquellen, dann wird die entsprechende Ursache Kelley zufolge nach dem *Kovariationsprinzip* ermittelt. | Kovariationsprinzip

### Definition

Das **Kovariationsprinzip** besagt, dass ein beobachteter Effekt derjenigen Ursache zugeschrieben wird (der Person, dem Stimulus oder den Umständen), mit der er über die Zeit hinweg kovariiert.

Zur Analyse potenzieller Ursache-Wirkungs-Beziehungen nach dem Kovariationsprinzip ziehen Menschen Informationen aus drei unterschiedlichen Quellen heran. Das genaue Vorgehen lässt sich am besten an einem Beispiel verdeutlichen. Stellen Sie sich vor, ein Lehrer beobachtet, dass Tim seinem Mitschüler Lars auf dem Pausenhof androht, ihn zu verprügeln.

▶ **Konsensusinformationen** resultieren aus Beobachtungen der Reaktionen anderer Personen auf den Stimulus. Im Beispielfall wäre der Konsensus hoch, wenn andere Schüler sich ähnlich wie Tim gegenüber Lars verhalten (z. B. ihm ebenfalls drohen oder ihn drangsalieren).

▶ **Distinktheitsinformationen** resultieren aus Beobachtungen des Verhaltens der Person in anderen Situationen (gegenüber anderen Stimuli). Im Beispielfall wäre die Distinktheit hoch, wenn Tim außer Lars keinen seiner Mitschüler je bedroht oder drangsaliert hat.

▶ **Konsistenzinformationen** resultieren aus Beobachtungen des relevanten Verhaltens über die Zeit. Im Beispielfall wäre die Konsistenz hoch, wenn Tim Lars zu verschiedenen Zeitpunkten wiederholt bedroht und drangsaliert hat.

Bei einer dichotomen Ausprägung der jeweiligen Informationen (hoch vs. niedrig) resultieren acht unterschiedliche Informationsmuster: Zu einer Personenattribution kommt es nach Kelley dann, wenn *geringer* Konsensus, *geringe* Distinktheit und *hohe* Konsistenz besteht – d. h. das Ereignis oder Verhalten mit der Person kovariiert (niemand außer Tim drangsaliert Lars; Tim drangsaliert auch andere Klassenkameraden; Tim hat Lars auch schon früher drangsaliert; die Schlussfolgerung des Lehrers ist daher: Tim ist ein aggressiver Rabauke). Bei *hohem* Konsensus, *hoher* Distinktheit und *hoher* Konsistenz attribuieren Personen hingegen eher auf den Stimulus (Lars' Drangsalierung liegt daran, dass er ein sozialer Außenseiter ist). Bei *niedrigem* Konsensus, *hoher* Distinktheit und *niedriger* Konsistenz attribuieren Personen eher auf die Umstände (Tim und Lars haben offenbar Streit).

Es gibt eine Reihe von experimentellen Untersuchungen, die in Übereinstimmung mit dem Kovariationsprinzip demonstrieren, dass Konsensus-, Distinktheits- und Konsistenzinformationen Einfluss auf die Attributionen haben, die Menschen vornehmen (z. B. McArthur 1972). Das Kovariationsprinzip beruht allerdings auf einem kognitiv äußerst anspruchsvollen Prozess, der einer naiven Version der statistischen Varianzanalyse gleicht. Zudem setzt die Anwendung dieses Prinzips voraus, dass Personen über eine Vielzahl von Informationen verfügen – eine Voraussetzung, die in vielen Situationen, in denen Menschen kausale Schlussfolgerungen anstellen, nicht gegeben ist.

Konfigurationsprinzip    Kelley (1973, 113) räumt daher ein, dass das Kovariationsprinzip „Idealcharakter" habe und dass Menschen in Situationen, in denen ihnen nur unvollständige Informationen vorliegen (oder ihnen die Zeit oder Motivation zur systematischen Verarbeitung fehlt), auf andere Art und Weise zu kausalen Schlussfolgerungen gelangen: Sie greifen auf *kausale Schemata* zurück (Konfigurationsprinzip).

**Definition**

Als **kausale Schemata** werden mentale Repräsentationen bezeichnet, in denen durch Erfahrung gewonnene, abstrakte Annahmen darüber organisiert sind, welche Ursachenfaktoren für bestimmte Arten von Ereignissen verantwortlich sind bzw. wie diese Ursachenfaktoren zusammenspielen.

Kelley unterscheidet zwischen zwei Arten von kausalen Schemata: Solche, die zur Ergänzung unvollständiger Informationen dienen („Ergänzungsschemata"), und solche, die explizit Annahmen über die möglichen und wahrscheinlichen Ursachen machen. Eines der einfachsten kausalen Schemata der letzteren Kategorie ist das *Schema der multiplen hinreichenden Ursachen*. Dieses Schema repräsentiert die Annahme, dass für das Auftreten ein und desselben Effekts (z. B. Prüfungsversagen) unterschiedliche Ursachen hinreichend sein können (entweder mangelnde Begabung oder ein zu hoher Schwierigkeitsgrad der Prüfungsaufgaben oder private Probleme des Prüflings). Kelley ging davon aus, dass Schlussfolgerungen auf der Basis kausaler Schemata durch die Anwendung abstrakter Attributionsprinzipien unterstützt werden.

Auf der Grundlage ihres Vorwissens neigen Menschen beispielsweise dazu, einer plausiblen Ursache für das Auftreten eines bestimmten Effekts weniger Gewicht beizumessen, wenn gleichzeitig andere plausible Ursachen für den Effekt ebenfalls gegeben sind, als wenn sie allein vorhanden wäre *(Abwertungsprinzip)*. Ein Prüfer würde dementsprechend das Prüfungsversagen eines Prüflings weniger auf dessen mangelnde Begabung zurückführen, wenn er weiß, dass dieser sich gerade von seiner Freundin getrennt hat, als wenn ihm diese alternative Ursachenerklärung nicht bekannt ist.

*Abwertungsprinzip*

Faktoren, die gegen das Auftreten eines Effekts wirken, verleiten Menschen hingegen dazu, einer plausiblen förderlichen Ursache für eine Handlung eine stärkere Wirkung zuzuschreiben, als wenn diese Ursache alleine vorliegt *(Aufwertungsprinzip)*. Wenn der Prüfer um die privaten Probleme des Prüflings weiß, würde er dementsprechend vermutlich im Fall einer erfolgreichen Prüfungsleistung eher dazu tendieren, auf eine besondere Begabung des Prüflings zu schließen, als er dies ohne das Wissen um diesen hemmenden Faktor getan hätte.

*Aufwertungsprinzip*

### Duale-Prozess-Modelle der Attribution

Die meisten neueren Modelle zum Attributionsprozess gehen davon aus, dass Menschen – obwohl sie dies prinzipiell können – nur in den seltensten Fällen derartig datengeleitet, systematisch und kontrolliert vorgehen, wie es das Kovariationsprinzip erfordert. Stattdessen bilden sie ihre Attributionen offenbar in vielen Fällen mehr oder weniger automatisch.

**zweistufiger Attributionsprozess**

Daniel Gilbert und Kollegen (z.B. Gilbert/Malone 1995) gehen in ihrem Modell von einem *zweistufigen Attributionsprozess* aus: Wenn Menschen das Verhalten einer Person beobachten, bilden sie in einem ersten Schritt zunächst relativ automatisch eine Personenattribution (d.h. sie vernachlässigen situative externe Faktoren und führen das Verhalten auf in der Person liegende bzw. interne Ursachen bzw. Dispositionen zurück). Auf welche Dispositionen der Beobachter in der sozialen Situation schließt, wird dem Modell zufolge maßgeblich durch die Erwartungen des Beobachters beeinflusst (z.B. durch Stereotype). Zu einem weiteren Schritt der Informationsverarbeitung kommt es nur, wenn die Person über die nötigen kognitiven Ressourcen verfügt und sie entsprechend motiviert ist, diese zu verwenden. Sind diese Voraussetzungen gegeben, wird ein kontrollierter Attributionsprozess eingeleitet, in dem systematisch weitere Informationen zur Schlussfolgerung herangezogen werden (z.B. Informationen über den Einfluss von Situationsfaktoren). Die ursprüngliche dispositionale Schlussfolgerung wird dann ggf. modifiziert oder möglicherweise vollständig durch eine andere Attribution ersetzt (situationsbezogene Korrektur). Die zentralen Annahmen dieses Modells werden durch vielfältige Forschungsbefunde bestätigt.

## 2.2.3 | Attributionsverzerrungen

Menschen tendieren dazu, bestimmten Ursachenerklärungen gegenüber anderen den Vorzug zu geben, obwohl dies sachlich nicht gerechtfertigt ist (d.h. ihre Schlussfolgerungen sind in systematischer Art und Weise verzerrt). Die Forschung hat u.a. die folgenden Verzerrungen im Attributionsprozess identifiziert:

▶ *Korrespondenzverzerrung:* Beobachter neigen generell dazu, Ursachen für ein Verhalten eher der handelnden Person (ihren Dispositionen, Motiven etc.) als der Situation oder den Umständen (z.B. äußeren Zwängen) zuzuschreiben. Kulturvergleichende Studien zeigen allerdings, dass kulturelle Faktoren für die Stärke der Ausprägung dieser Verzerrung mit verantwortlich sind. Menschen aus Gesellschaften, deren Kulturen durch individualistische Ideologien geprägt werden (z.B. die USA oder westeuropäische Länder), neigen stärker zu dispositionalen Erklärungen als Menschen, die in einer kollektivistischen Kultur sozialisiert wurden (z.B. in Japan oder Indien). Choi und Kollegen (1999) vertreten die Auffassung, dass dieser Unterschied auf einer höheren Sensibilität von Angehörigen kollektivistischer Kulturen für den Einfluss von Situationsfaktoren beruht. Sie führen dies auf eine stärker kontextbezogene (alltagspsychologische) Konzeption der Persönlichkeit in diesen Kulturen zurück.

▶ *Akteur-Beobachter-Divergenz:* Obwohl Menschen (insbesondere Menschen in westlichen Gesellschaften) das Verhalten anderer Personen oft automatisch auf Dispositionen des Handelnden zurückführen, gibt es eine spezifische Divergenz zwischen Akteuren und Beobachtern, wenn es um die Zuschreibung von Ursachen geht. Interessanterweise neigen Menschen nämlich dazu, ihr eigenes Handeln (d.h., wenn sie selbst der Akteur sind) stärker auf externe oder situationale als auf interne oder dispositionale Faktoren zurückzuführen. Ein Grund für diese Verzerrung besteht in der unterschiedlichen Ausrichtung der Aufmerksamkeit bei der Verhaltensbeobachtung. Wenn Menschen das Verhalten einer anderen Person beobachten, wird diese (und deren Verhalten) als „Figur" vor dem „Hintergrund" der Situation wahrgenommen. Beim eigenen Handeln ist aufgrund der eigenen Perspektive die Aufmerksamkeit hingegen auf Merkmale der Situation gerichtet, situative Faktoren sind daher auffälliger als das Verhalten selbst (s. Storms 1973).

▶ *Selbstwertdienliche Attributionsverzerrung.* Diese Art der Verzerrung spielt insbesondere in Leistungssituationen eine Rolle – sie dient der Steigerung oder dem Schutz des Selbstwertgefühls. Um ihr Selbstwertgefühl zu steigern, führen Menschen die eigenen Erfolge typischerweise in höherem Maße auf (stabile) interne Faktoren zurück (Fähigkeiten, Begabung) als vergleichbare Erfolge anderer Personen. Um ihr Selbstwertgefühl zu schützen, werden die eigenen Misserfolge im Unterschied zu den Misserfolgen anderer Personen hingegen eher auf externe Faktoren zurückgeführt (Schwierigkeit der Aufgabe oder Pech; → hierzu auch Kap. 4).

## Aufbau und Aufrechterhaltung sozialer Beziehungen | 2.3

Die soziale Informationsverarbeitung liefert die Grundlage sozialer Interaktionen. Aber wann entwickelt sich aus diesen Interaktionen eine soziale Beziehung?

### Begriffsbestimmung | 2.3.1

In der Beziehungsforschung bezieht sich der Beziehungsbegriff typischerweise auf Dyaden (d.h. zwei Personen).

**Definition**

Von einer **sozialen Beziehung** spricht man dann, wenn zwei Menschen miteinander interagieren und sich durch diese Interaktion in ihrem Erleben und Verhalten gegenseitig beeinflussen.

enge Beziehungen

Ob es sich um eine oberflächliche oder eine enge Beziehung handelt, hängt von den spezifischen Merkmalen der Interaktion ab. *Enge Beziehungen* sind u.a. dadurch gekennzeichnet, dass

a) ein hohes Maß wechselseitiger Abhängigkeit besteht,
b) die Partner auf unterschiedlichen Ebenen (kognitiv, affektiv und verhaltensbezogen) Einfluss aufeinander ausüben,
c) dieser Einfluss intensiv ist, i.d.R. als positiv erlebt wird und in unterschiedlichen (und nicht nur wenigen) sozialen Situationen besteht und
d) alle diese Eigenschaften die Beziehung über eine gewisse Dauer kennzeichnen.

Wie Befragungen von Menschen ganz unterschiedlicher Altersgruppen ergeben, haben insbesondere enge soziale Beziehungen für das subjektive Wohlbefinden eine herausragende Bedeutung (s. Berscheid/Reis 1998). Wann aber führt sozialer Kontakt zu einer engen Beziehung?

## 2.3.2 Interpersonale Attraktion

Ein entscheidender Faktor dafür, dass sich aus einem sozialen Kontakt eine enge soziale Beziehung (z.B. eine Freundschaft) entwickelt, ist die Gegenseitigkeit der interpersonalen Attraktion.

**Definition**

Die **interpersonale Attraktion** bezieht sich auf positive Gefühle gegenüber einer anderen Person, die mit dem Bedürfnis einhergehen, die Gegenwart des anderen zu suchen. Interpersonale Attraktion ist eine wichtige sozialpsychologische Grundlage für die Aufnahme enger Beziehungen.

**Definition**

Mit **Sympathie** wird eine wenig differenzierte Form der interpersonalen Attraktion bezeichnet, die bereits aufgrund einer flüchtigen Begegnung und weniger personaler Informationen entstehen kann.

Die Faktoren, die das Auftreten von interpersonaler Attraktion fördern, lassen sich folgenden Kategorien zuordnen:

▶ *Merkmale des Kontexts:* Einer der basalsten kontextuellen Faktoren, der Attraktion fördert, ist die Häufigkeit, mit der eine Person mit einer anderen Person Kontakt hat. Menschen tendieren dazu, andere Menschen umso mehr zu mögen, je vertrauter sie ihnen sind.

*Häufigkeit des Kontakts*

**Studie**

In einer experimentellen Demonstration dieses Zusammenhangs brachten Saegert und Mitarbeiter (1973) ihre Vpn mit anderen Vpn unterschiedlich häufig in Kontakt, indem sie eine unterschiedliche Anzahl von Versuchsdurchgängen paarweise im gleichen Raum absolvierten. Der Kontakt war kurz – ca. 40 Sekunden –, und es wurde nicht miteinander gesprochen oder interagiert. Trotz dieser minimalen Bedingung zeigten die Ergebnisse, dass die Vpn sich umso sympathischer fanden, je mehr Kontakt sie miteinander gehabt hatten (zur Erklärung dieses auch als Mere-Exposure-Effekt bezeichneten Phänomens → Kap. 4).

▶ *Merkmale der Zielperson:* Eine wichtige Quelle von Attraktion ist die positive Bewertung der individuellen Charakteristika der Zielperson (ihres Aussehens, ihrer Eigenschaften, Präferenzen etc). Bei der ersten Begegnung werden spontane positive Gefühle und Sympathie durch die wahrgenommene physische Attraktivität der Zielperson ausgelöst. Studien zeigen, dass die wahrgenommene physische Attraktivität einer Person offenbar mit der Durchschnittlichkeit ihrer Gesichtszüge zusammenhängt – das Ausmaß wahrgenommener Attraktivität steigt linear mit der Durchschnittlichkeit des Gesichts (z. B. Langlois/Roggman 1990). Personen schreiben physisch attraktiven Personen häufig automatisch auch viele andere positive Eigenschaften zu – physische Attraktivität wirkt bei der Personenwahrnehmung damit im Sinne einer Heuristik (zu einem Überblick s. Berscheid/Reis 1998).

*wahrgenommene physische Attraktivität*

▶ *Merkmale der Beziehung zwischen Beobachter und Zielperson:* Einer der wirkungsvollsten interpersonalen Faktoren für die Entstehung von Attraktion ist die Wahrnehmung von Ähnlichkeiten im Hinblick auf persönlich relevante Einstellungen (Byrne 1971). Drei Gründe tragen zu diesem Zusammenhang bei: Erstens bereiten ähnliche Einstellungen die Grundlage für gemeinsame Aktivitäten, die wiederum zu einer Intensivierung der Beziehung führen; zweitens gehen Menschen

*ähnliche Einstellungen*

häufig davon aus, dass Menschen, die ihnen ähnlich sind, sie selbst auch mögen; drittens fühlen sich Menschen durch die wahrgenommenen Ähnlichkeiten in ihren Einstellungen bestätigt, was positive Affekte erzeugt.

Stimmung

▶ *Merkmale des Beobachters:* Ein personenseitiger Faktor, der die Beurteilung der Attraktivität einer Zielperson beeinflusst, ist seine Stimmung – Stimuli werden häufig kongruent zur eigenen Stimmung beurteilt. Typischerweise finden Menschen andere Personen daher sympathischer oder attraktiver, wenn sie selbst in positiver Stimmung sind, als wenn ihre Stimmung beeinträchtigt ist (z.B. Gouaux 1971).

## 2.3.3 | Beziehungstypen

Austausch- / Interdependenzansatz

Einer der einflussreichsten theoretischen Ansätze zur Analyse von sozialen Beziehungen inklusive enger Beziehungen ist der *Austausch- oder Interdependenzansatz* (z.B. Thibaut/Kelly 1959). Austausch- und Interdependenztheorien gehen davon aus, dass Menschen soziale Beziehungen aufbauen, weil sie im Hinblick auf ihre Bedürfnisbefriedigung wechselseitig voneinander abhängig sind. Soziale Beziehungen dienen aus dieser Perspektive dem Austausch individuell benötigter materieller, sozialer oder psychologischer Ressourcen. Ob Personen eine Beziehung aufnehmen, aufrechterhalten oder abbrechen, hängt vom Verhältnis der wahrgenommenen Nutzen und Kosten ab, die aus der Beziehung (bzw. dem Austauschprozess) für die Beteiligten resultieren. So wird z.B. angenommen, dass eine Beziehung dann aufgenommen oder fortgesetzt wird, wenn a) der wahrgenommene Nutzen (die Bedürfnisbefriedigung) die wahrgenommenen Kosten (eigene Investitionen) übersteigt und b) das Resultat über dem erwarteten Ergebnis der besten Beziehungsalternative liegt (z.B. der möglichen Beziehung zu einer anderen Person).

Wie Margaret Clark und Kollegen in einem umfangreichen Forschungsprogramm herausgearbeitet haben, unterscheiden sich soziale Beziehungen bzgl. der Normen oder Prinzipien, nach denen das wechselseitige Geben und Nehmen von Ressourcen erfolgt (z.B. Clark/Mills 1993). Aufbauend auf ihren Untersuchungen differenzieren sie zwischen zwei Beziehungstypen: Austauschbeziehungen („exchange relationships") und Gemeinschaftsbeziehungen („communal relationships").

Austauschbeziehungen

In *Austauschbeziehungen* erwarten die Beziehungspartner, dass die Ressourcen, die sie dem Partner bereitstellen, von diesem durch die Bereitstellung vergleichbarer Ressourcen „bezahlt" wird – das Geben und Nehmen orientiert sich am Gleichheitsprinzip. Wenn eine Person einer anderen einen Gefallen tut, fühlt sich der Empfänger daher verpflichtet, diesen Gefallen in gleicher Weise zu erwidern. Jeder Partner achtet genau darauf, wie viel er vom Partner zurückbekommt, wenn er ihm etwas gegeben hat, bzw. wie viel er seinerseits dem Partner für etwas schuldet, was er von ihm erhalten hat.

Mit einer zunehmenden Intensivierung der emotionalen Bindung zwischen den Partnern verändern sich allerdings häufig die Regeln für den sozialen Austausch – die Beziehung nimmt den Charakter einer *Gemeinschaftsbeziehung* an. In Beziehungen dieses Typs gehen die Partner davon aus, jeder habe ein Interesse am Wohlergehen des anderen.
Gemeinschaftsbeziehung

Die Partner achten daher weniger darauf, was sie vom Beziehungspartner erhalten (oder was sie ihm schulden), sondern darauf, welche Bedürfnisse der andere hat – das Geben und Nehmen von Ressourcen orientiert sich am *Bedürfnisprinzip*. Die Beziehungspartner sind daher auch dann bereit, dem anderen etwas zu geben, wenn für sie absehbar ist, dass der andere dies nicht entsprechend erwidern kann.
Bedürfnisprinzip

Idealtypische Beispiele für Austauschbeziehungen sind Beziehungen zwischen Fremden, Arbeitskollegen, Nachbarn oder Bekannten; idealtypische Beispiele für Gemeinschaftsbeziehungen sind enge Familienbeziehungen, Liebesbeziehungen oder enge Freundschaften. Die meisten Beziehungen lassen sich allerdings als Mischformen der beiden Beziehungstypen charakterisieren, wobei eher der eine oder der andere Typ überwiegt.

**Merksatz**

**Der Wechsel von einer Austauschbeziehung zu einer Gemeinschaftsbeziehung markiert einen bedeutenden Wendepunkt in der Entwicklung sozialer Beziehungen. Mit zunehmender emotionaler Intensität der Beziehung wird im Hinblick auf den sozialen Austausch vom *Gleichheitsprinzip* zum *Bedürfnisprinzip* übergegangen – aus einer Bekanntschaft entwickelt sich eine Freundschaft.**

Ein wichtiger kommunikativer Faktor, der die emotionale Intensivierung einer Beziehung beeinflusst, ist das Ausmaß an *Selbstenthüllungen*.
Selbstenthüllungen

**Definition**

Als **Selbstenthüllung** wird die bewusste Bereitstellung von Informationen über die eigene Person bezeichnet, die dem Kommunikationspartner ansonsten nicht zugänglich sind. Selbstenthüllungen beinhalten Fakten über das eigene Leben, Denken und Fühlen.

Die Wirkung von Selbstenthüllungen hängt mit dem Gleichheitsprinzip zusammen. Aufgrund dieses Prinzips fühlt sich der Adressat verpflichtet, die Selbstenthüllung eines Kommunikationspartners mit einer ungefähr gleichwertigen persönlichen Information zu erwidern. Dadurch tauschen die Partner Schritt für Schritt persönlichere Informationen aus, was das gegenseitige Kennenlernen und den Aufbau wechselseitigen Vertrauens fördert (Altman/Taylor 1973). Die genaue Dosierung von Selbstenthüllungen ist ein sensibler Vorgang – ein überhöhtes Maß an Selbstenthüllungen in einer frühen Phase einer Beziehung kann, v. a. wenn die offenbarten Inhalte gegen normative Erwartungen oder Konventionen verstoßen, zu Verunsicherung des Adressaten führen und die Entwicklung der Beziehung beeinträchtigen (z. B. wenn ein flüchtiger Bekannter unerwartet intime Probleme offenlegt).

### 2.3.4 | Stabilität von Beziehungen

Investitionsmodell

Ein prominentes Modell, das erklärt, was Menschen zur Aufrechterhaltung ihrer Beziehung motiviert (bzw. wann Beziehungen scheitern), ist das Investitionsmodell von Carol Rusbult (z. B. Rusbult et al. 2001). Das Modell beruht auf einer Erweiterung klassischer austauschtheoretischer Überlegungen. Im Mittelpunkt des Modells steht das Konzept des „Commitment" gegenüber einer bestehenden Beziehung.

**Definition**

**Commitment** bezeichnet die innere Festlegung auf eine Beziehung. Commitment beinhaltet die Absicht, die Beziehung aufrechtzuerhalten (Verhaltenskomponente), ein Gefühl der affektiven Bindung an die Beziehung (emotionale Komponente) und die Orientierung, sich und den Beziehungspartner auch zukünftig als Paar zu sehen (kognitive Komponente).

Rusbult zufolge hängt die Stärke des Commitments von drei unabhängigen Faktoren ab:

▶ *Zufriedenheit:* Das Commitment gegenüber einer Beziehung ist umso stärker, je zufriedener die Person mit der Beziehung ist. Die Beziehungszufriedenheit resultiert wiederum aus einer Vielzahl von unterschiedlichen Prozessen (z. B. der Intensität positiver Gefühle für den Partner).
▶ *Alternativen:* Das Commitment gegenüber einer Beziehung sinkt, wenn die Person attraktive Alternativen zur bestehenden Beziehung wahrnimmt. Diese können z. B. darin bestehen, alleine oder in einer anderen Partnerschaft zu leben.
▶ *Investitionen:* Unter Investitionen werden Faktoren verstanden, die unmittelbar mit der Beziehung verknüpft sind und dadurch die Beendi-

gung einer Beziehung kostspielig machen. Wenn Menschen eine Beziehung oder Partnerschaft aufbauen, investieren sie einerseits Ressourcen (Zeit, Energie, Geld, Emotionen), andererseits produzieren sie gemeinsam genutzte Ressourcen (gemeinsame Erinnerungen, Besitztümer, soziale Beziehungen). Hohe Investitionen und eine Vielzahl an geschätzten gemeinsamen Ressourcen erhöhen das Commitment gegenüber der Beziehung unabhängig von der Höhe der Zufriedenheit oder der Qualität der Alternativen, da sie die Kosten des Beendens der Beziehung steigern.

Die Bedeutung dieser drei Faktoren – Zufriedenheit, Alternativen und Investitionen – für die Stärke des Commitments und, darüber vermittelt, die Stabilität oder Instabilität von Beziehungen wird durch eine Vielzahl von empirischen Untersuchungen unterstützt (z.B. Rusbult/ Buunk 1993).

## Zusammenfassung

Die Verarbeitung sozialer Informationen lässt sich in drei Schritte unterteilen: Zunächst nimmt eine Person ein Stimulusereignis wahr, dann enkodiert und interpretiert sie diese Wahrnehmung. Zu welcher Interpretation der sozialen Realität eine Person gelangt, hängt maßgeblich davon ab, wie sie die Informationen verarbeitet: Eher konzept- oder eher datengeleitet, eher systematisch oder eher heuristisch, eher automatisch oder eher kontrolliert.

Die Selektion und Verarbeitung von Informationen wird auch durch grundlegende Bedürfnisse beeinflusst: Menschen haben zwar ein starkes Bedürfnis danach, ein akkurates Bild von der sozialen Realität zu entwickeln, sie streben allerdings auch danach, dass dieses Bild mit ihren eigenen Erwartungen übereinstimmt und ihr Bedürfnis nach positiver Selbstbewertung nicht verletzt.

In vielen sozialen Situationen versuchen Menschen, die Ursachen des Verhaltens anderer Menschen zu ergründen. Das Kovariationsprinzip beschreibt einen hoch systematischen Prozess der Ursachenanalyse, bei dem ein Beobachter Informationen aus mehreren Informationsquellen berücksichtigt (Konsensus-, Distinktheit- und Konsistenzinformationen). In Situation, in denen nur unvollständige Informationen vorliegen (oder die Zeit oder Motivation zur systematischen Verarbeitung fehlen), greifen Menschen häufig auf einfachere Strategien zurück. Sie verwenden einfache kausale Schemata oder verlassen sich auf eine Erklärung, die sie automatisch auf der Grundlage weniger Informationen ableiten.

Wechselseitige Attraktion ist eine wichtige Voraussetzung dafür, dass Menschen freundschaftliche Beziehungen zueinander aufbauen. Allgemein lassen sich soziale Beziehungen anhand der Normen oder Prinzipien unterscheiden, nach denen das wechselseitige Geben und Nehmen von Ressourcen erfolgt. Während sich in Austauschbeziehungen der Ressourcenaustausch am Prinzip der Gleichheit orientiert, orientieren sich Menschen in Gemeinschaftsbeziehungen an den Bedürfnissen ihrer Interaktionspartner. Enge Freundschaften haben i.d.R. den Charakter von Gemeinschaftsbeziehungen. Die Stabilität einer Beziehung hängt von der Stärke der inneren Festlegung der Partner auf die Beziehung ab.

## Literatur

Bless, H., Fiedler, K. & Strack, F. (2004). Social cognition. How individuals construct social reality. [Social psychology: A modular course.] Psychology Press: Hove, UK.

Försterling, F. (2001). Attribution: An introduction to theories, research and applications. [Social psychology: A modular course.] Psychology Press: Hove, UK.

Reis, T. R. & Rusbult, C. E. (2004). Close relationships. [Key readings in social psychology.] Psychology Press: Hove, UK.

## Übungsaufgaben

**1** Auf welche Art und Weise beeinflusst die Kategorisierung eines sozialen Stimulus die Informationsverarbeitung?

**2** Beschreiben Sie anhand des Kontinuummodells von Fiske und Neuberg, welche Rolle automatische und kontrollierte Prozesse bei der Eindrucksbildung spielen.

**3** Was versteht man unter einem kausalen Schema?

**4** Wie lässt sich das Phänomen der Akteur-Beobachter-Divergenz erklären?

**5** Welche Faktoren begünstigen die Entwicklung interpersonaler Attraktion?

**6** Worin unterscheiden sich Austausch- und Gemeinschaftsbeziehungen?

# Selbst und Identität | 3

**Inhalt**

Wissenschaftler unterschiedlicher Disziplinen (inkl. der Sozialpsychologie) sehen in dem Umstand, dass Menschen sich selbst zum Gegenstand ihrer Reflexion machen können, ein zentrales Merkmal, das Menschen von vielen anderen Lebewesen unterscheidet. Menschen können darüber nachdenken, wer sie sind, wer sie sein möchten, wie sie sein sollten – sie verfügen über ausgeprägtes selbstbezogenes Wissen. Wie wir im Folgenden erläutern werden, spielt dieses Wissen eine zentrale Rolle für die soziale Informationsverarbeitung und die Verhaltenssteuerung.

## 3.1 | Selbsterkenntnis

Bevor wir uns der Frage zuwenden, wie Menschen zu einem Verständnis ihres Selbst kommen, ist es notwendig, diesen Begriff näher zu definieren.

### 3.1.1 | Begriffsbestimmung

**Definition**

In einem basalen sozialpsychologischen Sinn bezieht sich der Begriff des **Selbst** auf die Gesamtheit des Wissens, über das eine Person bzgl. ihrer selbst und ihres Platzes in der sozialen Welt verfügt. **Selbstwertgefühl** bezeichnet die Bewertung des Selbst auf einer Dimension, die von negativ bis positiv reicht.

Identität   Der Begriff „Selbst" wird in der Literatur häufig synonym zum Begriff der *Identität* verwendet. Dieser Sprachgebrauch reflektiert die Tatsache, dass die sozialpsychologische Forschung zum Selbst v. a. durch zwei unterschiedliche Forschungstraditionen geprägt wurde. Dies ist zum einen die in der sozialen Kognitionsforschung verankerte Selbstkonzeptforschung nordamerikanischer Prägung. Zum anderen ist dies der Ansatz zur sozialen Identität, der sich in der europäischen Sozialpsychologie aus der Forschung zu Intergruppenprozessen entwickelt hat. Im Folgenden werden wir uns bei der Verwendung der Begriffe „Selbst" und „Identität" an der jeweiligen theoretischen Tradition orientieren, deren Annahmen und Forschungsbefunde wir vorstellen.

### 3.1.2 | Quellen selbstbezogenen Wissens

**Merksatz**

Die Selbstkonzeptforschung nimmt an, dass die Selbstwahrnehmung einen Spezialfall der Personenwahrnehmung darstellt. Menschen ziehen zur Konstruktion ihres Selbst Informationen aus unterschiedlichen Quellen heran. Die Integration dieser Informationen wird durch Informationsverarbeitungs- und motivationale Prozesse beeinflusst.

Woher stammt das Wissen, das Menschen über sich selbst haben? Oder anders formuliert, wie kommen Menschen zur Selbsterkenntnis?

Eine zunächst intuitiv plausible Antwort auf die Eingangsfrage könnte lauten, dass Selbsterkenntnis aus der sorgfältigen Analyse eigener Gedanken, Motive, Gefühle, Einstellungen etc. resultiert. Eine solche *Introspektion* unterliegt allerdings einer Reihe von Ein-

schränkungen. Menschen sind motiviert, einen positiven und konsistenten Eindruck von sich selbst aufzubauen oder aufrechtzuerhalten. Daher
tendieren sie dazu, selektiv Eigenschaften, Merkmale etc. zu erinnern
oder zu betrachten, die diese Funktionen erfüllen. Dahingegen werden
Aspekte der eigenen Person ignoriert oder auch verdrängt, die mit diesen Funktionen nicht in Einklang zu bringen sind (z.B. Wilson/Dunn
2004). Zudem sind nicht alle Informationen bzgl. der eigenen Person zu
jedem Zeitpunkt zugänglich oder abrufbar (z.B. sind negative oder widersprüchliche selbstbezogene Informationen oft weniger zugänglich).
Manche Merkmale einer Person, wie ihre „impliziten" Einstellungen gegenüber bestimmten Personen oder Gruppen (→ Kap. 4.2.2), entziehen sich
sogar weitgehend dem bewussten Zugang. Sozialpsychologen gehen daher davon aus, dass Introspektion nur in eingeschränktem Maße geeignet ist, zutreffendes Wissen über die eigene Person zu generieren. Stattdessen wird angenommen, dass dieser Prozess Individuen v.a. dazu
dient, ein subjektiv stimmiges und positives Selbstbild zu entwerfen.

Die *Selbstwahrnehmungstheorie* von Daryl Bem (1972) postuliert, dass
Menschen nicht nur in sich „hineinsehen", um Wissen über sich selbst
zu erwerben, sondern dass sie unter bestimmten Umständen auch ihr
eigenes Verhalten als Informationsquellen für ihre Eigenschaften, Einstellungen etc. heranziehen. Im Einklang mit den von dieser Theorie formulierten Hypothesen zeigen Forschungsergebnisse, dass sich Menschen in Situationen, die neu für sie sind und in denen sie noch keine
klare Vorstellung über ihre eigenen Fertigkeiten, Interessen oder Einstellungen ausgebildet haben, tatsächlich wie ein externer Beobachter
verhalten, der auf der Grundlage des beobachtbaren Verhaltens auf seine eigenen individuellen Merkmale und inneren Zustände schließt. Dieses Vorgehen ist v.a. dann wahrscheinlich, wenn Menschen der Ansicht
sind, ihr Verhalten freiwillig auszuführen. Liegen in einer Situation hingegen plausible externale Faktoren für die Erklärung des eigenen Verhaltens vor (z.B. situative Zwänge), dann ist es wahrscheinlicher, dass
sie ihr Verhalten auf externale Faktoren attribuieren.

Eine der radikalsten Auffassungen einer sozial bedingten Selbstkon-
zeption wurde von dem Soziologen Charles Cooley zu Beginn des vergangenen Jahrhunderts formuliert (Cooley 1902). Seiner Auffassung zufolge bilden Menschen ihre Vorstellungen über sich selbst, indem sie
sich in ihre sozialen Interaktionspartner hineinversetzen und ihre eigene Person aus deren Sicht definieren und bewerten. Einen wichtigen An-
haltspunkt für die vermuteten Einschätzungen der eigenen Person
durch soziale Interaktionspartner liefern deren Reaktionen gegenüber
der eigenen Person: Soziale Interaktionen fungieren wie ein sozialer
Spiegel, der das Bild der eigenen Person reflektiert.

"looking-glass self"

Cooley hat für diesen Zusammenhang die Metapher des "looking-glass self" (d.h. des *Spiegel-Selbst*) geprägt. Das Selbst bzw. die Identität einer Person entsteht dieser Auffassung gemäß also nicht aus der bloßen Reflexion einer Person über sich selbst, sondern es bedarf der sozialen Interaktion und eines sozialen Gegenübers. Der Soziologe George Mead (1934) hat dieser Auffassung die Überlegung hinzugefügt, dass es nicht unbedingt eines tatsächlichen Interaktionspartners bedarf, der als Spiegel für die eigene Person fungiert. Für die Selbsterkenntnis sei es ausreichend, sich selbst aus den Augen eines "generalisierten Anderen" zu betrachten – einer abstrakten Instanz, die die Vorstellungen und Normen der Gesellschaft repräsentiert (eine theoretische Position, die als "symbolischer Interaktionismus" bezeichnet wird).

**Merksatz**

**Eine Kernannahme der Selbstkonzeptforschung besteht darin, dass die sozialen Wurzeln des Selbst in den sozialen Beziehungen des Menschen liegen.**

Selbst- vs. Fremdwahrnehmung

Der Einfluss sozialer Interaktionen auf die Entwicklung des Selbst und die Identität ist in der Sozialpsychologie unbestritten. Die empirische Forschung weist allerdings darauf hin, dass Menschen sich selbst typischerweise weniger so sehen, wie sie tatsächlich von anderen Menschen gesehen werden (tatsächlich besteht häufig eine relativ niedrige Korrelation zwischen Selbst- und Fremdwahrnehmung). Stattdessen tendieren sie dazu, sich zu sehen, wie sie *glauben*, dass andere Personen sie sehen (z.B. Shrauger/Schoeneman 1979). Weitere Forschungsergebnisse legen nahe, dass die Stärke dieses Einflusses in unterschiedlichen Lebensphasen (oder auch über Personen hinweg) variiert. Während soziale Zuschreibungen im Kindesalter besonders relevant für die Ausbildung des eigenen Selbst sind, ist im Erwachsenenalter v.a. eine weitere Quelle selbstbezogener Information von Bedeutung – der soziale Vergleich mit anderen Personen.

soziale Vergleichsprozesse

Gemäß der *Theorie der sozialen Vergleichsprozesse* (Festinger 1954) leisten soziale Vergleiche mit anderen Menschen einen wichtigen Beitrag zur Selbsterkenntnis. Die Theorie basiert auf der Prämisse, dass Menschen ein Bedürfnis danach haben, die Gültigkeit und Angemessenheit ihrer Wahrnehmung, Einstellungen, Gefühle etc. zu überprüfen. Der Theorie zufolge sollten sich Menschen v.a. dann mit anderen bzgl. ihrer individuellen Eigenschaften oder Fähigkeiten vergleichen, wenn keine objektiven (z.B. physikalischen) Maßstäbe existieren, an denen sie sich orientieren können, und sie selbst unsicher sind, wie hoch (oder gering) die individuellen Eigenschaften und Fähigkeiten auf dem jeweiligen Gebiet ausgeprägt sind. Eine wichtige Frage, die im Rahmen der Theorie (und der durch diese Theorie inspirierten weiteren Forschung) behandelt wird, bezieht sich darauf, mit *wem* sich Menschen vergleichen, um die Ausprăgung ihrer Fähigkeiten (oder die Gültigkeit eigener Einstellungen) zu bestimmen (zum Überblick s. Suls/Wheeler 2000).

Die Forschung verweist hier zum einen auf die Rolle der wahrgenommenen Ähnlichkeit mit der Vergleichsperson hinsichtlich bestimmter *kritischer Attribute*. Beispielsweise vergleichen sich Männer hinsichtlich sportlicher Leistungen typischerweise eher mit anderen Männern als mit Frauen, um Aufschlüsse über ihre athletischen Fähigkeiten zu erzielen. Das Geschlecht ist nämlich ein Attribut, das neben der individuellen Fähigkeit einen kritischen Einfluss auf die Ausprägung der Leistung hat. `kritische Attribute`

Wenn das Ziel darin besteht, eigene Fertigkeiten oder Fähigkeiten zu verbessern, nehmen Menschen verstärkt *aufwärtsgerichtete Vergleiche* vor. Sie vergleichen sich mit Personen, die etwas besser sind als sie selbst, da diese Vergleiche besonders informativ dafür sind, wie sie ihre eigene Position auf einer bestimmten Dimension steigern können. `aufwärtsgerichtete Vergleiche`

Wenn das Ziel hingegen darin besteht, das eigene Selbstwertgefühl zu stützen oder auszubauen, tendieren Menschen verstärkt dazu, sich bzgl. ihrer Leistung oder ihrer Eigenschaften mit Personen zu vergleichen, die schlechter sind als sie selbst, d.h. sie nehmen *abwärtsgerichtete Vergleiche* vor (z.B. Wood et al. 1999). Der Vergleich mit Personen, die auf einer Dimension schlechter abschneiden als man selbst, stützt zwar das Selbstwertgefühl. Diese Strategie kann allerdings einer angemessenen oder akkuraten Selbsteinschätzung im Wege stehen – ein Punkt, auf den wir weiter unten noch einmal zurückkommen werden. `abwärtsgerichtete Vergleiche`

## Repräsentation, Struktur und Variabilität des Selbst | 3.2

Im Folgenden werden wir uns zunächst näher damit befassen, wie das Wissen über die eigene Person repräsentiert ist.

### Selbstschemata | 3.2.1

Hazel Markus (z.B. 1977) legte mit ihren paradigmatischen Forschungsarbeiten einen Grundstein für die kognitionspsychologische Ausrichtung der Selbstkonzeptforschung. Markus schlug vor, dass Informationen bzgl. der eigenen Person ebenso wie Informationen bzgl. anderer Personen in Form *kognitiver Schemata* gespeichert werden. `kognitive Schemata`

**Definition**

Als **Selbstschemata** werden aus vergangenen Erfahrungen abgeleitete kognitive Verallgemeinerungen über das Selbst bezeichnet, welche die Verarbeitung und Erinnerung der in sozialen Erfahrungen gewonnenen selbstbezogenen Informationen organisieren und steuern.

Trotz der Ähnlichkeit der kognitiven Repräsentation von selbstbezogenen Informationen und dem Wissen über andere Personen (Fremdschemata) bestehen eine Reihe systematischer Unterschiede: Erstens sind Selbstschemata wesentlich detaillierter als Fremdschemata, da Personen mehr über sich selber als über andere Personen wissen. Zur Organisation selbstbezogenen Wissens bilden Menschen nach Auffassung der Selbstkonzeptforschung eine Vielzahl bereichspezifischer Teil- oder Subschemata aus – ein Körperselbstschema, Selbstschemata zu relevanten sozialen Rollen (ich als Partner; ich als Professor) oder Kategorienzugehörigkeiten (ich als Deutscher; ich als Schwuler).

Zweitens sind Selbstschemata auch in adaptiver Hinsicht wichtiger als Fremdschemata. Sie regulieren nämlich, welchen Informationen sich Menschen zuwenden, wie sie sie bewerten, wie sie sie speichern und weiterverarbeiten.

## Studie

In einer Studie konnte Markus (1977, Studie 2) z.B. zeigen, dass Personen bei schemakonsistenten Begriffen (Merkmalen, die im Einklang mit dem Selbstbild stehen) schneller entscheiden können, ob diese sie selbst charakterisieren, als bei schemainkonsistenten Begriffen.

**konsistente vs. inkonsistente Informationen**

Zusätzlich zu diesen Reaktionszeitunterschieden weisen Ergebnisse weiterer Studien darauf hin, dass Selbstschemata die Enkodierung und den Abruf schemakonsistenter Informationen erleichtern. Informationen, die nicht mit dem eigenen Selbstschema konsistent sind, werden hingegen mit einer geringeren Wahrscheinlichkeit enkodiert, lassen sich häufig schwerer aus dem Gedächtnis abrufen und erinnern, und diesbezügliche Urteile sind mit größerer subjektiver Unsicherheit behaftet.

**soziale Informationsverarbeitung**

Selbstschemata steuern allerdings nicht nur die Wahrnehmung, Enkodierung und den Abruf selbstbezogener Informationen, sondern auch die Verarbeitung von Informationen über andere Menschen.

Markus und Kollegen (1985) zeigten beispielsweise, dass Männer mit einem ausgeprägten maskulinen Selbstschema Maskulinität (und damit verbundene Attribute) stärker als Erklärungskonzept für das Verhalten anderer Männer heranziehen als Männer, für die Maskulinität im Hinblick auf das eigene Selbstbild von geringerer Bedeutung ist. Diese Ergebnisse sind repräsentativ für eine Vielzahl von Befunden, die demonstrieren, dass das Selbstschema Menschen einen interpretativen Bezugsrahmen zur Erklärung des Verhaltens anderer Personen liefert.

## Selbstkomplexität

| 3.2.2

Wie Patricia Linville (z. B. 1985) in einer Reihe von Studien herausgearbeitet hat, unterscheiden sich Menschen im Hinblick auf die Komplexität der Organisation selbstbezogenen Wissens. Diese Komplexität resultiert aus der Anzahl distinkter und voneinander unabhängiger *Selbstaspekte*, durch die das Selbst einer Person charakterisiert ist. Der Begriff des Selbstaspekts ist breiter gefasst als der Begriff des Selbstschemas. Während in Selbstschemata relativ zeitstabile und zentrale Informationen bzgl. der eigenen Person organisiert sind, beziehen sich Selbstaspekte auch auf weniger relevante oder zeitlich fluktuierende Merkmale einer Person.

Selbstaspekte

Als **Selbstaspekte** werden jede Rolle, Beziehung, Aktivität, Eigenschaft, Gruppenzugehörigkeit etc. einer Person bezeichnet, die Bestandteil ihrer Selbstrepräsentation ist, sowie die jeweils dazugehörigen kognitiven Informationen und affektiven Bewertungen.

Manche dieser Aspekte stehen in einem engen kognitiven Zusammenhang (z. B. Sozialpsychologe und Wissenschaftler), während andere relativ unabhängig voneinander sind (z. B. Wissenschaftler und Fußballfan).

Der Grad der Selbstkomplexität resultiert aus der Anzahl von relativ voneinander unabhängigen Selbstaspekten. **Hohe Selbstkomplexität** liegt vor, wenn das Selbst als eine große Anzahl unabhängiger Selbstaspekte repräsentiert ist. Bei **niedriger Selbstkomplexität** weist das Selbst einer Person nur relativ wenige und zudem stark miteinander verbundene Aspekte auf.

## Studie

Wie Linville (1985) zeigen konnte, spielt die Selbstkomplexität u.a. im Zusammenhang mit der Emotionsregulation eine wichtige Rolle. In einer experimentellen Studie konfrontierte sie die Vpn mit negativen oder positiven Rückmeldungen bzgl. ihrer Leistung. Teilnehmer mit einer geringen Selbstkomplexität reagierten mit intensiveren Emotionen auf diese Ereignisse: Bei negativer Rückmeldung fühlten sie sich schlechter und bei einer positiven Rückmeldung besser als Personen mit hoher Selbstkomplexität. Dies lässt sich vermutlich darauf zurückführen, dass es bei niedriger Selbstkomplexität schneller zu einem „Überspringen" von Gefühlen und Schlussfolgerungen von dem durch die Rückmeldung ursprünglich aktivierten Aspekt auf andere Aspekte des Selbst kommt, da diese relativ eng miteinander verbunden sind.

psychologischer Puffer

Hohe Selbstkomplexität kann daher als psychologischer Puffer gegen die selbstwertbedrohlichen Folgen negativer Ereignisse fungieren. Bei Misserfolg oder einer negativen Bewertung eines Selbstaspekts wird nicht die Bewertung des gesamten Selbst in Mitleidenschaft gezogen.

### 3.2.3 | Variabilität des Selbst

Selbstvarianten

Die Selbstkonzeptforschung legt nahe, dass Menschen über einen ganzen Fundus an unterschiedlichen *Selbstvarianten* verfügen, die ihre Ursprünge in unterschiedlichen sozialen Beziehungen, Rollen etc. haben. Diese Varianten des Selbst können sich in mannigfaltiger Hinsicht unterscheiden: Wie Menschen ihr Selbst im Kontext ihrer Berufsrolle definieren (z.B. selbstsicher, durchsetzungsfähig), kann z.B. in vielfacher Hinsicht von ihrem Selbstbild in der Partnerschaft (z.B. unsicher, abhängig) oder im Freundeskreis abweichen (z.B. zurückhaltend, unabhängig). Allerdings sind nicht alle dieser Selbstvarianten gleichzeitig aktiviert. Welche Selbstvarianten gerade aktiviert sind, hängt von ihrer chronischen und kontextspezifischen Zugänglichkeit ab.

Arbeitsselbstkonzept

Markus und Kunda (1986) vertreten die Auffassung, dass im Arbeitsgedächtnis jeweils nur die Teile des Selbstkonzepts aktiviert sind, die für die Verhaltenssteuerung und Informationsverarbeitung in einem bestimmten Kontext notwendig sind – dieser Teil wird von ihnen als *Arbeitsselbstkonzept* („working self-concept") bezeichnet. Wie ihre und andere Forschungsarbeiten zeigen, spielen für die Aktivierung bestimmter Selbstvarianten kontextspezifische Primes eine wichtige Rolle. Diese führen dazu, dass jeweils die Selbstvariante phänomenologisch in den Vordergrund rückt, die für die Informationsverarbeitung und Verhaltenssteuerung im jeweiligen Kontext relevant ist.

**Merksatz**

**In der Sozialpsychologie herrscht weitgehend Einverständnis darüber, dass die Selbstdefinition einer Person keine statische Größe ist, sondern mit dem sozialen Kontext variiert.**

## Inklusivitätsgrad des Selbst

| 3.2.4

Eine weitere wichtige sozialpsychologische Erkenntnis zum Selbst ist, dass sich Selbstdefinitionen nicht nur auf die eigene Person erstrecken. In Abhängigkeit vom sozialen Kontext werden andere Personen in die Definition des Selbst aufgenommen. Eine der einflussreichsten Forschungsperspektiven zur Untersuchung solcher Inklusionsprozesse ist der *sozialer Identitätsansatz* Identitätsansatz, der auf der Theorie der sozialen Identität (Tajfel/Turner 1986) bzw. ihrer Weiterentwicklung in Form der Selbstkategorisierungstheorie (Turner et al. 1987) basiert. Im Rahmen des sozialen Identitätsansatzes wird zwischen zwei (idealtypischen) Varianten der Selbstdefinition unterschieden: Selbstdefinition im Sinne personaler (oder auch individueller) Identität und Selbstdefinition im Sinne sozialer (oder auch kollektiver) Identität.

**Definition**

Der Begriff **personale Identität** bezeichnet eine Selbstdefinition als einzigartiges und unverwechselbares Individuum, die auf einer interpersonalen (oder *intra*gruppalen) Differenzierung auf der Basis individueller Merkmale beruht („ich" vs. „du" oder „ihr").

Der Begriff der **sozialen Identität** bezieht sich demgegenüber auf eine Selbstdefinition als austauschbares Gruppenmitglied, die auf der *inter*gruppalen Differenzierung zwischen Eigen- und Fremdgruppe auf der Basis gruppentypischer Merkmale basiert („wir" vs. „die").

Vertreter des sozialen Identitätsansatzes nehmen an, dass in dem Maße, in dem sich eine Person im Sinne ihrer sozialen Identität definiert, das Erleben und Verhalten dieser Person durch die in der entsprechenden Gruppe vorherrschenden Werte, Normen, Einstellungen etc. beeinflusst wird.

Relativ zur personalen Identität basiert die soziale Identität auf einer inklusiveren Selbstdefinition, da die Mitglieder einer Gruppe oder sozialen Kategorie, zu der die Person gehört (einer sog. Eigengruppe oder „Selbstkategorie"), in die Selbstdefinition eingeschlossen werden („Wir Psychologen", „Wir Deutschen" etc.).

Menschen können ihre Identität je nach Kontext auf unterschiedlichen Ebenen sozialer Inklusivität definieren (s. Abb. 3.1). Wann und welche soziale Identität erlebens- und verhaltensrelevant wird, hängt a) von der sozialkontextuellen Passung und b) der Bereitschaft der betreffenden Personen ab, eine entsprechende Identität zu übernehmen.

Diskutieren etwa zwei Männer (Max und Kai) mit zwei Kolleginnen (Eva und Lisa) über die Einführung eines Frauenförderungsprogramms in ihrer Firma, und nehmen Erstere gemeinsam eine ablehnende und Letztere gemeinsam eine befürwortende Position ein, so ist davon auszugehen, dass aufgrund der sozialkontextuellen Passung die soziale Identität als Mann bzw. Frau in das Bewusstsein rückt. In den Hintergrund würde die soziale Identität vermutlich dann treten, wenn die beteiligten Personen über ihre jeweiligen individuellen Vorlieben und Abneigungen etwa im Hinblick auf Musik oder Filme diskutieren würden.

Darüber hinaus wird die Selbstdefinition im Sinne sozialer Identität auch davon abhängen, welche Relevanz die Zugehörigkeit zur jeweiligen

**Abb 3.1** | *Selbstdefinition auf verschiedenen (idealtypischen) Ebenen sozialer Inklusivität*

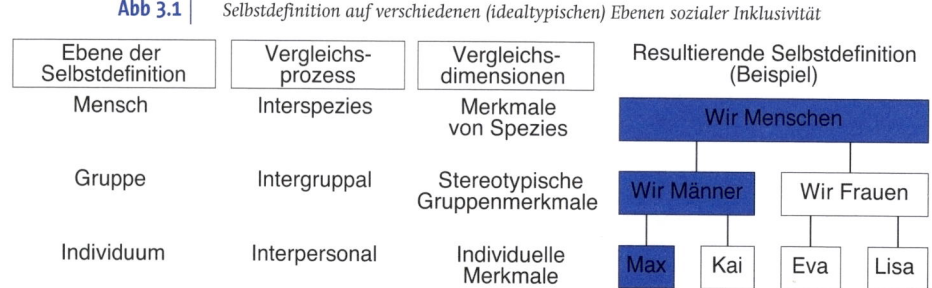

| Ebene der Selbstdefinition | Vergleichs-prozess | Vergleichs-dimensionen | Resultierende Selbstdefinition (Beispiel) | | | |
|---|---|---|---|---|---|---|
| Mensch | Interspezies | Merkmale von Spezies | Wir Menschen | | | |
| Gruppe | Intergruppal | Stereotypische Gruppenmerkmale | Wir Männer | | Wir Frauen | |
| Individuum | Interpersonal | Individuelle Merkmale | Max | Kai | Eva | Lisa |

Geschlechtskategorie für die Person besitzt. Aufgrund ihrer individuellen Erfahrungen können Menschen in unterschiedlicher Weise dazu prädisponiert sein, sich als Gruppenmitglied zu definieren.

## Konstruktion eines konsistenten Selbst | 3.2.5

Wenn die Selbstdefinition von Menschen situationsspezifisch und kontextabhängig ist – warum haben Menschen dennoch den Eindruck, ihr Selbst sei relativ zeitstabil und in sich konsistent? Tatsächlich haben Menschen ein starkes Bedürfnis nach einer Integration ihrer subjektiven Erfahrungen in ein stabiles konsistentes Selbstbild (Baumeister 1998) – ohne diese Wahrnehmung (wie z.B. im Fall bestimmter psychischer Erkrankungen) ist die Funktionsfähigkeit des Menschen stark beeinträchtigt. Die sozialpsychologische Forschung legt nahe, dass eine Reihe psychologischer Prozesse die Funktion haben, Stabilität und Konsistenz zu erzeugen:

▶ *Eingeschränkte Zugänglichkeit:* Einen Schlüssel liefert die Konzeption des Arbeitsselbstbildes. Wenn eine bestimmte Variante des Selbst phänomenologisch in den Vordergrund rückt, sind andere Aspekte des Selbst weniger zugänglich, was die Wahrscheinlichkeit des Erlebens von Inkonsistenzen reduziert.

▶ *Selektives Erinnern:* Wenn Menschen über ihre Vergangenheit nachdenken, rekonstruieren sie ihre Vergangenheit in einer Art und Weise, die es ihnen erlaubt, autobiografische Erfahrungen als eine konsistente und sinnvolle Lebensgeschichte wahrzunehmen. Eine Strategie, um dieses Ziel zu erreichen, ist das selektive Erinnern von Erfahrungen (Verhaltensweisen, Merkmalen), die in dieses subjektive Narrativ passen bzw. das selektive Vergessen von widersprüchlichen und inkonsistenten Informationen (Greenwald 1980)

▶ *„Wegattribuieren":* Wie wir in Kapitel 2 gesehen haben, tendieren Menschen dazu, ihr eigenes Verhalten eher auf situative Faktoren statt auf stabile Persönlichkeitseigenschaften zurückzuführen (Akteur-Beobachter-Divergenz). Diese Tendenz ist besonders ausgeprägt, wenn es sich um eigene Verhaltensweisen handelt, die man selbst negativ bewertet. Die Attribution eigenen Verhaltens auf situative Faktoren ermöglicht es Personen, inkonsistente Verhaltensweisen, Einstellungen etc. als Resultat von Umwelteinflüssen zu interpretieren, statt es als Beleg für innere Widersprüchlichkeiten anzusehen.

▶ *Konzentration auf Schlüsseleigenschaften:* Der Eindruck eines kohärenten und zeitstabilen Selbst resultiert auch daraus, dass sich Menschen, wenn sie über sich selbst nachdenken, häufig auf eine begrenzte Zahl von Schlüsseleigenschaften konzentrieren, die sie von anderen unterscheiden und ihre Individualität ausmachen. Menschen tendieren ferner dazu, Hinweise auf diese Schlüsseleigenschaften in allen möglichen Verhaltensbereichen zu entdecken (Stichwort: selektive Informationssuche), was ihren Eindruck eines stabilen und einzigartigen Selbst untermauert.

## 3.3 | Das Selbst in Aktion

In den vorangegangenen Abschnitten wurde wiederholt herausgestellt, dass das Selbst nicht nur das Ergebnis von Umwelteinflüssen ist, sondern dass das Selbst die Beziehung zwischen Mensch und Umwelt aktiv steuert und reguliert. Diese *exekutive* Funktion des Selbst steht im Mittelpunkt des abschließenden Abschnitts.

### 3.3.1 | Selbstaufmerksamkeit und Selbstüberwachung

Zielgerichtetes Handeln setzt voraus, dass Menschen ihre Aufmerksamkeit gezielt auf im Selbst repräsentierte Standards, Ideale oder Ziele lenken können. Das Phänomen, dass die menschliche Aufmerksamkeit einer Person entweder nach außen (die Umwelt) oder nach innen (das Selbst) gerichtet sein kann und die daraus resultierenden Konsequenzen für das Erleben und Verhalten sind zentraler Gegenstand der *Theorie der objektiven Selbstaufmerksamkeit* (z.B. Duval/Wicklund 1972).

**Definition**

Die **objektive Selbstaufmerksamkeit** bezeichnet den Zustand, in dem die eigene Person Gegenstand (Objekt) der eigenen Aufmerksamkeit ist.

negative Diskrepanzen

Eine zentrale Hypothese der Selbstaufmerksamkeitstheorie von Duval und Wicklund besagt, dass der Zustand der Selbstaufmerksamkeit die Wahrscheinlichkeit erhöht, dass Menschen *negative Diskrepanzen* zwischen ihrem Selbst und bestimmten Idealen und Standards entdecken. Die Wahrnehmung dieser Diskrepanzen sollte zu unangenehmen Emotionen und Selbstwertbedrohung führen. Experimentell lässt sich objektive Selbstaufmerksamkeit z.B. dadurch induzieren, dass Personen mit Reizen konfrontiert werden, die ihre Aufmerksamkeit auf die eigene Person lenken (Spiegel, Kamera, Aufzeichnung der eigenen Stimme etc.).

Die Selbstaufmerksamkeitstheorie legt nahe, dass Menschen v.a. zwei Strategien anwenden können, um den durch negative Diskrepanzen ausgelösten, unangenehmen emotionalen Zustand zu regulieren: (1) Verminderung der Selbstaufmerksamkeit durch Ablenkung, Vermeidung entsprechender Auslösereize u. Ä.; (2) Verminderung der negativen Diskrepanz durch den Versuch, durch das eigene Verhalten die entsprechenden Standards oder Ideale zu erreichen.

Objektive Selbstaufmerksamkeit muss der Theorie zufolge allerdings nicht immer zu unangenehmen Zuständen führen. Liegt eine *positive Diskrepanz* vor (z.B. wenn durch die eigene Leistung ein gesetzter Standard übertroffen wurde), entstehen positive Emotionen und gesteigertes Selbstwertgefühl. Schließlich ist darauf hinzuweisen, dass auch erhebliche interindividuelle Unterschiede im Ausmaß bestehen, in dem Menschen üblicherweise über sich nachdenken – eine Persönlichkeitsvariable, die als dispositionelle Selbstaufmerksamkeit bezeichnet wird.

positive Diskrepanzen

Eine mit der Disposition zur Selbstaufmerksamkeit in konzeptueller Hinsicht verwandte Persönlichkeitsvariable ist die Tendenz zur *Selbstüberwachung* (Snyder 1974). Personen mit einer hohen Tendenz zur Selbstüberwachung orientieren sich in sozialen Situationen im Hinblick auf die Regulation ihres eigenen Verhaltens an äußeren Hinweisreizen – sie überwachen ihr Verhalten dergestalt, dass es der sozialen Situation angemessen ist und sie einen günstigen Eindruck auf ihre Interaktionspartner machen. Personen mit geringer Selbstüberwachungstendenz orientieren sich hingegen an inneren Reizen bzw. den Eigenschaften, Persönlichkeitsmerkmalen, Einstellungen, die sie selbst in der gegebenen sozialen Situation als relevant erachten. Forschungsarbeiten zur Selbstüberwachung haben eine Reihe wichtiger Beiträge zur Erklärung interindividueller Unterschiede in sozialen Interaktionen geleistet, wie z.B. interindividuelle Unterschiede in der Übereinstimmung zwischen Einstellung und Verhalten oder Unterschiede in der Verarbeitung von persuasiven Argumenten (→ Kap. 4.3.2).

Selbstüberwachung

## Selbstregulation

3.3.2

**Definition**

Die **Selbstregulation** bezeichnet den Prozess der Kontrolle und Lenkung des eigenen Verhaltens zur Erreichung angestrebter Ziele.

Eine der einflussreichsten Selbstregulationstheorien, die *Selbstdiskrepanztheorie* von Tory Higgins (1987), befasst sich – ganz ähnlich wie die Selbst-

Selbstdiskrepanztheorie

aufmerksamkeitstheorie – mit der Rolle wahrgenommener Diskrepanzen zwischen dem tatsächlichen Selbst und bestimmten Standards für die Verhaltensregulation. Ein wichtiger Ausgangspunkt der Theorie ist die Unterscheidung zwischen drei Selbstvarianten:

(1) das aktuelle Selbst (wie man gegenwärtig ist),
(2) das ideale Selbst (wie man gemäß eigener Wünsche und Ideale gerne sein möchte) und
(3) das geforderte Selbst (wie man gemäß sozialer Erwartungen und Normen sein sollte).

Das ideale und das geforderte Selbst dienen als Vergleichsstandards für das aktuelle Selbst. Gemäß der Theorie sind Menschen bestrebt, das aktuelle Selbst sowohl mit dem idealen als auch dem geforderten Selbst in Einklang zu bringen. Diskrepanzen zwischen aktuellem und idealem Selbst signalisieren das Ausbleiben positiver Ergebnisse (Realisierung von Idealen oder Wünschen), was zu Gefühlen wie Traurigkeit, Enttäuschung und Unzufriedenheit führen sollte. Diskrepanzen zwischen aktuellem und gefordertem Selbst signalisieren das Eintreten negativer Konsequenzen (z.B. Strafe, Kritik), was Gefühle wie Angst, Nervosität oder Unruhe bewirken sollte. Diese Hypothesen wurden von Higgins und Mitarbeitern in einer Reihe von Untersuchungen bestätigt (s. Higgins 1987).

**regulatorischer Fokus**
Higgins (1999) hat die Perspektive der Selbstdiskrepanztheorie im Rahmen der *Theorie des regulatorischen Fokus* weiterentwickelt. Zentral ist die Unterscheidung zwischen zwei motivationalen Orientierungen: dem Promotionsfokus und dem Präventionsfokus. Liegt der Fokus auf Promotion („Vorankommen"), sind Wünsche und Ideale die angestrebten Ziele; liegt der Fokus auf Prävention („Vermeidung") werden die Ziele durch wahrgenommene Verpflichtungen definiert. Die Theorie des regulatorischen Fokus hat einen weiteren Gültigkeitsbereich als die Selbstdiskrepanztheorie: Selbstdiskrepanzen werden zwar als wichtige, aber nicht als einzige Determinanten für die beiden unterschiedlichen motivationalen Orientierungen angesehen (weitere Determinanten sind z.B. situative Anforderungen, Vorerfahrungen oder Gelegenheiten). In jüngerer Zeit wurden verschiedene Untersuchungen vorgelegt, die belegen, dass Prinzipien der Selbstregulation auch für Gruppenprozesse von Bedeutung sind. Shah und Kollegen (2004) demonstrierten beispielsweise, dass die Ausrichtung des motivationalen Fokus auf Prävention zu einer erhöhten Nervosität im Intergruppenkontakt und Kontaktvermeidung führt.

**Selbsterschöpfung**
Schließlich ist darauf hinzuweisen, dass Selbstregulation, Selbstkontrolle und verantwortungsvolles Entscheiden innere Ressourcen ver-

brauchen – die exekutive Funktion des Selbst unterliegt also bestimmten Restriktionen und kann zur *Selbsterschöpfung* führen (Baumeister 2002).

---

**Definition**

Selbstregulation scheint (wie körperliche Aktivität) innere Ressourcen aufzubrauchen (vergleichbar mit Energie). Unter **Selbsterschöpfung** wird eine vorübergehende Verringerung der Regulationsfähigkeit des Selbst verstanden.

---

Die für die Selbstregulation notwendigen Ressourcen erneuern sich offenbar – Erholung und positiver Affekt spielen hierbei eine wichtige Rolle. Allerdings sind die genauen psychologischen Prozesse, die die Regeneration der Fähigkeit zur Selbstregulation beschleunigen oder beeinträchtigen, bislang noch weitgehend ungeklärt.

## Selbstwerterhöhung und Selbstwertschutz

3.3.3

Auf der Grundlage einer umfangreichen Sichtung der Forschungsliteratur kommen Shelley Taylor und Jonathon Brown (1988) zu dem Schluss, dass Menschen systematisch unrealistisch positive Bilder ihres Selbst konstruieren – z.B. zeigen Menschen häufig schlechtere Erinnerungsleistungen bzgl. von Misserfolgen (während Erfolge gut und sicher erinnert werden); sie attribuieren Misserfolge auf äußere Umstände (Erfolge aber auf eigene Fähigkeiten); oder sie werten negative Aspekte des Selbst als unwichtige oder allgemeine menschliche Schwächen ab, während positive Aspekte des Selbst als einzigartig und selten aufgewertet werden.

Den Autoren zufolge handelt es sich bei dieser Selbstsicht um eine *positive Illusion*, d.h. eine Einschätzung, die zwar unrealistisch ist, aber die – solange sie nicht hochgradig inakkurat ist – eine wichtige Rolle für die seelische Gesundheit spielt. Tatsächlich zeigen zahlreiche Untersuchungen, dass ein positives Selbstwertgefühl förderlich für das subjektive Wohlbefinden und die erfolgreiche Anpassung an die Umwelt ist.

*positive Illusion*

Abraham Tesser (1988) unterstreicht in seinem *Modell der Selbstwerterhaltung* v.a. die Rolle von sozialen Vergleichsprozessen für die Regulation des Selbstwertgefühls. Wenn man sich bzgl. einer Leistung mit anderen vergleicht, kann dies sowohl zur Selbstwertsteigerung als auch zur -minderung führen. Welche dieser Konsequenzen eintritt, ist Tesser zufolge u.a. von der persönlichen Relevanz der Vergleichsdimension sowie der sozialen Nähe zur Vergleichsperson abhängig.

Selbstwerterhaltung

Wenn man z. B. von einem engen Freund (oder einer der eigenen Person ähnlichen Person) in einem Bereich übertroffen wird, der für die eigene Selbstdefinition von hoher Relevanz ist, sollte dies eher zu einer Bedrohung des Selbstwertgefühls führen, als wenn man von einer fremden oder unähnlichen Person in diesem Bereich übertroffen wird. Um nun das Selbstwertgefühl aufrechtzuerhalten, könnte eine Person folgende Strategien verwenden: Sie könnte

(1) versuchen, ihre eigene Leistung zu verbessern, oder
(2) sich von dem Freund distanzieren, oder
(3) die subjektive Bedeutung der Vergleichsdimension abwerten.

Wie andere Autoren herausgearbeitet haben, könnte sie auch die Vergleichsdimension wechseln und sich mit dem Freund auf einer Dimension vergleichen, auf der sie selbst besser abschneidet; sie könnte auch das Vergleichsobjekt wechseln, indem sie sich mit einem anderen und zwar schlechteren Freund vergleicht.

Ist die Vergleichsdimension, auf welcher der Freund besser abschneidet, hingegen für die Selbstdefinition nicht relevant, dann führt die Nähe zu dieser Person nicht zur Selbstwertbedrohung. Im Gegenteil: Die Nähe zu einer erfolgreichen Person birgt sogar das Potenzial zu einer Steigerung des Selbstwertgefühls in sich, weil man sich im Glanze der anderen Person sonnen kann.

**Selbstbehinderung** Die sozialpsychologische Forschung hat eine Vielzahl weiterer Strategien identifiziert, durch die Menschen ihr Selbstwertgefühl regulieren, schützen oder auch ausbauen. Eine subtile Strategie ist die der sog. *Selbstbehinderung*.

## Definition

Unter **Selbstbehinderung** wird eine Strategie zur Aufrechterhaltung des Selbstwertgefühls verstanden, bei der eine Person selbst eine externale Ursache kreiert, auf die sie einen antizipierten Misserfolg bei seinem Eintreten attribuieren kann.

## Beispiel

Ein Beispiel für eine solche Strategie wäre es, wenn sich ein Student, der ein schlechtes Abschneiden vor einer Klausur antizipiert, anstatt zu lernen, die Nacht auf einer Party verbringt, um dadurch die Möglichkeit zu haben, die eigene schlechte Leistung auf eine, unter seinen Freunden sozial akzeptierte externe Ursache zu attribuieren.

Derartige Strategien der Aufrechterhaltung bzw. des Schutzes des Selbstwertes können dem Lernen aus Fehlern und Misserfolgen und damit dem Ausbau eigener Fähigkeiten und Fertigkeiten erheblich im Wege stehen.

## Zusammenfassung

Der Begriff des Selbst bezieht sich auf die Gesamtheit des Wissens, über das eine Person bzgl. ihrer selbst und ihres Platzes in der sozialen Welt verfügt. Dieses Wissen stammt aus unterschiedlichen Quellen – Introspektion und Beobachtung des eigenen Verhaltens, Reaktionen anderer Personen und aus sozialen Vergleichsprozessen.

Das Selbst einer Person ist eine komplexe kognitive Struktur, das eine Vielzahl von bereichs- und kontextspezifischen Selbstschemata und unterschiedliche Selbstaspekte umfasst. Das in einem bestimmten Kontext aktivierte Arbeitsselbstkonzept reguliert, welchen Informationen sich Menschen zuwenden, wie sie sie bewerten, speichern und weiterverarbeiten. Eine Reihe psychologischer Prozesse dienen der Funktion, einen subjektiven Eindruck von Stabilität und Selbstkohärenz zu erzeugen.

Aus sozialpsychologischer Sicht sind zwei (idealtypische) Varianten der Selbstdefinition besonders relevant: Selbstdefinition im Sinne personaler Identität und Selbstdefinition im Sinne sozialer Identität. Sozialpsychologen sehen im Wechsel der Selbstdefinition von personaler zu sozialer Identität einen entscheidenden psychologischen Prozess für die Erklärung von Gruppenphänomenen.

Das Selbst steuert und reguliert die Beziehung zwischen Mensch und Umwelt. Im Rahmen der Selbstregulation wird das aktuelle Selbst mit Formen der Selbstrepräsentation verglichen, die Ideale oder wahrgenommene Verpflichtungen repräsentieren, bei negativen Diskrepanzen resultieren negative Emotionen. Menschen streben ein hohes Selbstwertgefühl an. Um dies zu erreichen, verwenden sie unterschiedliche selbstwertdienliche Strategien (abwärtsgerichtete soziale Vergleiche, Selbstbehinderung).

## Literatur

Baumeister, R. F. (Ed.) (1999). *The self in social psychology.* [Key readings in social psychology.] Psychology Press: Philadelphia, PA.

Brewer, M. B. & Hewstone, M. (Eds.) (2004). *Self and social identity.* Blackwell: Oxford.

Simon, B. (2004). *Identity in modern society: A social psychological perspective.* Blackwell: Oxford.

### Übungsaufgaben

1 Unter welchen Bedingungen schließen Menschen laut Selbstwahrnehmungstheorie von ihrem eigenen Verhalten auf ihre Eigenschaften?

2 Unter welchen Bedingungen sind soziale Vergleiche mit ähnlichen anderen Personen zu erwarten?

3 Auf welche Weise reguliert das Selbstschema die soziale Informationsverarbeitung?

4 Was versteht man unter Selbstkomplexität?

5 Welche Prozesse dienen der Aufrechterhaltung eines konsistenten Selbstkonzepts?

6 Beschreiben Sie anhand der Theorie von Tesser (1988), welche Rolle soziale Vergleichsprozesse bei der Aufrechterhaltung von Selbstwertgefühl spielen.

# Einstellungen | 4

Seit ihrer Etablierung als akademische Disziplin ist die Erforschung von Einstellungen ein Kernthema der Sozialpsychologie. Ein Grund für dieses anhaltende Interesse besteht in der Annahme, dass Einstellungen menschliche Handlungen und Verhaltensentscheidungen leiten. Wie Einstellungen und Verhalten zusammenhängen, werden wir im Folgenden erkunden.

## 4.1 | Einstellungen: Komponenten, Stärke, Funktionen

### 4.1.1 | Begriffsbestimmung

**Definition**

Die **Einstellung** einer Person zu einem Objekt ist die subjektive Bewertung dieses Objekts. Einstellungsobjekte sind nichtsoziale oder soziale Stimuli (Produkte, Personen etc.), Verhaltensweisen (Rauchen, politisches Engagement etc.), Symbole (Flaggen, Embleme etc.) oder Begriffssysteme (Islam, Kommunismus etc.).

Valenz und Stärke     Einstellungen lassen sich anhand zweier Dimensionen charakterisieren: Erstens ihrer *Valenz* (im Sinne von positiv oder negativ) und zweitens ihrer *Stärke* (beobachtbar z. B. daran, wie schnell ein Einstellungsobjekt eine wertende Reaktion auslöst).

**Definition**

Der Begriff **Überzeugung** bezieht sich in Abgrenzung zum Einstellungsbegriff auf die Informationen, das Wissen oder die Kognitionen, die eine Person mit einem Einstellungsobjekt verbindet. Über jedes Einstellungsobjekt kann man eine Reihe von Überzeugungen haben, die ihrerseits zu einer positiven oder negativen Einstellung gegenüber dem Objekt beitragen können.

### 4.1.2 | Einstellungskomponenten und -struktur

Sozialpsychologen gehen davon aus, dass Einstellungen eine kognitive, eine affektive und eine verhaltensbezogene Komponente aufweisen, die auf entsprechenden Erfahrungen im Umgang mit dem Einstellungsobjekt beruhen. In welchem Ausmaß diese Komponenten die Einstellung bestimmen, kann von Person zu Person und von Einstellung zu Einstellung variieren.

**Kognitive Einstellungskomponente**

Die Überzeugungen, die eine Person über ein Einstellungsobjekt hat (z.B. ihre Kenntnis seiner positiven und/oder negativen Eigenschaften), bilden die **kognitive Komponente** ihrer Einstellung.

Kognitionen in Form von Überzeugungen sind der elementare Bestandteil des Einstellungsmodells von Martin Fishbein und Icek Ajzen (1975). Diesem Modell zufolge lässt sich die Einstellung gegenüber einem Einstellungsobjekt mathematisch als eine Summe von *Erwartung-Wert-Produkten* modellieren:

Erwartung-Wert-Modelle

$$A_0 = \sum_{i=1}^{n} b_i \cdot e_i$$

Dabei ist $A_0$ die Einstellung (engl. *attitude*) gegenüber einem Objekt O und die Produkte $b_i \cdot e_i$ beschreiben die einzelnen Überzeugungen über O. $e_i$ steht dabei für die Bewertungen (*evaluations*) der i Eigenschaften oder Attribute von O. $b_i$ steht für die subjektive Wahrscheinlichkeit oder Meinungsstärke (*belief strength*), mit der eine Person annimmt, dass ein Objekt O das Merkmal i besitzt (oder die Konsequenz i mit sich bringt). Die Einstellung resultiert aus der Addition der im Hinblick auf jedes Attribut des Einstellungsobjekts ermittelten Erwartung-Wert-Produkte.

**Affektive Einstellungskomponente**

Als **affektive Komponente** werden die Gefühle oder Emotionen bezeichnet, die eine Person mit einem Einstellungsobjekt assoziiert.

Affektive oder emotionale Reaktionen, die im Umgang mit dem Einstellungsobjekt auftreten, spielen für die Herausbildung einer Einstellung eine wichtige Rolle: Treten positive Affekte auf, steigt die Wahrscheinlichkeit, dass sich eine positive Einstellung manifestiert (und umgekehrt bei negativen Affekten). Interessanterweise können Affekte oder Emotionen die Valenz einer Einstellung auch dann beeinflussen, wenn sie ursprünglich gar nicht durch das Objekt ausgelöst wurden.

klassische Konditionierung

*Klassische Konditionierung* ist ein Lernprinzip, durch das Affekte oder Emotionen mit Einstellungsobjekten verbunden werden. Die zentralen Merkmale dieses Prinzips sind wie folgt: Ein unbedingter Stimulus (kurz UCS) löst als Reflex eine unbedingte Reaktion (UR) aus. Wird im Zusammenhang mit dem UCS mehrfach ein bislang neutraler Stimulus dargeboten (Kopplung), so wird dieser zum bedingten Stimulus (CS). Dieser CS löst nun ebenfalls (und auch ohne den UCS) die Reflexreaktion (oder eine sehr ähnliche Reaktion) aus.

## Beispiel

Angenommen die Präsentation eines bestimmten, im Hinblick auf seine affektive Qualität zunächst als neutral bewerteten Produkts im Werbefernsehen (z. B. ein Sportwagen der Marke X) wird systematisch und wiederholt mit der Präsentation eines Reizes gekoppelt, der beim Zuschauer spontan starke positive Emotionen auslöst (z. B. Musik). Infolge der Kopplung wird das Produkt (oder allein der Gedanke an das Produkt) zunehmend selbst zu einem Auslöser positiver Emotionen. Diese positiven Emotionen dienen dem Zuschauer schließlich als Information bzgl. seiner Einstellung gegenüber dem Produkt („Immer wenn ich an den Sportwagen der Marke X denke, fühle ich mich gut. Offenbar mag ich Sportwagen dieser Marke.").

Untersuchungen zeigen, dass das Prinzip der klassischen Konditionierung die Einstellung gegenüber einem Objekt sogar dann beeinflussen kann, wenn der UCS unterhalb der Wahrnehmungsschwelle (d. h. unbemerkt vom Betrachter) in Verbindung mit dem CS präsentiert wird (z. B. Krosnick et al. 1992).

Mere-Exposure-Effekt

Interessanterweise kann allerdings auch die bloße Häufigkeit der Konfrontation mit einem ursprünglich neutral bewerteten Einstellungsobjekt dazu führen, dass Menschen eine positive Einstellung gegenüber dem Objekt entwickeln. Dieses Phänomen wird auch als *Mere-Exposure-Effekt* bezeichnet (Zajonc 1968).

## Definition

Unter **Mere-Exposure-Effekt** wird das Phänomen verstanden, dass allein durch die mehrfache Darbietung eines neutralen Reizes eine positive Einstellung gegenüber diesem Reiz erzeugt werden kann.

Eine Erklärung für den Mere-Exposure-Effekt besteht darin, dass das aus dem wiederholten Kontakt resultierende Gefühl der Vertrautheit Menschen offenbar als ein Hinweisreiz dafür dient, dass sie dem Objekt positiv (oder zumindest nicht negativ) gegenüberstehen. Andernfalls – so die implizite Schlussfolgerung – hätten sie es schon längst gemieden.

### Konative Einstellungskomponente

**Definition**

Die **konative** oder **verhaltensbezogene Komponente** von Einstellungen bezieht sich auf Informationen bzgl. des Einstellungsobjekts, die aus dem eigenen Verhalten im Umgang mit diesem Objekt abgeleitet werden.

Wie schon in Kapitel 3 erläutert, ziehen Menschen, wenn sie noch über keine feste Einstellung gegenüber einem Objekt verfügen, ihr eigenes Verhalten als eine Informationsquelle für ihre Einstellung heran – eine zentrale Annahme der *Selbstwahrnehmungstheorie* (Bem 1972).    *Selbstwahrnehmung*

**Beispiel**

Nehmen wir an, Sie studierten erst seit kurzem und Sie würden gefragt, wie Ihre Einstellung gegenüber der Sozialpsychologie ist. Falls Sie noch keine feste Einstellung gebildet haben, könnten Sie die letzten Tage Revue passieren lassen und sich erinnern, wie oft Sie Lehrbuchtexte gelesen und über sozialpsychologische Themen nachgedacht haben. Wenn Sie feststellen, Sie haben dies häufig getan – und dies obwohl dazu keine unmittelbare „externe" Veranlassung bestand (z.B. eine bevorstehende Klausur) –, so könnte Ihnen dies als Information dienen, dass Sie eine positive Einstellung zur Sozialpsychologie haben.

In der Forschung bestehen unterschiedliche Auffassungen darüber, wie die positiven oder negativen Bewertungen, die auf kognitiven, affektiven oder konativen Informationen beruhen, repräsentiert sind.    *Einstellungsstruktur*

▶ *Eindimensionale* Konzeptionen gehen davon aus, dass positive und negative Informationen auf einer einzelnen Dimension (sehr positiv bis sehr negativ) abgespeichert werden. Personen haben daher entweder eine Einstellung, die sich einem der beiden Pole nähert oder dazwischen liegt.

▶ Bei der *zweidimensionalen* Konzeption wird hingegen davon ausgegangen, dass positive und negative Elemente auf getrennten Dimensionen (positiv vs. negativ) abgespeichert werden.

**Einstellungsambivalenz**

Die zweidimensionale Konzeption ist der eindimensionalen insofern überlegen, als sie auch Einstellungsambivalenz erklären kann: Auf der positiven Dimension sind viele positive, auf der negativen Dimension viele negative Informationen abgespeichert, was dazu führt, dass die Person dem Objekt sowohl positiv als auch negativ (d.h. insgesamt ambivalent) gegenübersteht. Einstellungsambivalenz ist ein wichtiges Konstrukt, um scheinbar in sich widersprüchliche Verhaltensweisen von Menschen erklären zu können (z.B. MacDonald/Zanna 1998).

## 4.1.3 | Einstellungsstärke

Einstellungen unterscheiden sich nicht nur darin, inwieweit sie auf kognitiven, affektiven oder konativen Erfahrungen beruhen, sondern sie variieren auch hinsichtlich ihrer Stärke.

**Definition**

Der Begriff **Einstellungsstärke** wird von verschiedenen Autoren unterschiedlich verwendet, u.a. im Sinne von Wichtigkeit, Stabilität oder innerer Konsistenz einer Einstellung.

**Merksatz**

**Die Stärke einer Einstellung hat einen Einfluss darauf, wie schnell ein Mensch seine Einstellung ändert. In der Regel gilt: Je stärker die Einstellung, desto schwieriger lässt sie sich durch Überzeugungsversuche seitens anderer Personen verändern.**

Trotz dieser unterschiedlichen Auffassungen herrscht in der Literatur in Bezug auf folgende vier Aspekte weitgehend Konsens: a) Starke Einstellungen sind im Allgemeinen zeitlich stabiler, b) sie sind schwerer zu verändern, und sie wirken sich eher auf c) die Informationsverarbeitung und d) das Verhalten aus als schwache Einstellungen.

Starke Einstellungen sind zudem leichter aus dem Gedächtnis abrufbar als schwache Einstellungen (Fazio 1995).

Der Begriff der **Einstellungszugänglichkeit** bezieht sich darauf, wie leicht eine Einstellung aus dem Gedächtnis abgerufen werden kann: Schnell abrufbare Einstellungen werden als leicht zugänglich bezeichnet.

Ein Indikator für die Zugänglichkeit einer Einstellung ist die Geschwindigkeit, mit der eine Person ihre Bewertung eines Einstellungsobjekts artikulieren kann.

Legt man einer Person z. B. das Bild einer Spinne vor, könnte man erfassen, wie lange sie braucht, um ihre Einstellung gegenüber diesem Objekt zu äußern. Je kürzer die Reaktionszeit, desto besser zugänglich ist die (in diesem Fall vermutlich negative) Einstellung.

## Einstellungsfunktionen                                    | 4.1.4

In seinem einflussreichen Ansatz schlägt Katz (1967) vier basale psychologische Funktionen von Einstellungen vor:

▶ *Instrumentelle, Anpassungs- oder utilitaristische Funktion:* Menschen entwickeln positive Einstellungen gegenüber Objekten, die persönliche Bedürfnisse befriedigen und zu positiven Konsequenzen führen. Dahingegen entwickeln sie negative Einstellungen gegenüber Objekten, die mit Frustration oder negativen Konsequenzen einhergehen. Die Valenz der Einstellung dient dann zukünftig als Hinweisreiz für die Verhaltensanpassung: Eine positive Einstellung fördert Annäherung, eine negative Einstellung Vermeidung des Einstellungsobjekts.

▶ *Ich-Verteidigungsfunktion:* Unter Rückgriff auf psychodynamische Theorien postuliert Katz, dass Einstellungen auch dazu dienen, Angst und Unsicherheit, die aus inneren unerwünschten Impulsen bzw. äußeren Gefahren resultieren, zu reduzieren. Dies erfolgt u. a. dadurch, dass negative Attribute, die man an sich selbst wahrnimmt, auf andere Personen (oder Gruppen) projiziert werden. Dies schlägt sich wiederum in einer negativen Einstellung gegenüber diesen Personen oder Gruppen nieder.

▶ *Wertausdrucksfunktion:* Menschen ziehen Befriedigung daraus, zentrale Werte oder Aspekte des eigenen Selbst auszudrücken, da sie dadurch ihr eigenes Selbst und ihren Platz in der sozialen Welt „verifizieren".

▶ *Wissensfunktion:* Einstellungen vereinfachen die Organisation, Strukturierung und Verarbeitung von Informationen und die Handlungsplanung, indem sie es erlauben, neue Ereignisse und Erfahrungen anhand bereits bestehender evaluativer Dimensionen zu interpretieren.

## 4.2 | Einstellungsmessung

Einstellungen sind hypothetische Konstrukte und damit nicht direkt beobachtbar. Verfahren zur Erfassung von Einstellungen fallen in zwei breite Kategorien: explizite Maße, die darauf beruhen, dass Personen gebeten werden, ihre Einstellung anzugeben (sog. Selbstberichtsverfahren), und implizite Maße – Verfahren mittels derer die Einstellungen erfasst werden, ohne die Personen direkt um eine verbale Angabe zu ihren Einstellungen zu bitten (zu einem Überblick zu Methoden der Einstellungsmessung s. Bohner/Wänke 2002).

### 4.2.1 | Explizite Maße

Likert-Skala

Das am weitesten verbreitete explizite Verfahren ist die sog. *Likert-Einstellungsskala.* Sie besteht aus einer Anzahl von Aussagen (Items), die positive oder negative Überzeugungen oder Gefühle in Bezug auf das Einstellungsobjekt ausdrücken. Diese Items werden auf der Grundlage einer systematischen Itemanalyse unter Berücksichtigung statistischer Kennwerte ausgewählt. Ziel der Itemanalyse besteht darin, abzusichern, dass es sich bei den Items tatsächlich um valide und reliable Indikatoren der zu messenden Einstellung handelt. Zur Erfassung ihrer Einstellung werden die Befragten gebeten, für jedes Item anzugeben, wie sehr sie ihm zustimmen oder es ablehnen. Hierfür stehen ihnen i.d.R. Urteilsskalen mit mehreren Antwortalternativen zur Verfügung (sog. Ratingskalen).

**Beispiel**

Das folgende Beispiel gibt ein Item einer Likert-Skala wieder, mit der die Einstellungen von heterosexuellen Personen gegenüber Lesben und Schwulen gemessen wird (Herek 1988):

„Lesben passen einfach nicht in unsere Gesellschaft"

| 1 | 2 | 3 | 4 | 5 | 6 | 7 | 8 | 9 |
|---|---|---|---|---|---|---|---|---|
| lehne | | | | | | | stimme | |
| stark | | | | | | | stark | |
| ab | | | | | | | | zu |

Die Befragten geben ihre Zustimmung oder Ablehnung zu diesem Item an, indem sie den Wert der Ratingskala auswählen, der ihrer Zustimmung oder Ablehnung am ehesten entspricht. Hohe Werte indizieren im Beispiel eine negative und niedrige Werte eine positive Einstellung. Die Gesamtskala zur Messung der Einstellungen gegenüber Homosexuellen besteht aus insgesamt 20 Items, von denen sich jeweils 10 auf Lesben und 10 auf Schwule beziehen. Für die Befragten wird ein Gesamtwert für ihre Einstellung ermittelt, indem die Werte für die einzelnen Antworten summiert werden. Der Gesamtwert kann zwischen 20 (extrem positive Einstellung) und 180 (extrem negative Einstellung) variieren. Diese Form der Einstellungsmessung ist repräsentativ für eine Vielzahl von Messinstrumenten zur Messung individueller Einstellungen in unterschiedlichen (sozial)psychologischen Forschungs- und Anwendungsbereichen.

## Implizite Maße

4.2.2

Eine potenzielle Einschränkung der Messung von Einstellungen durch explizite Verfahren wie die Likert-Skala besteht darin, dass die Angaben der Befragten durch die Motivation beeinflusst sein können, die Items in einer sozial erwünschten Weise zu beantworten und/oder sich in einem positiven Licht zu präsentieren. Möglicherweise besitzen die Befragten vor der Messung auch gar keine klare Einstellung gegenüber dem Objekt und werden erst durch den Vorgang der Befragung darauf gestoßen, sich mit dem Thema auseinanderzusetzen ("Reaktivität der Messung").

*Reaktivität*

**Definition**

Unter **Reaktivität** wird verstanden, dass der Messvorgang selbst die Ausprägung dessen, was gemessen wird, beeinflusst.

Um diese potenziellen Einschränkungen der Validität der Einstellungsmessung zu umgehen, haben Sozialpsychologen eine Reihe subtiler impliziter Verfahren entwickelt. Eines der gebräuchlichsten Verfahren ist der *Implicit Association Test* (IAT; z.B. Greenwald et al. 1998). Der IAT ist eine Methode zur Messung individueller Unterschiede in der Stärke der mentalen Assoziationen zwischen Einstellungsobjekten und ihren Bewertungen. Die Logik des Verfahrens wird am Beispiel eines IAT zur Ermittlung der Einstellung gegenüber ethnischen Kategorien illustriert ("Weiße" vs. "Schwarze").

*Implicit Association Test (IAT)*

In diesem IAT müssen die Vpn Bilder oder Namen von schwarzen oder weißen Personen (Objekt-Stimuli) durch Druck zweier Tasten so schnell wie möglich den Kategorien „weiß" oder „schwarz" zuordnen.

Im Wechsel mit dieser Objekt-Diskriminationsaufgabe muss eine evaluative Entscheidungsaufgabe ausgeführt werden, in der normativ positive und negative Worte („Attribut-Stimuli") so schnell wie möglich den Kategorien „positiv" und „negativ" zugeordnet werden. Für die Auswertung ist der Vergleich der Reaktionszeiten der Teilnehmer im Hinblick auf zwei Varianten dieser Diskriminationsaufgaben entscheidend: In einem Fall müssen die Teilnehmer mit jeweils der gleichen Taste auf weiße Personen und positive Worte bzw. schwarze Personen und negative Worte reagieren. Im anderen Fall müssen sie dagegen mit der gleichen Taste auf weiße Personen und negative Worte bzw. schwarze Personen und positive Worte reagieren.

Stellen Sie sich einen weißen Teilnehmer vor, der Weißen gegenüber im Allgemeinen positiver eingestellt ist als Schwarzen. Für diese Person ist die erste Variante kongruent mit seiner Assoziation zwischen Objekt und Bewertung, die zweite hingegen inkongruent. Im ersten Fall (Assoziationskongruenz) sollten die Zuordnungen daher mit einer höheren Geschwindigkeit ausgeführt werden können als im zweiten Fall (Assoziationsinkongruenz). Der Unterschied in den mittleren Reaktionszeiten zwischen assoziationskongruenter und assoziationsinkongruenter Zuordnung wird üblicherweise als Indikator für die Stärke der relativen Präferenz von Weißen gegenüber Schwarzen (oder umgekehrt) interpretiert.

Der ursprünglich in der Sozialpsychologie entwickelte IAT und andere Varianten impliziter Messmethoden werden mittlerweile in vielen Bereichen der Psychologie, wie z. B. der Persönlichkeitspsychologie, der Gesundheitspsychologie und der Werbepsychologie, verwendet. Die Validität des IAT wird allerdings nach wie vor kontrovers diskutiert.

Kritik    Wichtige Kritikpunkte sind u. a., dass die dem IAT zugrunde liegenden psychologischen Prozesse nach wie vor nicht hinreichend geklärt sind (Gawronski/Conrey 2004). Zudem bestehen (bisweilen) lediglich geringe Korrelationen zwischen expliziten und impliziten Einstellungsmaßen, was den Schluss nahelegt, dass beide Verfahren unterschiedliche psychologische Konstrukte messen: einerseits explizite (und bewusst zugängliche) Einstellungen und andererseits implizite (und unbewusste) Einstellungen. Diese Schlussfolgerung wird auch dadurch unterstützt, dass explizite und implizite Einstellungen offenbar in unterschiedlichen Situationen verhaltenswirksam sind: explizite Einstellungen in Situationen, in denen die Person Zeit hat, systematisch zu überlegen – implizite Einstellungen hingegen in Entscheidungssituationen unter Zeitdruck. Die Beziehung zwischen expliziten und impliziten Einstellungen bedarf weiterer Klärung.

## Einstellung und Verhalten | 4.3

In der Einleitung zu diesem Kapitel wurde die Erwartung formuliert, dass man aus der Einstellung einer Person ihr Verhalten vorhersagen kann. Aber setzt sich eine Person, die eine positive Einstellung gegenüber bestimmten sozialpolitischen Zielen hat (Umweltschutz, soziale Gerechtigkeit etc.), tatsächlich aktiv für deren Realisierung ein? Ernährt sich jemand gesund, treibt Sport und hört auf zu rauchen, weil er eine positive Einstellung gegenüber dem eigenen Körper hat? Erste systematische Sichtungen von Studien zum Zusammenhang zwischen Einstellungen und Verhalten gegen Ende der 1960er-Jahre kamen zu einer ernüchternden Schlussfolgerung: Die Korrelation zwischen Einstellungen und Verhalten war häufig nur gering. In den darauffolgenden Jahren hat sich die Forschung v.a. darauf konzentriert, *wann* und *wie* sich auf der Grundlage von (expliziten) Einstellungen das Verhalten zuverlässig vorhersagen lässt.

### Methodische Aspekte | 4.3.1

In einem einflussreichen Artikel wiesen Ajzen und Fishbein (1977) darauf hin, dass sich die Maße für Einstellungen und Verhalten im Hinblick auf vier Elemente entsprechen müssen, um eine zuverlässige Verhaltensvorhersage zu gewährleisten (*TACT* bzw. *Korrespondenzprinzip*): TACT /<br>Korrespondenzprinzip

- ▶ **T**arget = Zielelement: Auf welches Objekt bzw. Ziel ist das Verhalten gerichtet?
- ▶ **A**ction = Handlungselement: Welches Verhalten soll untersucht werden?
- ▶ **C**ontext = Kontextelement: In welchem Kontext wird das Verhalten ausgeführt?
- ▶ **T**ime = Zeitelement: Zu welchem Zeitpunkt soll das Verhalten ausgeführt werden?

Die Autoren argumentieren, dass bei hoher Korrespondenz von Einstellungs- und Verhaltensmaßen bzgl. der oben genannten Aspekte eine zuverlässige Verhaltensvorhersage möglich ist – eine Schlussfolgerung, die in der nachfolgenden Forschung breite Unterstützung fand.

Wenn man also vorhersagen möchte, ob sich eine Person an einer Protestaktion der Antiglobalisierungsbewegung beteiligt, sollte man nicht ihre Einstellung zu globaler Gerechtigkeit messen (geringe Korrespondenz zwischen Einstellungs- und Verhaltensmaß). Stattdessen sollte man ihre Einstellung gegenüber dem konkreten Verhalten (Teilnahme an einer Demonstration der Bewegung – Handlungs- und Zielelement) unter Berücksichtigung der Kontextbedingungen (hohe Polizeipräsenz – Kontextelement) und dem Zeitpunkt (beim nächsten G-8-Gipfel – Zeitelement) erfassen.

## 4.3.2 | Interindividuelle Unterschiede

Wie die Forschung zeigt, beeinflussen auch bestimmte Persönlichkeitsfaktoren die Stärke des Zusammenhangs zwischen (expliziten) Einstellungen und Verhalten.

*schwache vs. starke Selbstüberwacher*

Das Persönlichkeitskonstrukt, das vielleicht am häufigsten in diesem Kontext untersucht wurde, ist die *Tendenz zur Selbstüberwachung*. Wie bereits in Kapitel 3 erläutert, zeichnen sich Personen mit einer geringen Tendenz zur Selbstüberwachung dadurch aus, dass sie ihr Verhalten in sozialen Situationen stark an ihren eigenen Gefühlen, Dispositionen oder Einstellungen orientieren. Personen mit einer starken Tendenz zur Selbstüberwachung orientieren sich hingegen in ihren Verhaltensentscheidungen stark an Anforderungen der Situation und den antizipierten Reaktionen ihrer Interaktionspartner. In einer Reihe von Studien konnte gezeigt werden, dass der Zusammenhang zwischen Einstellung und Verhalten bei schwachen Selbstüberwachern stärker ist als bei starken Selbstüberwachern.

In einer dieser Studien untersuchten Mark Snyder und Deborah Kendzierski (1982) das Verhalten von Studierenden, die entweder positive oder negative Einstellungen gegenüber Programmen zum Nachteilsausgleich für Angehörige gesellschaftlich benachteiligter Gruppen hatten (sog. „Affirmative Action Programme"). Im Rahmen der Untersuchung

wurde den Vpn die Möglichkeit geboten, an einem Treffen teilzunehmen, das darauf angelegt war, positive Einstellungen zu „affirmative
action" durch eigenes Verhalten Ausdruck zu verleihen.

Wie erwartet zeigte sich, dass die Entscheidung zur Teilnahme (oder
Nichtteilnahme) bei schwachen Selbstüberwachern aus ihrer zuvor ge-
messenen Einstellung zu Affirmative-Action-Programmen vorhersagt
werden konnte: Personen mit einer positiven Einstellung gegenüber diesen Programmen nahmen mit höherer Wahrscheinlichkeit teil als Personen mit einer negativen Einstellung. Bei den starken Selbstüberwachern war diese Vorhersage hingegen nicht möglich: Sie orientierten
sich bei ihrer Entscheidung offenbar weniger an ihrer zuvor geäußerten
Einstellung, sondern vielmehr an den aktuell wahrgenommenen Erwartungen anderer Teilnehmer. Wenn sie vermuteten, es würde von ihnen
erwartet, entschieden sie sich für die Teilnahme an dem Treffen, selbst
wenn sie eigentlich eine negative Einstellung gegenüber der Thematik
hatten.

Ein weiterer wichtiger Personenfaktor ist das *Selbstschema*, das eine Per-   **Selbstschema**
son in einem bestimmten einstellungsrelevanten Bereich entwickelt
hat. Wenn die Einstellung gegenüber einem bestimmten Verhalten (z. B.
Sport zu treiben) integraler Bestandteil des Selbstschemas einer Person
ist („Ich bin ein aktiver, sportlicher Typ"), dann ist es wahrscheinlicher,
dass sie ein einstellungs- bzw. schemakongruentes Verhalten zeigt, als
wenn die entsprechende Einstellung für ihr Selbstschema von eher peri-
pherer Bedeutung ist (z. B. Sheeran / Orbell 2000).

## Modelle zum Einstellungs-Verhaltens-Zusammenhang                 | 4.3.3

Menschliches Verhalten wird nicht nur durch individuelle Einstellungen, sondern auch durch soziale Faktoren beeinflusst. Eine wichtige soziale Einflussgröße sind die wahrgenommenen oder antizipierten Erwartungen und Reaktionen anderer Personen bzgl. des Verhaltens bzw.
vorherrschende soziale Normen (→ Kap. 7). Im Folgenden werden wir einige Modelle erläutern, die die Einflüsse von Einstellungen und wahrgenommenen normativen Erwartungen auf das Verhalten berücksichtigen.

**Theorie des überlegten Handelns und die Theorie des geplanten Verhaltens:** Die
Theorie des überlegten Handelns (z. B. Ajzen / Fishbein 1980) und ihre
Weiterentwicklung in Form der Theorie des geplanten Verhaltens (z. B.

Ajzen/Madden 1986) stellen zwei der am besten empirisch untersuchten Einstellungs-Verhaltens-Modelle dar. Die Modelle sind in Abbildung 4.1 dargestellt. Wie zu sehen ist, gehen beide Modelle davon aus, dass die unmittelbare psychologische Determinante des Verhaltens die Verhaltensabsicht (oder -intention) ist. In der Theorie des überlegten Handelns wird die Verhaltensintention von zwei psychologischen Faktoren beeinflusst.

**Einstellung gegenüber Verhalten**

Zum einen ist dies die *Einstellung gegenüber dem Verhalten*. Die Einstellung gegenüber dem Verhalten (z.B. sich für Umweltschutz zu engagieren) resultiert – im Einklang mit dem weiter oben erläuterten Erwartung-Wert-Modell – aus der eingeschätzten Auftretenswahrscheinlichkeit bestimmter Verhaltenskonsequenzen (z.B. im Einklang mit eigenen Werten zu handeln, weniger Freizeit zu haben) und der Bewertung dieser Verhaltenskonsequenz (Einklang mit eigenen Werten = sehr positiv, weniger Freizeit zu haben = sehr negativ). Für jede Konsequenz wird das Produkt aus Erwartung und Wert gebildet. Diese Produkte werden dann zu einem Wert aufsummiert, der die Einstellung der Person modelliert.

**subjektive Norm**

Die zweite psychologische Determinante der Verhaltensabsicht in dem Modell ist die *subjektive Norm*. Sie wird wiederum durch zwei Faktoren bestimmt: Erstens durch die wahrgenommenen normativen Erwar-

**Abb 4.1**

*a) Theorie des überlegten Handelns*

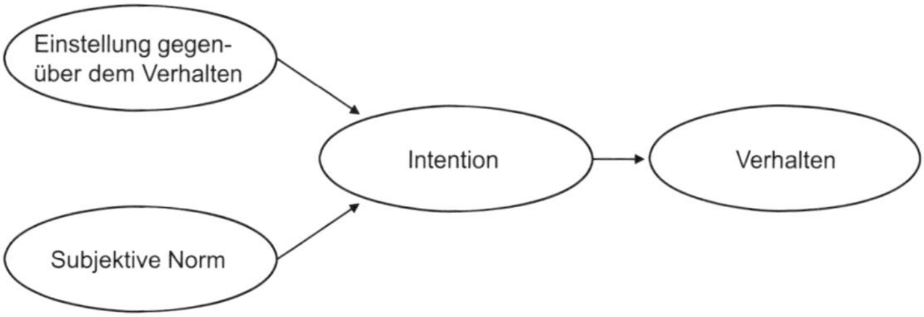

*b) Theorie des geplanten Verhaltens*

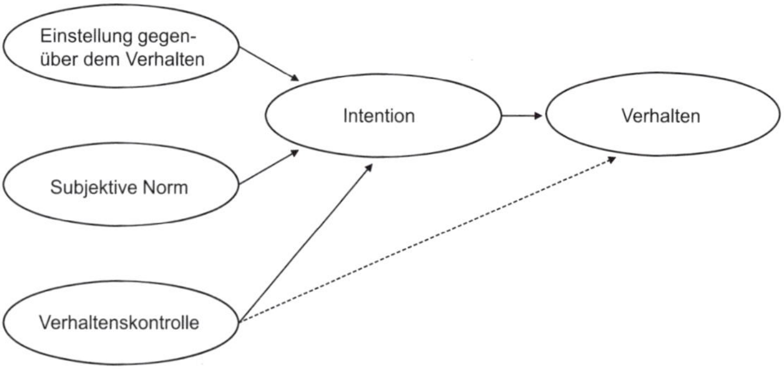

tungen signifikanter Anderer (Partner, Familie, Freunde etc.) bzgl. des Verhaltens und zweitens durch die Motivation der Person, diesen Erwartungen zu entsprechen. Zur Modellierung der subjektiven Normen werden die subjektiven Einschätzungen bzgl. dieser beiden Komponenten wiederum multiplikativ miteinander verknüpft und dann aufsummiert. Im Hinblick auf das Verhalten, sich für Umweltschutz zu engagieren, wäre die subjektive Norm also hoch, wenn der Partner, die Familie und die Freunde einer Person positive Erwartungen im Hinblick auf dieses Verhalten hätten und die Person motiviert wäre, diesen Erwartungen zu entsprechen.

Obwohl sich eine Reihe von Verhaltensweisen mit Hilfe der Theorie des überlegten Handelns gut vorhersagen lässt, hat das Modell seine Grenzen. Nehmen wir an, eine Person möchte das Rauchen aufgeben. In diesem Fall sind eine positive Einstellung gegenüber diesem Verhalten und eine positive subjektive Norm höchstwahrscheinlich notwendig, aber nicht hinreichend, damit die Person dieses Vorhaben tatsächlich in Angriff nimmt. Eine weitere wichtige Variable zur Verhaltensvorhersage ist die Erwartung, das gewünschte Verhalten tatsächlich ausüben zu können bzw. über entsprechende *Verhaltenskontrolle* zu verfügen.

Verhaltenskontrolle

---

**Definition**

Als **wahrgenommene Verhaltenskontrolle** wird die Wahrnehmung einer Person bezeichnet, über die erforderlichen Fähigkeiten und Ressourcen zu verfügen, um ein bestimmtes Verhalten auszuführen.

---

Die Integration der wahrgenommenen Verhaltenskontrolle in das Modell stellt die entscheidende theoretische Erweiterung der Theorie des geplanten Verhaltens dar. Wie in Abbildung 4.1b zu sehen ist, kann die Verhaltenskontrolle das Verhalten auf zwei Arten beeinflussen: Zum einen kann die Absicht, ein Verhalten auszuführen, durch die Erwartung gestärkt werden, dass man das Verhalten tatsächlich ausüben kann. Andererseits kann die wahrgenommene Verhaltenskontrolle sich auch direkt auf die Ausführung bzw. Nichtausführung des Verhaltens auswirken. Wenn eine Person ein bestimmtes Verhalten de facto nicht ausführen kann (z. B. weil eine unüberwindbare Barriere sie daran hindert), bleibt die Wahrscheinlichkeit mangels wahrgenommener Verhaltenskontrolle gering, dass sie es trotzdem versucht, selbst wenn ihre Verhaltensabsicht (aufgrund der Einstellung) stark ist.

Mittlerweile liegt eine Vielzahl an Studien vor, die bestätigen, dass die Einbeziehung der wahrgenommenen Verhaltenskontrolle eine bessere Verhaltensvorhersage erlaubt als die Theorie des überlegten Handelns. Dies gilt v.a. für Situationen, in denen Personen bestimmte Schwierigkeiten oder Barrieren überwinden müssen, um das Verhalten erfolgreich ausführen zu können.

wiederholtes Verhalten

**Ergänzungen und alternative Modelle.** (1) *Wiederholtes Verhalten*: Viele Verhaltensweisen werden nicht nur einmal, sondern wiederholt ausgeführt, wodurch sie zunehmend zur Routine werden. Dieses Routineverhalten wird dann durch automatische Prozesse reguliert, d.h. es wird ausgeführt, ohne dass ihm ein systematischer Entscheidungsprozess im Sinne der oben dargestellten Theorien vorausgeht. Verschiedene Autoren haben daher vorgeschlagen, zusätzlich zu Einstellungen und subjektiven Normen Indikatoren von Gewohnheiten zur Verhaltensvorhersage heranzuziehen (z.B. die Häufigkeit, mit der Verhalten in der Vergangenheit ausgeführt wurde). Die Ergebnisse einer Metaanalyse einschlägiger Studien bestätigen (Ouellette / Wood 1997), dass Verhaltensgewohnheiten insbesondere bei der Vorhersage von Alltagsroutinen (z.B. sich im Auto anzuschnallen) oft eine größere Rolle als Einstellungen oder subjektive Normen spielen.

spontanes Verhalten

(2) *Spontanes Verhalten:* Oftmals entscheiden sich Menschen relativ spontan für eine Verhaltensalternative, ohne systematisch über die Verhaltenskonsequenzen nachzudenken. Die oben dargestellten Theorien erscheinen für die Vorhersage dieses Verhaltens wenig geeignet. Dies bedeutet allerdings nicht, dass nicht auch spontanes Verhalten durch

MODE-Modell

Einstellungen beeinflusst würde. Das *MODE-Modell* (Motivation and Opportunity as Determinants of Behavior) von Fazio (1990) postuliert, dass sich Menschen, wenn ihnen die Motivation oder Gelegenheit zur systematischen Handlungsplanung fehlt und sie daher eher spontane Verhaltensentscheidungen treffen, in ihren Entscheidungen primär durch leicht zugängliche (oder starke) Einstellungen leiten lassen. Im Einklang mit diesem Dualen-Prozess-Modell zeigen eine Serie von Untersuchungen, dass leicht zugängliche Einstellungen Verhaltensentscheidungen unter Zeitdruck oder bei geringer Motivation zur Verarbeitung weitgehend automatisch regulieren: Sie beeinflussen die Wahrnehmung und die Beurteilung der Situation und fördern die Aktivierung einstellungskonsistenter Verhaltensmuster.

## 4.4 | Einstellungsänderung durch Persuasion

Die Forschungsliteratur verweist insbesondere auf drei Möglichkeiten, die Einstellungen von Menschen zu verändern:

1) *Förderung direkten Kontakts mit dem Einstellungsobjekt:* Durch den Kontakt können neue Erfahrungen erworben werden, die im günstigen Fall eine Einstellungsänderung bewirken (Beispiel: strukturierter Kontakt zwischen Mitgliedern verfeindeter Gruppen, → Kap. 8);
2) *Veränderung einstellungsrelevanter Verhaltensweisen durch positive und negative Verhaltensanreize:* Infolge der Anreize kommt es zur Verhaltensänderung, was im günstigen Fall dazu führt, dass die Person ihre Einstellung an das Verhalten anpasst;
3) *Persuasion:* Man kann versuchen, die Einstellung einer Person argumentativ zu verändern. Letzter Prozess wird in den folgenden Abschnitten ausführlicher erläutert.

Die beiden vielleicht einflussreichsten Modelle zu dieser Thematik sind das Modell der Elaborationswahrscheinlichkeit (Elaboration Likelihood Modell) von Richard Petty und John Cacioppo (1986) und das heuristisch-systematische Modell der Persuasion von Shelly Chaiken (z.B. 1987). Da sich die beiden Dualen-Prozess-Modelle in ihren Kernannahmen überschneiden, konzentrieren wir uns im Folgenden auf das *Modell der Elaborationswahrscheinlichkeit.*

Elaborations-<br>wahrscheinlichkeit

## Modus der Verarbeitung persuasiver Argumente

4.4.1

Eine grundlegende Annahme des Modells ist, dass Einstellungsänderung über zwei unterschiedliche Wege oder Routen erfolgen kann. Diese sind jeweils mit einer unterschiedlichen Verarbeitungstiefe der thematisch relevanten Argumente verbunden.

Wird die *zentrale Route* beschritten, erfolgt die Einstellungsänderung aufgrund einer relativ intensiven kognitiven Auseinandersetzung des Empfängers mit der an ihn gerichteten Botschaft: Er denkt systematisch über die Botschaft nach, er erinnert sich, was er bereits über das Thema weiß, und er verbindet dieses Wissen mit den in der Botschaft enthaltenen Argumenten. Durch das sorgfältige Abwägen von Pro- und Contra-Argumenten überzeugt sich die Person quasi selbst.

zentrale Route

Wird die *periphere Route* beschritten, erfolgt die Einstellungsänderung (oder -bildung) hingegen ohne allzu großen kognitiven Aufwand bzw. auf der Basis von Prozessen, die relativ unabhängig von der Qualität der dargebotenen Argumente wirken.

periphere Route

Dazu gehören z.B. Prozesse der klassischen Konditionierung oder die Verwendung einfacher Heuristiken, die sich auf oberflächliche „periphere" Hinweisreize stützen (→ Kap. 2). Heuristiken, die in diesem Kontext eine Rolle spielen, sind z.B.:

Heuristik

▶ *Expertenheuristik:* Menschen achten häufig eher darauf, *wer* etwas sagt, als *was* jemand sagt. Als heuristische Hinweisreize für einen (vermeintlichen) Expertenstatus fungieren z. B. ein akademischer Titel, das Alter oder das Geschlecht.

▶ *Attraktivitätsheuristik:* Menschen lassen sich auch häufig eher von Personen überzeugen, die sie attraktiv finden. Ein Grund besteht darin, dass Menschen attraktiven Personen spontan mehr Zuneigung und Vertrauen entgegenbringen.

▶ *Länge der Nachricht als Heuristik:* Bis zu einem gewissen Grad wirken längere Botschaften überzeugender als kürzere – und dies selbst dann, wenn es sich bei den präsentierten Argumenten gar nicht um unterschiedliche Argumente, sondern nur um unterschiedliche Formulierungen oder Varianten ein und desselben Arguments handelt.

Dem Modell zufolge führen die zentrale und die periphere Route zu unterschiedlichen Konsequenzen: Über die zentrale Route (d. h. durch intensives Nachdenken) wird lang anhaltende und relativ änderungsresistente Einstellungsänderung erreicht. Die Einstellungsänderung, die über die periphere Route erreicht wird, ist hingegen fragiler und anfällig für neue Überzeugungsversuche.

## 4.4.2 | Determinanten des Verarbeitungsmodus

*Motivation und Kapazität*

Ob die zentrale oder die periphere Route der Informationsverarbeitung beschritten wird, hängt laut Petty und Cacioppo (1986) v. a. von der *Motivation* und der *Kapazität* des Zuhörers ab. Die zentrale Route ist mit erheblichem kognitiven Aufwand verbunden. Sie sollte daher nur dann beschritten werden, wenn sowohl die Kapazität als auch die Motivation zur genauen Informationsverarbeitung vorhanden sind. Ein Faktor, der die Verarbeitungskapazität beeinträchtigt, ist Ablenkung.

*persönliche Relevanz*

Die einflussreichste Determinante der Verarbeitungsmotivation, ist die *persönliche Relevanz* der kommunikativen Botschaft. Andere Faktoren, die im Hinblick auf die Motivation eine Rolle spielen, sind a) die Stimmung – wer in positiver Stimmung ist, ist typischerweise weniger motiviert, sich diese durch anstrengende systematische Verarbeitung zu verderben, und b) das individuelle Kognitionsbedürfnis – wer gerne nachdenkt (d. h. ein hohes Kognitionsbedürfnis hat), ist i. d. R. auch motivierter, über die Argumente einer Botschaft nachzudenken.

Um die Bedeutung der persönlichen Relevanz für die Verarbeitung persuasiver Argumente zu demonstrieren, spielten Petty und Kollegen (1981) ihren Vpn (Studierende) eine auf Tonband aufgezeichnete Rede vor, in der Argumente für oder gegen die Einführung einer zusätzlichen Abschlussprüfung zum Ende des Studiums präsentiert wurden. Um die persönliche Relevanz zu manipulieren, wurde ein Teil der Vpn glauben gemacht, die baldige Einführung der Prüfung werde von der Universität für das kommende Jahr ernsthaft in Erwägung gezogen (hohe persönliche Relevanz). Den übrigen Vpn wurde mitgeteilt, dass die Universität die Einführung der Prüfung zwar in Betracht ziehe, die Maßnahme allerdings erst in zehn Jahren umgesetzt werden sollte (geringe persönliche Relevanz). Zusätzlich wurden zwei weitere unabhängige Variablen experimentell variiert. Dies war zum einen die Qualität der Argumente: Einem Teil der Vpn wurden starke, überzeugende Argumente präsentiert, während die übrigen schwache und wenig überzeugende Argumente zu hören bekamen. Zudem wurde die Quelle der Argumente variiert (Expertenstatus als heuristischer Hinweisreiz): Während ein Teil der Vpn glauben gemacht wurde, die Rede wäre von einer Kommission unter Leitung eines renommierten Professors vorbereitet worden (hohe Expertise), wurde den übrigen Vpn mitgeteilt, die Rede wäre von Schülern vorbereitet worden (niedrige Expertise).

Die zentralen Ergebnisse sind schematisch in Abbildung 4.2 dargestellt: Wenn das Thema für die Vpn persönlich relevant war, wurde ihre eigene Einstellung primär von der Qualität der Argumente beeinflusst, und zwar unabhängig vom Status der Quelle (d.h. die Überzeugung fand auf zentralem Wege statt). Bei geringer persönlicher Relevanz spielte hingegen der Status der Quelle die ausschlaggebende Rolle für die eigene Einstellung (d.h. die Überzeugung fand auf peripherem Wege statt). Die Qualität der Argumente war hingegen weniger wichtig.

**Wenn Sie also jemanden inhaltlich überzeugen wollen, sollten Sie sich nicht allein auf die Kraft Ihrer Argumente verlassen. Stellen Sie erst sicher, dass die Person die Relevanz des Themas für sich selbst erkennt, bevor Sie sie mit den Argumenten konfrontieren!**

**Abb 4.2**

*Zentrale Ergebnisse des Experiments von Petty et al. (1981):*
*a) Bei hoher persönlicher Relevanz wurde die Einstellung primär durch die Qualität der Argumente beeinflusst (zentrale Route)*

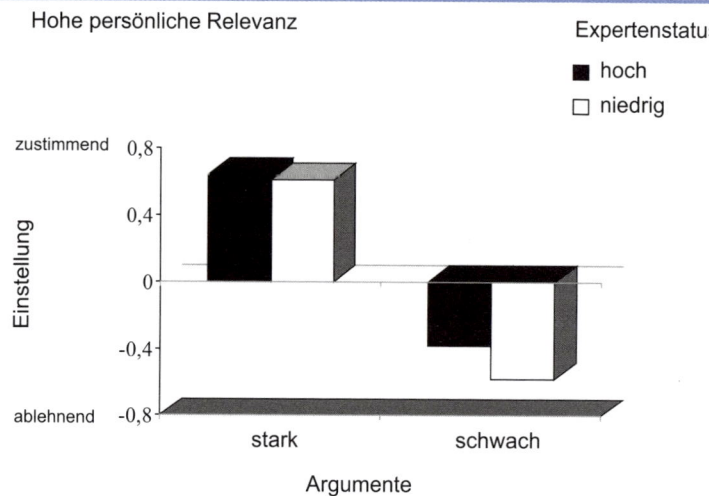

*b) Bei niedriger persönlicher Relevanz hing die Einstellung stärker vom Status der Einflussquelle ab (periphere Route)*

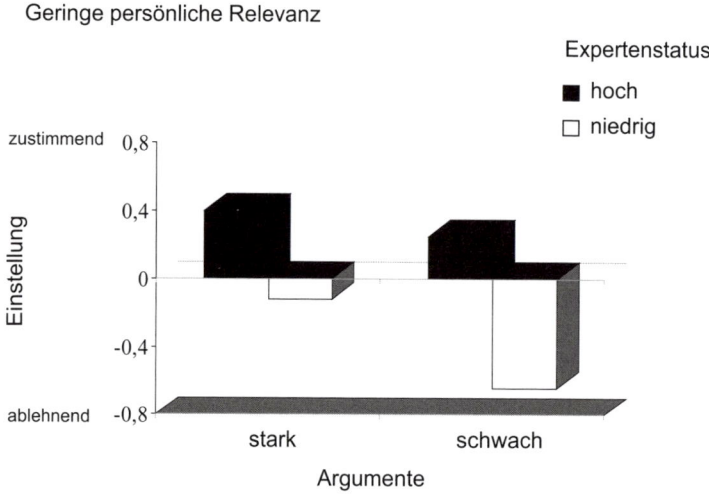

Die Einstellung einer Person reflektiert ihre subjektive Bewertung eines Objekts. Einstellungen lassen sich anhand ihrer Valenz und ihrer Stärke charakterisieren. Einstellungen beruhen auf der Integration von Informationen aus unterschiedlichen Quellen: Kognitionen, Affekten und Informationen bzgl. des eigenen Umgangs mit dem Objekt. Sie dienen wichtigen psychologischen Funktionen, wie der Vereinfachung der Informationsverarbeitung, der sozialen Orientierung und der Verifikation des eigenen Selbst.

Verfahren zur Erfassung von Einstellungen fallen in zwei breite Kategorien: zum einen explizite Maße, die auf verbalen Angaben beruhen. Ein weitverbreitetes explizites Verfahren ist die Einstellungsmessung über Likert-Skalen. Implizite Verfahren wurden entwickelt, um potenzielle Einschränkungen direkter Messmethoden zu umgehen. Eines der bekanntesten impliziten Verfahren ist der „Implicit Association Test", der individuelle Unterschiede in der Stärke der mentalen Assoziationen zwischen Einstellungsobjekten und ihren Bewertungen erfasst.

Einstellungen stellen eine Grundlage für die Ausbildung von Intentionen dar, die dem Verhalten vorangehen. Sie spielen daher eine wichtige Rolle für die Vorhersage und Erklärung menschlichen Verhaltens. Weitere Determinanten von Verhaltensintentionen sind wahrgenommene normative Erwartungen anderer Personen und die wahrgenommene Verhaltenskontrolle. In Situationen, in denen die Ressourcen zur Handlungsplanung eingeschränkt sind, können leicht zugängliche Einstellungen Verhaltensentscheidungen automatisch regulieren.

Duale-Prozess-Modelle der Persuasion spezifizieren zwei unterschiedliche Wege zur Einstellungsänderung. Einer basiert auf der systematischen Verarbeitung und Abwägung relevanter Argumente (zentral). Ein anderer beruht auf Prozessen, die relativ unabhängig von der Qualität dargebotener Argumente wirken (peripher). Dazu gehören z.B. Prozesse der klassischen Konditionierung oder die Orientierung an Heuristiken. Welcher Weg der Informationsverarbeitung beschritten wird, hängt u.a. vom Grad der persönlichen Relevanz ab.

## Literatur

Bohner, G. & Wänke, M. (2002). *Attitudes and attitude change.* [Social psychology: A modular course.] Psychology Press: Hove, UK.

Fazio, H. F. & Petty, R. E. (Eds.) (2008). *Attitudes. Their structure, function, and consequences.* [Key readings in social psychology.] Psychology Press: Hove, UK.

Haddock, G. & Maio, G. R. (Eds.) (2004). *Contemporary perspectives on the psychology of attitudes.* Psychology Press: Hove, UK.

**1** Unterscheiden Sie den Begriff der „Einstellung" vom Begriff der „Überzeugung".

**2** Erläutern Sie die psychologischen Funktionen von Einstellungen.

**3** Erläutern Sie anhand des „Implicit Association Test" ein implizites Verfahren der Einstellungsmessung.

**4** Worin unterscheidet sich die Theorie des geplanten Verhaltens von der Theorie des überlegten Handelns?

**5** Beschreiben Sie einige der Heuristiken, an denen sich Menschen im Kontext von argumentativer Kommunikation orientieren.

**6** Beschreiben Sie ein Experiment, das die Bedeutung der persönlichen Relevanz für die Art und Weise demonstriert, wie Menschen ihre Einstellung bilden (bzw. ändern).

# Prosoziales Verhalten | 5

Nur wenige Themen haben Sozial- und Verhaltenswissenschaftler unterschiedlicher Disziplinen so fasziniert wie die Frage, wann und warum Menschen anderen helfen – und wann und warum sie dies nicht tun. Dies hat verschiedene Gründe:

▶ Zum Ersten berührt die Frage prinzipielle Überlegungen zum Kern der menschlichen Natur: Sind Menschen einzig auf ihren eigenen Vorteil bedacht oder sind sie auch fähig zu wahrhaft uneigennützigem Verhalten?
▶ Ein zweiter Grund des Interesses ist sozialpolitischer Art. Wenn man weiß, was Menschen dazu motiviert, anderen zu helfen, sollte es im Idealfall auch möglich sein, Maßnahmen zu entwickeln, um dieses Verhalten zu fördern.

Im Folgenden werden zentrale Annahmen und Befunde der sozialpsychologischen Forschung zu diesem Thema vorgestellt.

## 5.1 | Begriffsbestimmung

Die für dieses Kapitel zentralen Begriffe „prosoziales Verhalten", „Helfen" und „Altruismus" werden in der sozialpsychologischen Literatur mit unterschiedlichen Bedeutungen versehen (z. B. Dovidio et al. 2006). Daher ist zunächst eine Begriffsklärung angebracht.

### 5.1.1 | Prosoziales Verhalten

**Definition**

Mit dem Begriff **prosoziales Verhalten** werden in der sozialpsychologischen Literatur üblicherweise Verhaltensweisen bezeichnet, die von einer Gesellschaft allgemein als vorteilhaft oder gewinnbringend für andere Menschen und/oder das bestehende politische System definiert werden. Prosoziales Verhalten umfasst damit eine breite Kategorie von Verhaltensweisen – jemandem zu helfen oder etwas zu schenken, mit anderen Menschen zu kooperieren, um gemeinsame Ziele zu erreichen etc.

Ob ein Verhaltensakt als prosozial angesehen wird, hängt unmittelbar vom spezifischen sozialen, historischen und politischen Kontext ab. Aggression wird beispielsweise i. d. R. als antisoziales Verhalten betrachtet – unter bestimmten Bedingungen (wenn ein gemeinsamer Feind bekämpft wird) wird es auch als vorteilhaft definiert.

### 5.1.2 | Helfen

Die für dieses Kapitel zentrale Verhaltenskategorie „Helfen" umfasst eine Subkategorie prosozialen Verhaltens.

**Definition**

**Helfen** bezieht sich auf Verhaltensweisen, die eine Person (der Helfer) in der Absicht ausführt, das Wohlergehen einer anderen Person (des Hilfeempfängers) zu verbessern (oder zu schützen).

Pearce und Amato (1980) haben ein Klassifikationssystem vorgestellt, das die Vielzahl von Verhaltensweisen, die unter den Begriff „Helfen" fallen, anhand von drei unabhängigen Dimensionen systematisiert:

Klassifikationssystem

**Merksatz**

Eine entscheidende Voraussetzung dafür, dass ein Akt als Helfen klassifiziert wird, ist die Verhaltensabsicht oder Intention des Helfers.

▶ *Planungsgrad:* Handelt es sich bei der konkreten Tätigkeit eher um ein relativ spontanes und informelles Verhalten (z.B. jemandem die Tür aufhalten) oder um ein geplantes und in formale Strukturen eingebettetes Verhalten (langfristiges ehrenamtliches Engagement in einer karitativen Organisation)?
▶ *Schweregrad:* Geht es darum, bei der Lösung eines kleineren Problems behilflich zu sein (z.B. einer Person Wechselgeld geben), oder um Hilfeverhalten in einer gravierenden Notsituation (z.B. Erste-Hilfe-Leistung im Falle eines Unfalls)?
▶ *Art des Kontakts:* Gibt der Helfer seine Unterstützung in direktem Kontakt (z.B. indem er selbst einem lernschwachen Schüler Nachhilfeunterricht gibt) oder erfolgt die Hilfeleistung indirekt oder vermittelt (z.B. indem er eine Fördereinrichtung für lernschwache Schüler finanziell unterstützt)?

Wie diese Klassifikation illustriert, bestehen zwischen Verhaltensweisen, die unter dem Begriff „Helfen" subsumiert werden, erhebliche qualitative Unterschiede. Schließlich ist auch darauf hinzuweisen, dass der Helfer und der Hilfeempfänger das Hilfeverhalten ganz unterschiedlich bewerten können. Hilfe angeboten zu bekommen kann beim Adressaten das Gefühl erzeugen, von anderen als unselbstständig und abhängig wahrgenommen zu werden, was negative Auswirkungen auf das Selbstwertgefühl haben kann (Fisher et al. 1982).

**Merksatz**

Hilfe zu bekommen ist aus Sicht des Empfängers nicht notwendigerweise eine positive Erfahrung, auch wenn das Verhalten so intendiert sein mag.

### 5.1.3 | Altruismus

Während in der Definition des Begriffs „Helfen" die Motive, die der Intention zu helfen zugrunde liegen, keine Rolle spielen, sind diese Motive für die sozialpsychologische Definition des Altruismuskonzepts entscheidend.

**Definition**

Der Begriff **Altruismus** bezieht sich auf Formen des Hilfeverhaltens, deren primäres Ziel es ist, das Wohlergehen einer anderen Person zu verbessern oder zu schützen. Ein möglicher persönlicher Nutzen, der dabei für den Helfer entsteht (z.B. soziale Anerkennung durch andere Personen), stellt lediglich ein „Nebenprodukt" des Hilfeverhaltens dar und ist nicht intendiert.

altruistisch vs. egoistisch *Altruistisch motiviertes Helfen* wird in der Literatur dem *egoistisch motivierten Helfen* gegenübergestellt (s. Dovidio et al. 2006). Anders als im Falle altruistisch motivierten Helfens, besteht im Fall egoistisch motivierten Helfens das Ziel des Helfers darin, sein eigenes Wohlergehen zu verbessern, zu schützen oder weiter auszubauen. Die Verbesserung des Wohlergehens der anderen Person dient dem Helfer also lediglich als Mittel zum Zweck, um eigene Bedürfnisse zu befriedigen (z.B. um finanzielle oder soziale Anerkennung zu bekommen).

## 5.2 | Warum helfen Menschen einander?

Unter Sozialpsychologen besteht weitgehend Einigkeit darüber, dass Helfen und Altruismus biologische Wurzeln haben und genetisch im Verhaltensrepertoire der Spezies Mensch verankert sind (z.B. Dovidio et al. 2006). In einem ersten Abschnitt werden zentrale evolutionspsychologische Annahmen bzgl. dieses Verhaltens dargestellt.

### 5.2.1 | Evolutionäre Grundlagen

Der Evolutionstheorie zufolge wird durch den Prozess der natürlichen Selektion die Evolution von Verhaltensweisen gefördert, die dazu beitragen, die Weitergabe eigener Gene in die nächste Generation sicherzustellen. Dies wirft eine interessante Frage auf: Warum sollte sich der Prozess der natürlichen Selektion zugunsten von Genen ausgewirkt haben, die Menschen dazu dispositionieren, anderen eigene Ressourcen bereitzustellen oder gar das eigene Leben für sie aufs Spiel zu setzen? Riskiert ein Individuum dadurch nicht seinen eigenen Reproduktionserfolg?

### Verwandtenselektion

Die *Theorie der Verwandtenselektion* von Hamilton (1964) liefert einen Ansatz zur Auflösung dieses vermeintlichen Paradoxons. Im Zentrum der theoretischen Überlegungen steht die Annahme, dass die natürliche Selektion insbesondere die Evolution von prosozialem Verhalten gegenüber genetisch Verwandten gefördert hat, und zwar deshalb, weil dieses Verhalten den **indirekten** Reproduktionserfolg eines Individuums erhöht. Die Theorie leitet sich direkt aus dem von Hamilton entwickelten *Konzept der Gesamtfitness* ab. Hamilton schlägt vor, dass sich der Fortpflanzungserfolg eines Individuums nicht nur an der Weitergabe seiner Gene durch die Zeugung eigener Nachkommen bemisst, sondern an der Gesamtzahl eigener Gene, die an die nachfolgende Generation weitergegeben wird (der Gesamtfitness).

*Konzept der Gesamtfitness*

---

**Definition**

Die **Gesamtfitness** („inclusive fitness") bezeichnet den Fortpflanzungserfolg eines Individuums. Sie ergibt sich aus der Addition zweier Maße: (1) der *direkten Fitness*, d.h. der Anzahl der Gene, die durch eigene Reproduktion (direkte eigene Nachkommen) in die nächste Generation weitergegeben werden, und (2) der *indirekten Fitness*, der Anzahl der eigenen Gene, die über Verwandte an die nächste Generation weitergegeben werden.

---

Ein Mensch teilt im Durchschnitt 50% seiner Gene mit seinen Brüdern und Schwestern; mit seinen Großeltern und Enkeln besteht durchschnittlich eine 25%ige genetische Verwandtschaft; für Cousins und Cousinen ersten Grades eine 12,5%ige genetische Verwandtschaft. Ein Individuum kann daher die Reproduktion seiner Gene nicht nur durch die eigene Fortpflanzung fördern, sondern auch dadurch, dass er seine genetisch Verwandten (Brüder, Schwestern, Cousins, Cousinen etc.) darin unterstützt, ihr Überleben zu sichern und die mit ihm geteilten Gene weiterzugeben. Hilfeverhalten und Altruismus gegenüber Verwandten steigert also die Gesamtfitness eines Individuums.

Es gibt eine Reihe von empirischen Belegen dafür, dass das Prinzip der Verwandtenselektion tatsächlich für das Hilfeverhalten von Menschen eine Rolle spielt.

*empirische Belege*

So demonstrieren die Ergebnisse einer Serie von einfallsreichen Szenario-experimenten von Burnstein und Kollegen (1994) im Einklang mit dieser Theorie, dass die Bereitschaft, anderen Personen zu helfen, mit dem Grad der genetischen Verwandtschaft zwischen Helfer und Hilfeempfänger linear ansteigt. Interessanterweise war dieser Linearzusammenhang allerdings nur dann zu beobachten, wenn es sich bei den präsentierten Notfallsszenarien um lebensbedrohliche Situationen handelte (ein Brand in einem Wohnhaus). Wenn in der dargestellten Notsituation keine Lebensgefahr für die andere Person bestand, spielte die genetische Verwandtschaft für das Ausmaß der Hilfsbereitschaft keine Rolle. Dieses Befundmuster ist insofern interessant, da gerade lebensbedrohliche Situationen besonders aufschlussreich für die Wirkung des Prinzips der Verwandtenselektion sind. Denn nur unter Bedingungen, die das Überleben eines genetisch Verwandten bedrohen, ist auch der eigene (indirekte) Reproduktionserfolg unmittelbar gefährdet.

### Reziproker Altruismus

Die Theorie der Verwandtenselektion liefert eine plausible Erklärung für die Evolution von Helfen und Altruismus zwischen genetisch Verwandten. Menschen helfen aber auch Personen, mit denen sie nicht genetisch verwandt sind – Freunden, Kollegen, Zufallsbekanntschaften. Lässt sich dieses Verhalten auch durch evolutionäre Prinzipien erklären? Die von dem Biologen Trivers (1971) entwickelte und mittlerweile vielfältig weiter ausgearbeitete *Theorie des reziproken Altruismus* liefert eine eindeutige Antwort auf diese Frage.

**Altruismus** wird im Rahmen dieser Theorie im biologischen Sinne verstanden, d. h. als ein Verhalten, das mit Fitnesskosten für den Helfer und Fitnessvorteilen für den Rezipienten verbunden ist.

Grundgedanke der Theorie ist folgender: Die Unterstützung von Nichtverwandten bringt zunächst Fitnesskosten mit sich. Wenn allerdings garantiert ist, dass diese Unterstützung vom Rezipienten zu einem späteren Zeitpunkt durch eine Verhaltensweise erwidert wird, deren Wert die eigenen Investitionskosten übersteigt, dann resultiert aus der ursprünglichen Investition ein Fitnessvorteil für das Individuum.

Die zentralen Elemente dieses Prinzips lassen sich an folgendem auf eine Alltagssituation übertragenen Beispiel veranschaulichen:

**Die Theorie des reziproken Altruismus postuliert daher, dass die natürliche Selektion die Evolution von Hilfeverhalten begünstigt hat, das auf dem Prinzip der Wechselseitigkeit beruht.**

**Beispiel**

Zwei Schüler sind Freunde. Ihre schulischen Fähigkeiten sind allerdings unterschiedlich. Während der eine in Mathematik Stärken hat und in Englisch schlecht ist, ist der andere gut in Englisch, aber in Mathematik schlecht. Unterstützt der Mathecrack seinen Freund vor einer Matheklausur, so ist dies für ihn eine Investition, da er Zeit verliert. Während der ihm entstehende Verlust allerdings vergleichsweise gering ist, ist der Gewinn für seinen Freund enorm, da er ohne diese Hilfe die Klausur nicht bestehen würde. Vor der Englischklausur stellt sich die Situation nun genau umgekehrt dar. Jeder der Beteiligten hat also einen gewissen Verlust, indem er der anderen Partei hilft. Im Endeffekt ziehen beide Parteien aus der reziproken Unterstützung allerdings einen Nutzen, der die Kosten ihrer Investitionen bei weitem übersteigt.

Interessanterweise findet sich in nahezu allen bekannten Kulturen eine Norm, die das Prinzip der Wechselseitigkeit in Hilfebeziehungen unterstützt: die sog. *Reziprozitätsnorm* (Gouldner 1960). Im Kern beinhaltet diese Norm zwei Vorschriften:

Reziprozitätsnorm

▶ Menschen sollen denen helfen, die ihnen geholfen haben,
▶ sie sollten die nicht verletzen, die ihnen geholfen haben.

Sozialwissenschaftler sehen diese Regeln als Bestandteil einer universell gültigen Norm an, die ihre Verbreitung dem universellen Nutzen für das menschliche Zusammenleben verdankt. Dahingegen werten Evolutionspsychologen die kulturübergreifende Verbreitung des Reziprozitätsprinzips als einen Beleg für seine genetische Verankerung (z. B. Cosmides / Tooby 1992).

Die Annahme einer genetischen Basis dieses Prinzips wird mittlerweile auch durch eine Reihe neuerer neuropsychologischer Untersuchungen unterstützt. Diese Arbeiten liefern z. B. Belege dafür, dass das Verständnis des Reziprozitätsprinzips offenbar mit hoch spezialisierten

genetische Verankerung

neuronalen Einheiten im limbischen System zusammenhängt (z.B. Stone et al. 2002). Weitere Untersuchungen legen zudem nahe, dass auch Verhaltenstendenzen neuronal verankert sind, die unmittelbar für die evolutionäre Effizienz des Reziprozitätsprinzips von Bedeutung sind. Hierzu zählt z.b. die Tendenz, Individuen aufzuspüren und zu bestrafen, die die Unterstützungsbereitschaft von anderen ausnutzen, ohne später etwas dafür zurückzugeben (sog. „Betrüger").

### 5.2.2 | Sozialer Austausch

Ähnlich wie die Theorie des reziproken Altruismus gehen auch zahlreiche prominente sozialpsychologische Ansätze von derselben Prämisse aus: Menschen helfen anderen dann, wenn der wahrgenommene Nutzen, der für sie selbst aus diesem Verhalten resultiert, die wahrgenommenen Verhaltenskosten übersteigt (zum Überblick s. Dovidio et al. 2006).

**Definition**

Hilfeverhalten lässt sich diesen Ansätzen zufolge also als eine Form des **sozialen Austauschs** verstehen, bei der eine Person eigene Ressourcen investiert, um einen Gegenwert dafür zu bekommen.

**Merksatz**

Das übergeordnete Ziel des Hilfeverhaltens besteht austauschtheoretischen Überlegungen zufolge in der Wahrung oder dem Ausbau des eigenen Wohlergehens nach dem Prinzip der Nutzenmaximierung (egoistische Motivation).

Schematisch dargestellt analysiert eine Person in einer Hilfesituation zunächst die potenziellen Kosten und den Nutzen, die für sie persönlich durch das Hilfeverhalten resultieren. Dann vergleicht sie diese Konsequenzen mit den potenziellen Kosten und dem Nutzen alternativer Handlungen (z.B. nicht zu helfen, jemand anderen bitten zu helfen). Schließlich wählt sie auf der Grundlage dieser Analysen diejenige Verhaltensvariante aus, die den größtmöglichen Verhaltensnutzen und die geringstmöglichen Verhaltenskosten für sie persönlich mit sich bringt (anzumerken ist, dass es sich jeweils um *subjektiv* wahrgenommene Kosten und Nutzen handelt, deren jeweiliger Wert auf der persönlichen Einschätzung des Akteurs beruht).

*Kosten- und Nutzenfaktoren*
Die *Kosten- und Nutzenfaktoren*, die Menschen im Rahmen der Entscheidung zu helfen (oder nicht zu helfen) berücksichtigen, können prinzipiell in die folgenden Klassen fallen:

▶ *Materielle Konsequenzen:* auf Kostenseite z. B. der finanzielle Aufwand, der mit dem Hilfeverhalten verbunden ist – auf Nutzenseite ggf. eine finanzielle Belohnung, die einem aufgrund des Verhaltens zuteil wird.

▶ *Körperliche Konsequenzen:* auf Kostenseite z. B. körperliche Anstrengung, Schmerz, Verletzungen – auf Nutzenseite ggf. eine Stärkung der körperlichen Fitness und Gesundheit (z. B. durch langfristiges ehrenamtliches Engagement).

▶ *Soziale Konsequenzen:* auf Kostenseite z. B. negative soziale Reaktionen wie Verspottung oder sogar Ausgrenzung, weil man jemandem hilft, der dies vermeintlich nicht verdient – auf Nutzenseite ggf. soziale Anerkennung und Ruhm für eine heldenhafte Tat.

▶ *Psychische Konsequenzen:* auf Kostenseite z. B. Gefühle von Aversion und Ekel durch die Konfrontation mit Blut, Wunden oder Sekreten – auf Nutzenseite ggf. eine Steigerung des Selbstwertgefühls, das Gefühl, im Einklang mit eigenen Idealen zu handeln.

Je nach Hilfesituation (Planungsgrad, Schweregrad, Art des Kontakts) können diese Kosten und Nutzen für den Helfer erheblich variieren.

Im Hinblick auf die Entscheidung zu helfen berücksichtigen Personen auch die Konsequenzen, die für sie resultieren, wenn sie nicht helfen (d. h. die Konsequenzen der Handlungsalternative). In vielen Gesellschaften herrscht die Erwartung vor, dass man denjenigen helfen soll, die auf einen angewiesen sind – eine soziale Erwartung, die auch als Norm der sozialen Verantwortung bezeichnet wird. Einem Menschen in Not nicht zu helfen kann daher soziale Sanktionierungen nach sich ziehen. Mitunter hat das Unterlassen von Hilfeleistung auch strafrechtliche Konsequenzen. Eine notleidende Person ihrem Schicksal zu überlassen kann auch persönliche Schuldgefühle hervorrufen oder das unangenehme Gefühl, persönlichen Werten und Standards nicht gerecht zu werden. Der Wunsch, derartige Kosten zu vermeiden, stellt daher eine weitere Quelle der Motivation zu helfen dar.

*Konsequenzen des Nichthelfens*

Das in Abbildung 5.1 schematisch dargestellte Modell von Jane Piliavin und Kollegen (1981) beschreibt, welche Verhaltensreaktionen von einem potenziellen Helfer in Abhängigkeit von (a) den antizipierten Kosten des Helfens und (b) den antizipierten Kosten des Nichthelfens andererseits zu erwarten sind. Nach diesem Modell ist direktes Hilfeverhalten am ehesten unter Bedingungen zu erwarten, in denen die wahrgenommenen Kosten des Helfens gering sind, während gleichzeitig hohe Kosten durch das Nichthelfen antizipiert werden. Im umgekehrten Fall ist direktes Hilfeverhalten hingegen am unwahrscheinlichsten, und es ist mit „Ausweichstrategien" zu rechnen.

Abb 5.1

*Schematische Darstellung des Modells von Piliavin et al. (1981) zu den Effekten wahrgenommener Kosten auf Hilfeverhalten*

| Kosten des Nichthelfens | | Kosten des Helfens | |
|---|---|---|---|
| | | Niedrig | Hoch |
| | Niedrig | Hilfeverhalten variiert abhängig von persönlichen Normen | Situation verlassen, ignorieren, verleugnen |
| | Hoch | Direkte Hilfe | Indirekte Hilfe oder Reinterpretation der Situation |

## 5.2.3 | Abbau negativer Gefühlszustände

**Reaktion auf die Notlage anderer**

Ein weiterer und in gewisser Weise noch subtilerer Motivationsprozess, der auf dem Prinzip des Eigennutzes beruht, hängt mit den Gefühlen zusammen, die Menschen empfinden, wenn sie eine andere Person in Not sehen. Menschen reagieren auf die Notlage anderer Menschen typischerweise mit eigener emotionaler Erregung (Eisenberg/Fabes 1991). Dieses Phänomen tritt schon bei sehr kleinen Kindern auf, und es ist kulturübergreifend zu beobachten. Tatsächlich zeigen sich vergleichbare Reaktionen auch bei anderen Spezies (z.B. Primaten oder Ratten), was zu der Vermutung Anlass gibt, dass diese Verhaltensreaktion eine biologische Grundlage hat. In vielen Fällen empfinden Menschen die auftretende Erregung als unangenehm oder aversiv, sie fühlen sich gestresst oder aufgewühlt.

**Negative-State-Relief-Modell**

Wieso aber sollten diese negativen Gefühle Menschen dazu motivieren, einer anderen Person zu helfen? Das von Robert Cialdini und Kollegen (z.B. 1982) entwickelte *Negative-State-Relief-Modell* liefert eine Erklärung. Kerngedanke dieses Modells ist, dass negativ empfundene Gefühlszustände die Motivation auslösen, diese Gefühle zu reduzieren, um damit das eigene Wohlbefinden wiederherzustellen. Durch Sozialisations- und Lernprozesse haben Menschen gelernt, dass eine Möglichkeit, dieses Ziel zu erreichen, darin besteht, die Notlage der hilfsbedürftigen Person zu verbessern.

**Merksatz**

**Menschen helfen daher dem Negative-State-Relief-Modell zufolge, um eigene negative Gefühle abzubauen.**

Eine wichtige Implikation des Modells besteht darin, dass Hilfeverhalten lediglich eine Möglichkeit unter vielen darstellt, die eigenen Gefühle zu regulieren. Andere Verhaltensweisen können diesen Zweck genauso gut erfüllen. Wenn also ein alternatives Ereignis den negativen Gefühlszustand einer Person verbessert, bevor sie die Gelegenheit zu helfen wahrnimmt, sollte dies ihre Motivation zu helfen drastisch reduzieren. Tatsächlich zeigen experimentelle Untersuchungen, dass unter bestimmten Umständen schon die Antizipation eines stimmungsverbessernden Ereignisses (die Aussicht darauf, gleich einen lustigen Film zu gucken) ausreichend sein kann, um die Motivation zu helfen zu unterminieren (z.B. Schaller/Cialdini 1988).

## Empathie

5.2.4

Obwohl Helfen in vielen Situationen egoistisch motiviert ist, gibt es auch Belege für altruistisch motiviertes Hilfeverhalten. In der sozialpsychologischen Forschung hat die Frage, ob altruistisches Verhalten tatsächlich existiert, eine Vielzahl von Forschungsarbeiten ausgelöst (Dovidio et al. 2006). Ein zentraler Fortschritt in dieser Debatte wurde durch Untersuchungen zur Rolle von Empathie geleistet.

### Empathie-Altruismus-Hypothese

Der wohl prominenteste sozialpsychologische Forschungsansatz, der sich mit der Rolle von Empathie für menschlichen Altruismus beschäftigt, ist die *Empathie-Altruismus-Hypothese* von Daniel Batson und Mitarbeitern (zum Überblick s. Batson 1991). Im Kern besagt diese Hypothese, dass das Empfinden von Empathie für eine notleidende Person altruistisches Verhalten begünstigt. Der Empathiebegriff wird in der (sozial)psychologischen Literatur mit unterschiedlichen Bedeutungen versehen. In dem Modell von Batson ist Empathie – im Unterschied zu auf die *eigene* Person gerichteten, negativen Gefühlszuständen wie Aufregung, Traurigkeit oder Schuld – als eine auf eine *andere* Person gerichtete emotionale Reaktion definiert, die Gefühle wie Mitgefühl, Mitleid, Besorgnis, Wärme oder Fürsorglichkeit umfasst.

Batson nimmt an, dass das Auftreten von Empathie durch *Perspektivenübernahme* begünstigt wird (d.h. ein potenzieller Helfer übernimmt die Perspektive der hilfsbedürftigen Person). Dass Menschen die Perspektive einer anderen Person übernehmen, wird wiederum wahrscheinlicher, wenn zwischen den Personen ein Gefühl der Verbundenheit herrscht (beispielsweise aufgrund von Freundschaft, Verwandtschaft, wahrgenommener Ähnlichkeit oder Vertrautheit).

Perspektivenübernahme

### Definition

**Empathie** ist eine auf eine andere Person gerichtete emotionale Reaktion, die Gefühle wie Mitgefühl, Mitleid, Besorgnis, Wärme oder Fürsorglichkeit umfasst. Ein kognitiver Faktor, der das Auftreten von Empathie begünstigen kann, ist die Übernahme der Perspektive der anderen Person.

Elaine-Experiment

Um zu demonstrieren, dass Empathie tatsächlich zu altruistischem Verhalten führt, haben Batson und Mitarbeiter eine Serie von Experimenten durchgeführt, darunter das folgende „Elaine"-Experiment. Die Experimente waren so konzipiert, dass sie Rückschlüsse auf die Motivation des Verhaltens (egoistisch vs. altruistisch) zuließen.

## Studie

In einem klassischen Experiment dieser Serie beobachteten weibliche Vpn (jeweils einzeln), wie eine andere Vp („Elaine", tatsächlich eine Assistentin der Vl) an einem Lernexperiment teilnahm (Batson et al. 1981, Studie 1). Im Zuge dieses Lernexperiments wurden Elaine vermeintlich Elektroschocks appliziert, angeblich um damit Lernen unter belastenden Bedingungen zu untersuchen. Da Elaine unter den (angeblichen) Elektroschocks aufgrund eines Kindheitstraumas scheinbar stark litt, fragte der Vl die beobachtende Vp, ob sie bereit sei, anstelle von Elaine an dem Lernexperiment teilzunehmen. Die Vp wurde so vor ein Dilemma gestellt: Sollte sie sich dafür entscheiden, Elaines Platz einzunehmen, würde dies mit einer unangenehmen Erfahrung für sie selbst einhergehen. Andererseits war die Übernahme von Elaines Part für sie die einzige Möglichkeit, Elaines Leiden zu beenden.

Um zu demonstrieren, dass Empathie zu altruistischem Helfen führt, manipulierten Batson und seine Mitarbeiter in dem Experiment zwei unabhängige Variablen. Die Stärke von Empathie für Elaine wurde manipuliert, indem einem Teil der Vpn vor Beginn der Untersuchung mitgeteilt wurde, dass ihnen Elaine sehr ähnlich im Hinblick auf persönliche Werte und Interessen sei („hohe Ähnlichkeit" – hohe Empathie). Den übrigen Teilnehmerinnen wurde mitgeteilt, dass ihnen Elaine eher unähnlich sei („niedrige Ähnlichkeit" – niedrige Empathie). Zusätzlich wurden die Kosten des Nichthelfens manipuliert. Zu diesem Zweck wurde den Vpn in einer Bedingung mitgeteilt, dass sie das Labor sofort verlassen könnten, wenn sie dies wollten („leichter Ausweg" – niedrige Kosten des Nichthelfens). In einer anderen Bedingung („schwieriger Ausweg" – hohe Kosten des Nichthelfens) glaubten die Vpn, dass sie bleiben und acht weitere Durchgänge ansehen mussten, bei denen Elaine litt – eine höchst unangenehme und stressreiche Erfahrung, die sich nur durch eigenes Helfen abstellen ließ. Nicht zu helfen hatte also hohe Kosten für die Vp.

Wie in Abbildung 5.2 zu sehen ist, bestätigt das Befundmuster die Empathie-Altruismus-Hypothese. Unter der Bedingung „hohe Ähnlichkeit" (altruistische Motivation) halfen die Vpn unabhängig von den Kosten des Nichthelfens. Unter der Bedingung „niedrige Ähnlichkeit" (egoistische Motivation) war dies hingegen nicht der Fall – der überwiegende Teil der Vpn half nur dann, wenn Nichthelfen mit hohen Kosten einherging.

**Empathiemotiviertes Helfen und das Selbstkonzept**

**Kritik**

Die Interpretation der Befunde von Batson und Mitarbeitern ist allerdings nicht unumstritten. Cialdini und Kollegen (z.B. 1997) stellen beispielsweise in Frage, dass durch Empathie motiviertes Helfen „wahrhaft" altruistisch ist.

Zur Begründung hat diese Forschergruppe Untersuchungen vorgelegt, die demonstrieren, dass Empathie offenbar als ein emotionales Signal für die Wahrnehmung von „Einssein" mit der hilfsbedürftigen Person fungiert und dass es dieses Gefühl des Einseins und nicht Empathie ist,

*Empathie und „Einssein"*

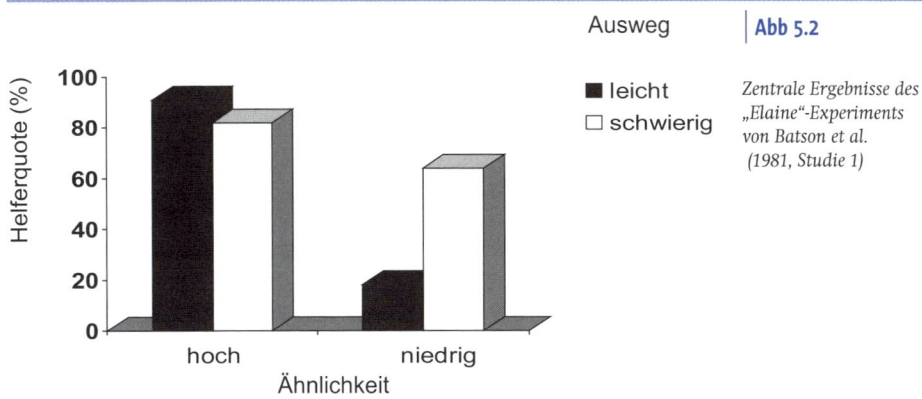

Auswег

| Abb 5.2

*Zentrale Ergebnisse des „Elaine"-Experiments von Batson et al. (1981, Studie 1)*

(■ leicht □ schwierig)

Helferquote (%) / Ähnlichkeit (hoch, niedrig)

das Hilfeverhalten motiviert (z. B. Cialdini et al. 1997). Wenn eine Person sich selbst und die Zielperson als Einheit wahrnimmt, kann man dann wirklich sagen, dass ihr Hilfeverhalten altruistisch motiviert ist – hilft sie dann nicht zwangsläufig auch sich selbst?

Selbst
Auch andere Untersuchungen weisen auf einen Zusammenhang zwischen der Definition der Inklusivität der Selbstdefinition und des Effekts von Empathie auf Helfen hin. So zeigt sich beispielsweise, dass der Effekt von Empathie auf Helfen stärker ist, wenn Helfer und Hilfeempfänger zu einer gemeinsamen Gruppe gehören bzw. eine gemeinsame soziale Identität teilen (Stürmer et al. 2006).

Nichtsdestotrotz, wenn auch die Rolle der kognitiven Repräsentation des Selbst und des Anderen im Zusammenhang der Empathie-Helfen-Beziehung weiterer konzeptueller und empirischer Klärung bedarf, so spricht die gegenwärtige Befundlage dennoch dafür, dass durch Empathie ausgelöste Motivation nicht mit egoistischer Motivation gleichzusetzen ist. Viele Forscher gehen daher mittlerweile davon aus, dass prosoziales Verhalten beim Menschen durch zwei prinzipiell unabhängige Motivationssysteme – ein hedonistisch-egoistisches und ein empathisch-altruistisches – reguliert werden kann. Die Art der Beziehung zwischen Helfer- und Hilfeempfänger (definiert durch Ähnlichkeit, Verwandtheit, Freundschaft etc.) spielte für die Regulation dieser motivationalen Systeme offenbar eine entscheidende Rolle.

## 5.3 | Interindividuelle Unterschiede

Die oben dargestellten Prozesse liefern zwar eine Erklärung dafür, warum Menschen anderen helfen. Sie erklären aber noch nicht, warum manche Menschen hilfsbereiter sind als andere.

### 5.3.1 | Prosoziale Persönlichkeit

Untersuchungen zur prosozialen Persönlichkeit beschäftigen sich mit der Frage, welche relativ zeitstabilen Persönlichkeitsmerkmale bestimmte Menschen dazu dispositionieren, anderen Menschen in einem weiten Spektrum von möglichen Situationen zu helfen. Ein prominenter Ansatz wurde von Louis Penner und Kollegen (z. B. 1995) vorgestellt.

zwei Merkmals-
dimensionen
Diesen Forschern zufolge lässt sich die prosoziale Persönlichkeit durch hohe Ausprägung auf zwei Merkmalsdimensionen charakterisieren:

▶ *Dispositionelle Empathie:* Diese Dimension umfasst die relativ zeitstabile Tendenz einer Person, auf die Notlagen anderer Menschen mit Mitgefühl zu reagieren, sowie ihre Neigung, sich für das Wohlergehen anderer Personen verantwortlich zu fühlen.

▶ *Dispositionelle Hilfsbereitschaft:* Diese Dimension umfasst die Selbstein-schätzung der Person als hilfsbereit (Hilfsbereitschaft wird also sub-jektiv als ein wesentliches Merkmal des Selbstkonzepts angesehen) und die Wahrnehmung, dass man selbst kompetent ist, Hilfe zu leisten.

Die beiden von Penner und Kollegen vorgeschlagenen Merkmalsdimen-sionen decken sich mit narrativen Beschreibungen von Personen, die sich als außergewöhnlich hilfsbereit erwiesen haben – wie z.B. Juden während des Holocausts vor der Deportation zu bewahren und zu ver-stecken (z.B. Oliner/Oliner 1988).

## Geschlechtsunterschiede | 5.3.2

Eine im westlichen Kulturkreis mit der „traditionellen" männlichen Ge-schlechtsrolle verbundene Verhaltenserwartung ist, dass Männer sich beschützend, heldenhaft und ritterlich verhalten sollen. Von Frauen wird demgegenüber traditionell eher erwartet, dass sie versorgend, be-hütend und fürsorglich sind. Angesichts dieser unterschiedlichen tradi-tionellen Geschlechtsrollen liegt es nahe zu vermuten, dass Männer und Frauen sich auch im Hinblick auf Hilfeverhalten unterscheiden. Insbe-sondere könnte man erwarten, dass Männer eher Formen des Hilfever-haltens zeigen, das kompatibel mit der Männerrolle ist, wie beispiels-weise das Eingreifen in schwerwiegenden Notsituationen – und zwar deshalb weil sie davon ausgehen können, dass dies positiv sozial sankti-oniert wird. Frauen hingegen sollten eher dazu tendieren, Hilfe zu zei-gen, die Pflege und Hingabe beinhaltet.

Eine Metaanalyse von Alice Eagly und Maureen Crowly (1986), in der 172 Studien zusammenfassend ausgewertet wurden, liefert einen klaren Beleg für diese Vermutung. Zusammengefasst zeigt diese Forschung: Weder Frauen noch Männer helfen mehr, sondern sie helfen in unter-schiedlichen Bereichen – ein ähnlicher Befund wird uns in Kapitel 6 „Ag-gressives Verhalten" noch einmal begegnen.

*traditionelle Geschlechtsrollen*

# Wann helfen Menschen nicht? | 5.4

Die in den vorangehenden Abschnitten beschriebenen Prozesse liefern Antworten auf die Frage, warum Menschen helfen. Aber erklären sie auch, warum Menschen in bestimmten Situationen nicht helfen?

Man denke an Fälle, in denen eine Person vor den Augen anderer Fahrgäste in einer U-Bahn zusammengeschlagen wird, oder gar an sexuelle Übergriffe an belebten Orten wie einer Fußgängerzone, ohne dass Passanten einschreiten.

**Macht der Situation**

In öffentlichen Debatten werden Fälle der unterlassenen Hilfeleistung in Notfallsituationen häufig auf bestimmte Persönlichkeitsmerkmale der Beobachter zurückgeführt (z. B. mangelnde Zivilcourage). Die sozialpsychologische Forschung legt allerdings eine andere Erklärung nahe. Diese verweist darauf, dass die „Macht der Situation" in vielen Fällen deutlich stärker ist als der Einfluss von Persönlichkeitsmerkmalen.

### 5.4.1 | Helfen in Notfallsituationen

**Bystander-Effekt**

Ausgelöst durch Presseberichte über den Mord an einer jungen Frau inmitten einer dicht bewohnten Gegend in New York (dem Fall Kitty „Genovese") haben sich Sozialpsychologen seit Mitte der 1960er-Jahre intensiv mit dem Helfen in Notfallsituationen beschäftigt. Diese Forschung hat eine Reihe überraschender Erkenntnisse im Hinblick auf den Einfluss von Situationsfaktoren erbracht. Der vielleicht überraschendste Befund: Je größer die Anzahl der Zeugen („bystander"), die einen Notfall beobachten, desto geringer ist offenbar die Wahrscheinlichkeit, dass irgendjemand von ihnen hilft – ein Phänomen, das auch als *Bystander-Effekt* bezeichnet wird. Bibb Latané und John Darley (1970) haben die einschlägigen Forschungsbefunde in ein Modell integriert, das fünf Schritte spezifiziert. Der Zeuge eines Notfalls muss sie überwinden, damit er einem Opfer tatsächlich hilft. Dies sind:

1. Ereignis bemerken,
2. Ereignis als Notfall interpretieren,
3. Verantwortung übernehmen,
4. passende Art der Hilfeleistung auswählen,
5. Entscheidung umsetzen.

**Ereignis bemerken.** Damit ein potenzieller Helfer in einer Notfallsituation einschreitet, muss er das kritische Ereignis zunächst bemerken. Manche Notfallsituationen – ein Verkehrsunfall, ein Brand – ziehen die Aufmerksamkeit unbeteiligter Personen unmittelbar auf sich. Allerdings sind nicht alle Notfälle derart offensichtlich. Möglicherweise wäre das Ereignis auch gut zu erkennen, die Person widmet aber gerade ihre ganze Aufmerksamkeit einem anderen Gegenstand – sie telefoniert mit dem Handy, ist in Gedanken bei einem wichtigen Termin – und nimmt daher das Ereignis gar nicht wahr.

**Ereignis als Notfall interpretieren.** Selbst wenn Menschen auf das kritische Ereignis aufmerksam werden, bedeutet dies noch lange nicht, dass sie tatsächlich einschreiten und helfen. Viele Notfallsituationen sind für den Betrachter häufig nicht eindeutig als solche zu interpretieren, sondern bieten mehrere Interpretationsmöglichkeiten.

### Beispiel

Handelt es sich bei der Interaktion zwischen dem Mann und der Frau in der Fußgängerzone um einen Partnerschaftsstreit oder belästigt hier ein Fremder eine Passantin? Ist der Obdachlose, der reglos auf dem Boden liegt, betrunken und schläft dort seinen Rausch aus oder hat er einen Herzstillstand und benötigt dringend medizinische Hilfe?

Wie wir in Kapitel 7 ausführlicher erläutern werden, orientieren sich Menschen in Situationen, in denen sie unsicher sind, wie sie ein Ereignis interpretieren sollen, typischerweise am Verhalten anderer. Im Fall von Notfällen kann dieses Verhalten allerdings problematisch sein.

Notfallsituationen sind seltene Ereignisse, und die meisten Menschen haben daher keine Routinen für das Verhalten in dieser Situation entwickelt. Sind nun mehrere Personen in der Nähe des Geschehens, kann es sein, dass sie alle unsicher sind und sich daher aneinander orientieren. Wenn keiner einschreitet, kann dies dazu führen, dass sie alle irrtümlich zu der Schlussfolgerung kommen, die anderen Anwesenden hielten das Ereignis für harmlos – würden sie anderenfalls nicht einschreiten? Diese kollektive Fehleinschätzung einer Notsituation wird auch als *pluralistische Ignoranz* bezeichnet.

*pluralistische Ignoranz*

### Definition

Der Begriff **pluralistische Ignoranz** bezeichnet die auf informativem sozialen Einfluss beruhende kollektive Fehlinterpretation eines Notfalls als harmloses Ereignis. Die Fehlinterpretation resultiert daraus, dass sich alle Zeugen unsicher sind, wie sie das Ereignis einzuschätzen haben, und sich deshalb aneinander orientieren. Da keiner einschreitet, wird das Ereignis als harmlos angesehen.

Verantwortungsdiffusion

**Verantwortung übernehmen.** Ein entscheidender nächster Schritt ist nun, dass der Zeuge sich tatsächlich dafür verantwortlich fühlt zu helfen. Wenn eine Person der einzige Zeuge des Notfalls ist, hat sie vermutlich das Gefühl, dass die ganze Verantwortlichkeit für das Eingreifen bei ihr liegt. Was aber geschieht, wenn es mehrere Zeugen gibt? Wie experimentelle Forschungsergebnisse zeigen, führt die Anwesenheit anderer Personen offenbar dazu, dass das Gefühl der eigenen Verantwortlichkeit sinkt – sie verteilt sich nun auf mehrere Schultern, und die eigene Zuständigkeit wird damit unklarer. Dieser Prozess der *Verantwortungsdiffusion* wiederum reduziert die Wahrscheinlichkeit des eigenen Einschreitens.

## Definition

**Verantwortungsdiffusion** bezeichnet die Abnahme der wahrgenommenen individuellen Verantwortlichkeit für das Einschreiten in einer Notfallsituation aufgrund der Anwesenheit anderer handlungsfähiger Personen.

**Art der Hilfeleistung auswählen.** Auch wenn es jemand bis hierhin geschafft hat, bestehen immer noch Hürden. Eine wichtige Entscheidung, die nun zu treffen ist, gilt der Art der Hilfe.

## Beispiel

Angenommen eine Person wäre der Meinung, ein Obdachloser, der reglos auf dem Boden liegt, benötige Hilfe, und sie fühlt sich dafür verantwortlich, diese zu leisten. Was genau soll sie nun unternehmen? Hatte der Mann einen Herzanfall, eine Alkoholvergiftung? Ist er dehydriert und erlitt er einen Hitzschlag? Mangelndes Wissen oder das Gefühl, nicht kompetent zu sein, könnte dazu führen, dass die Person letztlich doch davon absieht einzugreifen.

Bewertungsangst

**Entscheidung treffen, zu helfen.** In einem letzten Schritt muss schließlich die Entscheidung getroffen werden, die Art der Hilfe, die für angemessen angesehen wird, auch tatsächlich auszuführen. Dabei können prinzipiell sämtliche der oben besprochenen Motivationsprozesse eine Rolle spielen – die Abwägung von Kosten und Nutzen, das Bedürfnis, negative Gefühlszustände zu reduzieren, oder das Mitgefühl für die andere Person. Ein spezifischer hemmender Faktor, der beim Helfen in Notfallsituationen zum Tragen kommen kann, besteht in der Sorge, sich vor anderen Personen zu blamieren, die das Ereignis ebenfalls bemerkt haben.

Insbesondere in Situationen, in denen sich die Person selbst unsicher ist, ob sie in der Lage ist, erfolgreich einzuschreiten, kann die Anwesenheit anderer Personen die Sorge auslösen, von den anderen negativ bewertet zu werden oder sich lächerlich zu machen. Diese *Bewertungsangst* kann die Motivation zu helfen reduzieren.

## Wie lässt sich Helfen in Notfallsituationen fördern?

5.4.2

Aus den oben dargestellten Befunden lassen sich eine Reihe von Verhaltensregeln ableiten. Personen, die in einer Notlage die Hilfe von Passanten benötigen, können diese anwenden, um die Chance zu erhöhen, dass ihnen geholfen wird:

*Verhaltensregeln*

▶ Machen Sie durch deutliche Zeichen oder Rufe auf sich aufmerksam, um sicherzustellen, dass Ihre Notlage bemerkt wird!
▶ Artikulieren Sie deutlich, in welcher Lage Sie sind („Ich werde angegriffen und brauche Hilfe!") – Schreie oder Schmerzenslaute allein bieten mehrere Interpretationsmöglichkeiten!
▶ Beugen Sie Verantwortungsdiffusion vor, indem Sie von den Personen, die sich in der Nähe aufhalten, eine Person direkt ansprechen („Hey, Sie in der blauen Jacke, bitte helfen Sie mir!").
▶ Erleichtern Sie dem Angesprochenen die Entscheidung bzgl. der Wahl der Hilfe, indem Sie die Hilfe vorschlagen, die Sie für angemessen halten („Bitte rufen Sie die Polizei!").

Die Forschung liefert auch Belege dafür, dass die aktive Aufklärung über die Blockaden von Hilfeverhalten in Notfallsituationen dazu beitragen kann, dass Menschen, die Zeugen einer Notsituation werden, ihr Verhalten ändern.

*Aufklärung*

**Studie**

Beaman und Mitarbeiter ließen ihre Vpn (Studierende) nach dem Zufallsprinzip entweder eine Vorlesung über Latanés und Darleys Forschung zur Notfallintervention anhören (bzw. einen entsprechenden Film ansehen) oder aber eine Vorlesung zu einem Thema, das nichts mit Notfallintervention zu tun hatte. Zwei Wochen später nahmen alle Vpn an einer, wie sie dachten, unabhängigen Studie zum Thema soziale Kommunikation teil. Auf dem Weg zum Laborraum lag ein anderer Student (ein Assistent der Vl) am Boden. Ob er Hilfe brauchte, war unklar. Da sich ein anwesender zweiter Assistent (der sich als einer der Studienteilnehmer ausgab) absichtlich unbesorgt zeigte, lag es nahe anzunehmen, alles sei in Ordnung. Tatsächlich zeigte sich, dass von den Vpn, die vorher keine Informationen über die Forschung zur Notfallintervention bekommen hatten, nur 25 % eine Hilfereaktion zeigte. Bei den Vpn, die durch die Vorlesung oder den Film über die Barrieren in Notfallsituationen aufgeklärt worden waren, waren es immerhin 43 % (Beaman et al. 1978, Studie 2).

## Zusammenfassung

*Prosoziales Verhalten* ist ein Sammelbegriff für Verhaltensweisen, die allgemein als vorteilhaft für andere Menschen oder die Gesellschaft angesehen werden. *Helfen* bezieht sich auf prosoziales Verhalten, das in der Absicht ausgeführt wird, das Wohlergehen einer anderen Person zu verbessern. Hinter dieser Absicht können sowohl egoistische als auch altruistische Ziele stehen. *Altruismus* ist Hilfeverhalten, das primär durch die Sorge um das Wohlergehen der anderen Person motiviert ist.

Evolutionspsychologischen Ansätzen zufolge hat der Prozess der natürlichen Selektion die Evolution prosozialer Verhaltensweisen beim Menschen gefördert, da dieses Verhalten seine Fortpflanzungschance erhöht. Zwei Verhaltensweisen sind in diesem Zusammenhang besonders relevant – Hilfeverhalten gegenüber genetisch Verwandten (Verwandtenselektion) und der reziproke Altruismus.

Hilfeverhalten ist häufig egoistisch motiviert. Zwei Prozesse spielen in diesem Zusammenhang eine besondere Rolle: (1) die Analysen von Kosten und Nutzen – Menschen helfen dann, wenn sie sich einen persönlichen Vorteil von diesem Verhalten versprechen, und (2) das Bestreben, eigene negative Gefühlszustände abzubauen – Menschen helfen, wenn sie gelernt haben, dass sie sich hinterher besser fühlen. Die Forschung liefert allerdings auch belastbare Belege für altruistisch-motiviertes Hilfeverhalten. Altruistisches Helfen wird durch die Empfindung von Empathie vermittelt.

Aufgrund bestimmter Persönlichkeitsmerkmale helfen manche Menschen grundsätzlich mehr als andere. Die prosoziale Persönlichkeit umfasst eine Veranlagung zur Empathie und eine Disposition zur Hilfsbereitschaft. Die Forschung weist auch auf Geschlechtsunterschiede im Hilfeverhalten hin, die sich auf die Geschlechtsrollensozialisation zurückführen lassen.

Damit eine Person in einer Notfallsituation hilft, muss sie fünf Schritte überwinden. Sie muss das Ereignis bemerken, das Ereignis als Notfall interpretieren, Verantwortung übernehmen, die passende Art der Hilfeleistung auswählen und die Entscheidung umsetzen. Aufklärung über die Faktoren, die Hilfeverhalten in Notfallsituationen verhindern, steigert die Wahrscheinlichkeit, dass Menschen zukünftig Hilfe leisten.

## Literatur

Batson, C. D. (1991). *The altruism question: Toward a social psychological answer.* Erlbaum: Hillsdale, NJ.

Bierhoff, H. W. (2002). *Prosocial behavior.* Psychology Press: Hove, UK.

Dovidio, J. F., Piliavin, J. A., Schroeder, D. A. & Penner, L. A. (2006). *The social psychology of prosocial behavior.* Erlbaum: Hilsdale, NJ.

### Übungsaufgaben

**1** Wodurch unterscheidet sich der sozialpsychologische Altruismusbegriff vom biologischen Altruismusbegriff?

**2** Was versteht man unter dem Begriff der „Verwandtenselektion" und wie lässt sich die Evolution dieses Verhaltens erklären?

**3** Warum können sich negative Gefühlszustände förderlich auf die Motivation zu helfen auswirken?

**4** Welche sozialpsychologischen Prozesse führen nach Batson dazu, dass Menschen Empathie für andere Menschen empfinden?

**5** Sind Frauen hilfsbereiter als Männer? Bitte begründen Sie Ihre Antwort.

**6** Welche Schritte gehen dem Einschreiten in Notfallsituationen voraus? Welche Rolle spielt dabei die Anwesenheit anderer Personen?

# 6 | Aggressives Verhalten

Aggressives Verhalten ist in vielen Lebensbereichen zu beobachten: in Partnerschaften (Stichwort: Gewalt in der Ehe), in Interaktionen am Arbeitsplatz (Stichwort: Mobbing), in Begegnungen zwischen Mitgliedern unterschiedlicher Gruppen (Stichwort: Hassverbrechen) oder in den Beziehungen zwischen Nationen (Stichwort: Krieg). Der Schwerpunkt dieses Kapitels liegt auf den Grundlagen für Aggressionen in interpersonalen Beziehungen; Ursachen für Aggressionen und Feindseligkeiten zwischen Gruppen werden in Kapitel 7 behandelt.

# Begriffsbestimmung                                                      | 6.1

Wie wird der Aggressionsbegriff definiert? Welche Formen aggressiven Verhaltens werden unterschieden?

## Aggression                                                            | 6.1.1

**Definition**

Der Begriff **Aggression** bezeichnet ein intendiertes Verhalten mit dem Ziel, einem anderen Lebewesen zu schaden oder es zu verletzen, wobei dieses Lebewesen motiviert ist, diese Behandlung zu vermeiden.

Zwei Aspekte dieser Definition verdienen besondere Beachtung. Erstens wird aggressives Verhalten durch die zugrunde liegende *Intention* definiert und nicht durch die tatsächlich erzielte Wirkung. Wenn eine Person vergeblich versucht, eine andere Person zu schädigen (sie schlägt zu, verfehlt sie aber), handelt es sich dennoch um einen aggressiven Akt. Zum Zweiten geht aus der Definition hervor, dass schädigende Handlungen, die auf Wunsch der Zielperson ausgeführt werden, wie etwa sadomasochistische Sexualpraktiken, nicht als aggressives Verhalten zu klassifizieren sind.

    Schließlich ist darauf hinzuweisen, dass die soziale Bewertung eines Verhaltensakts als Aggression vom situativen und normativen Kontext abhängt, in dem das Verhalten stattfindet. Obwohl die bewusste Schädigung einer anderen Person in Alltagssituationen üblicherweise als antisoziales Verhalten gilt, kann es sein, dass sie in Ausnahmesituationen (z. B. im Kriegsfall, wenn sie gegen einen Feind gerichtet ist) als prosoziales Verhalten oder gar als Heldentat bewertet wird. Im Hinblick auf die subjektive Bewertung von aggressivem Verhalten spielt zudem die Perspektive des Akteurs eine entscheidende Rolle. In Konflikten liegen häufig diskrepante Perspektiven vor: Während die eine Partei ihr Verhalten

*Randnotizen:* Intention · kontextabhängige Bewertung

als eine gerechtfertigte Reaktion auf ein Verhalten der anderen Partei ansieht, interpretiert die Gegenpartei das Verhalten als einen feindseligen und aggressiven Übergriff (und umgekehrt).

### 6.1.2 | Formen aggressiven Verhaltens

unterschiedliche Verhaltenskategorien

Der sozialpsychologische Aggressionsbegriff umfasst zahlreiche unterschiedliche Verhaltenskategorien: körperliche Aggression vs. verbale Aggression (z.B. jemanden schlagen vs. jemanden anschreien), offene Aggression vs. verdeckte Aggression (z.B. jemanden direkt attackieren vs. hinter seinem Rücken Gerüchte streuen), Aggression zwischen Individuen vs. Aggression zwischen Gruppen (z.B. eine Schlägerei zwischen Rivalen vs. ein Bandenkrieg). Eine aus sozialpsychologischer Sicht besonders relevante Unterscheidung bezieht sich auf die subjektiven Ziele, denen aggressives Verhalten dient (s. Berkowitz 1993):

feindselige Aggression

▶ *Feindselige* (heiße oder affektive) *Aggression* resultiert typischerweise aus dem Empfinden negativer Emotionen wie Ärger, Zorn oder Wut. Das Verhaltensziel besteht in der Schädigung eines anderen Lebewesens (z.B. der Person, über die man sich ärgert).

instrumentelle Aggression

▶ *Instrumentelle* (kalte oder strategische) *Aggression* zielt zwar ebenfalls darauf ab, ein anderes Lebewesen zu schädigen, ist jedoch in erster Linie ein Mittel zum Zweck (z.B. Schädigung eines Konkurrenten, um sich selbst einen Wettbewerbsvorteil zu verschaffen).

Gewalt

Der Begriff *Gewalt* bezieht sich auf die Unterkategorien aggressiver Verhaltensweisen, die mit tatsächlicher oder angedrohter körperlicher Schädigung einhergehen (z.B. eine Person verprügeln).

**Beispiel**

Wenn z.B. ein Partner den anderen anschreit, ist dies noch nicht notwendigerweise ein Akt häuslicher Gewalt, sondern es handelt sich um verbale Aggression. Als Gewalt würde der Akt klassifiziert, wenn er die Androhung körperlicher Schädigung beinhaltet.

## 6.2 | Warum verhalten sich Menschen aggressiv?

Die Frage, ob der Mensch von Natur aus ein aggressives Wesen ist, wurde und wird in Human- und Sozialwissenschaften kontrovers diskutiert. Ist der Mensch wirklich „dem Menschen ein Wolfe"?

## Biologische Ansätze

| 6.2.1

Die meisten Sozialpsychologen stimmen darin überein, dass aggressives Verhalten nicht nur soziale und psychologische, sondern auch biologische Grundlagen hat. Hinweise hierfür liefern Befunde aus der vergleichenden Verhaltensforschung (Ethologie), der Verhaltensgenetik und Forschungen zum Einfluss von Neurotransmittern bzw. Hormonen.

**Vergleichende Verhaltensforschung (Ethologie).** Viele grundlegende Annahmen zu den biologischen Grundlagen aggressiven Verhaltens beruhen auf Beobachtungen und Experimenten mit anderen Spezies, inklusive den genetisch nächsten Verwandten des Menschen, den nichtmenschlichen Primaten.

Die Primatenforschung hat in den vergangenen Jahren eine Reihe von interessanten Ergebnissen produziert, die aggressives Verhalten bei Menschen in einem neuen Licht erscheinen lassen. Ein erster Befund bezieht sich auf die Häufigkeit aggressiven Verhaltens unter Primaten. Systematische Sichtungen von Studien zum Sozialverhalten tagaktiver Affenarten legen z. B. nahe, dass aggressives Verhalten unter Primaten vergleichsweise selten ist.

Kooperatives Verhalten, wie gegenseitiges Füttern und die Fellpflege, ist um ein Vielfaches häufiger zu beobachten als Wettbewerb und Streit. Auf der Grundlage einer Integration dieser und anderer Forschungsergebnisse schlussfolgern verschiedene Forscher, dass unter Primaten (Menschen eingeschlossen) entgegen vorherrschender Ansicht nicht Aggressionen, sondern *Kooperationen* das Zusammenleben regeln (z. B. Sussman / Garber 2004). Im Hinblick auf menschliches Verhalten erscheint diese Schlussfolgerung möglicherweise zunächst überraschend – schließlich ist aggressives Verhalten ein weitverbreitetes soziales Problem. Berücksichtigt man allerdings die Vielzahl alltäglicher Interaktionen zwischen Menschen, dann erscheint der Anteil aggressiven Verhaltens am menschlichen Sozialverhalten insgesamt ebenfalls vergleichsweise niedrig.

Ein zweiter Befund betrifft die bemerkenswerten Fähigkeiten von Primaten, ihr Verhalten sozialen Kontextbedingungen anzupassen. Untersuchungen mit Primaten zeigen z. B., dass die elektrische Stimulation bestimmter Hirnareale (speziell der Amygdala) zu aggressiven Verhaltensweisen führt (Moyer 1976). Allerdings kann diese Tendenz durch den sozialen Kontext erheblich modifiziert werden. So wird ein männlicher Affe, dessen Amygdala elektronisch stimuliert wird, Artgenossen v. a. dann angreifen, wenn es sich um Tiere handelt, die in der sozialen Rangfolge unter ihm stehen. Ist das Tier hingegen mit dominanten Artgenossen zusammen, wird es diese trotz Stimulation mit einer hohen

*Primatenforschung*

*kooperatives Verhalten*

*kontextabhängiges Sozialverhalten*

Wahrscheinlichkeit nicht attackieren, sondern stattdessen die Flucht ergreifen.

**Verhaltensgenetik.** Zwillingsstudien stellen eine wichtige Methode dar, um den Nachweis einer genetischen Verankerung menschlichen Aggressionsverhaltens zu erbringen. Wenn eineiige Zwillinge einander in Bezug auf ihre Tendenz zu aggressivem Verhalten stärker ähneln als zweieiige Zwillinge, kann dies als Hinweis gewertet werden, dass das untersuchte Merkmal in besonderem Maße genetisch determiniert ist.

Durch mathematische Analysen kann ferner der genetische Anteil (die *Heritabilität*) sowie der Einfluss gemeinsam erlebter Umweltfaktoren (z. B. *gemeinsame Sozialisation*) für die Ausprägung aggressiven Verhaltens geschätzt werden. Tatsächlich legen Metaanalysen von Zwillings- und Adoptionsstudien einen signifikanten Einfluss genetischer Faktoren für aggressives Verhalten nahe (z. B. Rhee/Waldman 2002). Allerdings verweisen diese Studien auch darauf, dass aggressives Verhalten nicht nur durch genetische Dispositionen, sondern auch hochgradig durch Sozialisationserfahrungen im Lauf der individuellen Entwicklung beeinflusst wird.

Zwillingsstudien legen nahe, dass aggressives Verhalten eine genetische Grundlage hat. Menschen variieren im Hinblick auf ihre genetische Disposition zu aggressivem Verhalten. Umweltfaktoren sind aber entscheidend daran beteiligt, ob die Auswirkung dieser Disposition auf das Verhalten gefördert oder gehemmt wird.

**Neurotransmitter – Serotonin und Testosteron.** Die Forschung zu Neurotransmittern und Hormonen untersucht, durch welche biochemischen Botenstoffe aggressives Verhalten vermittelt wird. Zwei Neurotransmitter haben in diesem Zusammenhang besondere Beachtung erfahren.

Verschiedene Studien zeigen, dass impulsive Gewalt oft mit geringen Serotoninspiegeln korreliert. Daher wird vermutet, dass Serotonin einen *hemmenden* Einfluss auf impulsive Aggression hat. Die gegenwärtige Befundlage ist allerdings nicht einheitlich und der genaue Wirkmechanismus, über den sich ein niedriger Serotoninspiegel auf aggressives Verhalten auswirkt, ist bislang noch unzureichend erforscht (Balaban et al. 1996).

Bei dem zweiten Neurotransmitter, der in Zusammenhang mit aggressivem Verhalten diskutiert wird, handelt es sich um das männliche Sexualhormon Testosteron. Tierexperimentelle Studien zeigen, dass Injizierung von Testosteron bei Tieren das Aggressionsverhalten *verstärkt*. Untersuchungen am Menschen weisen ebenfalls auf einen positiven Zusammenhang zwischen dem Testosteronspiegel und der Auftretenswahrscheinlichkeit von aggressiven und antisozialen Verhaltensweisen

---

*Marginalien:*
Zwillingsstudien

Heritabilität und Sozialisation

Serotonin

Testosteron

hin. Allerdings ist auch hier die Befundlage nicht eindeutig. Metaanalysen in Studien mit männlichen Jugendlichen weisen zudem nur eine moderate positive Korrelation zwischen Testosteronspiegel und Aggression nach (Book et al. 2001).

Zusammenfassend ist festzuhalten, dass es trotz Hinweisen auf korrelative Zusammenhänge zwischen Hormonspiegel und Aggressionen bislang an klaren Belegen mangelt, dass ein niedriger Serotonin- oder ein hoher Testosteronspiegel hinreichende Bedingungen für die Entstehung von aggressivem Verhalten darstellen.

## Psychologische Ansätze

6.2.2

Psychologische Ansätze zur Erklärung aggressiven Verhaltens beim Menschen spezifizieren die psychologischen, sozialen und kontextuellen Bedingungen, die aggressives Verhalten auslösen, vermitteln und moderieren. Zudem wird untersucht, wie aggressives Verhalten erlernt wird.

**Frustrations-Aggressions-Hypothese.** Einer der ersten empirisch überprüften psychologischen Ansätze zur Erklärung aggressiven Verhaltens war die *Frustrations-Aggressions-Hypothese* (Dollard et al. 1939).

**Definition**

**Frustration** resultiert, wenn Menschen daran gehindert werden, ein angestrebtes Ziel zu erreichen, bzw. die von einem Ereignis erwartete Befriedigung ausbleibt.

Der Frustrations-Aggressions-Hypothese zufolge ist Frustration allerdings nicht die einzige, sondern lediglich eine von mehreren möglichen Ursachen von Aggression. Ob Frustration zu aggressiven Verhaltensweisen führt (und gegen wen sie sich richtet), hängt von zusätzlichen personalen und situativen Faktoren ab.

**Merksatz**

**Gemäß der Frustrations-Aggressions-Hypothese erhöht Frustration die Wahrscheinlichkeit des Auftretens aggressiver Verhaltensweisen.**

**Studie**

In einer Feldstudie instruierte Harris (1974) ihre Assistenten, sich an verschiedenen Positionen in längeren Warteschlangen (z.B. im Kino oder Supermarkt) vorzudrängeln, wobei sie eine von zwei Positionen einnehmen sollten: entweder vor einer Zielperson, vor der nur noch zwei andere Wartende standen (d.h. einer Person, die ihr Ziel schon fast erreicht hatte), oder vor einer Zielperson, vor der noch elf andere Wartende standen. Zudem wurden folgende Variablen variiert:

(1) das Geschlecht der Person, die sich vordrängelte,
(2) ob die Person sich für das Vordrängeln entschuldigte oder nicht, und
(3) ihr sozialer Status (anhand der Kleidung).

Durch verdeckte Beobachtung wurde kodiert, wie aggressiv sich die Zielperson verhielt, vor die sich die Assistenten stellten. Wie erwartet fielen die Reaktionen wesentlich aggressiver aus, wenn sich der Assistent in unmittelbarer Nähe des angestrebten Ziels (Kasse) vordrängelte oder wenn er einen niedrigen sozialen Status hatte. Assistenten, die sich entschuldigten, wurde weniger aggressives Verhalten gezeigt. Bei den Zielpersonen bestand die Tendenz, im Fall gleichgeschlechtlicher Interaktionen aggressiver zu reagieren.

**Aggressionsverschiebung** Die Ausübung aggressiven Verhaltens hängt auch von der Einschätzung ab, über welche Sanktionsmöglichkeiten die Zielperson verfügt. Ein interessantes psychologisches Phänomen in diesem Zusammenhang ist die sog. *Aggressionsverschiebung*.

## Definition

Unter **Aggressionsverschiebung** wird die Tendenz verstanden, Aggressionen gegen unbeteiligte Dritte zu richten, wenn sie nicht gegenüber der ursprünglichen Quelle der Frustration zum Ausdruck gebracht werden können (z.B. aus Furcht davor, dass diese Person sich revanchiert).

Tatsächlich belegen eine Vielzahl von Studien, dass Menschen, wenn sie frustriert werden, Aggressionen von der ursprünglichen Quelle der Frustration auf weniger mächtige oder leichter erreichbare Zielpersonen „verschieben" (z.B. Marcus-Newhall et al. 2000).

**Kognitiv-neoassoziationistische Perspektive.** Leonard Berkowitz, einer der prominentesten Vertreter der sozialpsychologischen Aggressionsforschung, hat ein *kognitiv-neoassoziationistisches* Modell aggressiven Verhaltens entwickelt, das Befunde der Aggressionsforschung mit allgemeinen, kognitionspsychologischen Modellen (z. B. kognitiven Netzwerkmodellen) verbindet (Berkowitz 1990). Während sich die Frustrations-Aggressions-Hypothese auf Frustration als eine kausale Antezedenz aggressiven Verhaltens konzentrierte, spezifiziert das Modell die psychologischen Prozesse, die den Zusammenhang zwischen Frustration und Aggression vermitteln. In diesem Modell ist Frustration nur eine von vielfältigen Ursachen aggressiven Verhaltens.

Entscheidend für das Auftreten aggressiven Verhaltens ist, ob ein Ereignis *negativen Affekt* auslöst. Die Grundannahmen dieses in Abbildung 6.1 schematisch dargestellten Modells sind folgendermaßen: Unangenehme Erfahrungen rufen zunächst eine unspezifische negative Affektreaktion hervor, die wiederum zwei unterschiedliche kognitive (oder assoziative) Netzwerke aktiviert. Einerseits werden durch negativen Affekt Kognitionen, Erinnerungen, Gefühle und motorische Schemata aktiviert, die mit Aggression in Verbindung stehen. Gleichzeitig werden aber auch mentale Inhalte aktiviert, die mit Fluchtverhalten assoziiert sind. Im Zuge dieses ersten automatisch ablaufenden Assoziationsprozesses erhält der

*negativer Affekt*

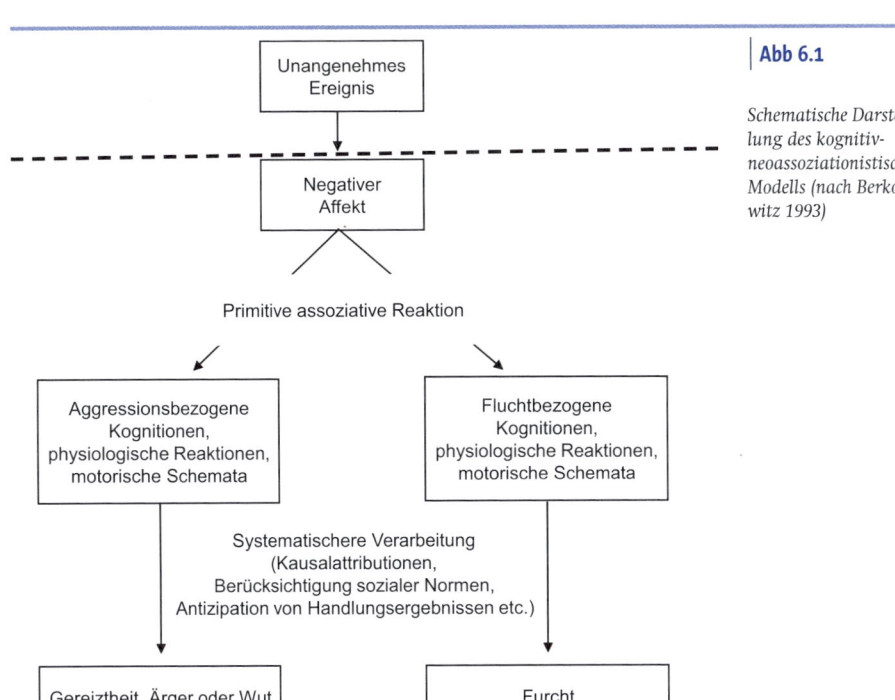

**Abb 6.1**

*Schematische Darstellung des kognitiv-neoassoziationistischen Modells (nach Berkowitz 1993)*

unspezifische negative Affekt eine spezifischere emotionale Qualität in Form von (rudimentärem) Ärger oder (rudimentärer) Furcht.

*Interpretation*    In einem zweiten, stärker kontrolliert und systematisch ablaufenden Verarbeitungsprozess interpretiert die Person diese rudimentären Gefühle. Sie nimmt Kausalattributionen bzgl. des Ereignisses vor und überlegt, welche Gefühle und Handlungen der Situation angemessen sind (Hat mich die andere Person absichtlich verletzen wollen? Wie würden andere reagieren?). Dadurch erreicht die Person einen spezifischeren und gefestigteren emotionalen Zustand – entweder Ärger oder Furcht –, der wiederum die weitere Einschätzung der Situation lenkt. Bevor sich die Person für eine Verhaltensreaktion entscheidet, werden weitere Bewertungsschritte vollzogen, in denen die potenziellen Handlungsergebnisse bewertet (Was passiert, wenn ich mich an ihm räche?) und soziale Normen berücksichtigt werden (Wie werden andere Personen auf mein Verhalten reagieren?).

**Lernen.** Lerntheorien liefern einen wichtigen Ausgangspunkt für die psychologische Erklärung des Erwerbs aggressiven Verhaltens (und dessen Aufrechterhaltung). Zwei Lernprinzipien sind von unmittelbarer Bedeutung. Erstens die operante Konditionierung (Lernen durch direkte Verstärkung) und zweitens das Modelllernen bzw. das Lernen durch stellvertretende Verstärkung.

*operante*    Allgemein formuliert führt das Prinzip der *operanten Konditionierung*
*Konditionierung*    dazu, dass die Auftretenswahrscheinlichkeit solcher Verhaltensweisen steigt, die zu positiven Verhaltenskonsequenzen führen. Führt aggressives Verhalten z.B. zum Erreichen bestimmter angestrebter Ziele (z.B. weil man von anderen bekommt, was man haben möchte, wenn man sie bedroht oder einschüchtert) oder wird das aggressive Verhalten von wichtigen sozialen Bezugspersonen positiv bewertet (z.B. in der Form, dass die eigene Durchsetzungsfähigkeit und Stärke gelobt wird), erhöht sich die Wahrscheinlichkeit, dass eine Person das Verhalten auch in Zukunft ausführt.

*Modelllernen*    Ein anderer Prozess, über den aggressives Verhalten erlernt wird, ist das *Lernen am Modell.*

Albert Bandura und Kollegen (z.B. 1963) haben die Bedeutung des Modelllernens und das Prinzip der stellvertretenden Verstärkung in einer Serie von Experimenten dokumentiert.

## Merksatz

**Die Beobachtung, dass Personen, die aggressives Verhalten zeigen, für dieses Verhalten belohnt werden, kann beim Beobachter die Auftretenswahrscheinlichkeit aggressiven Verhaltens erhöhen.**

**Studie**

Kleinkinder im Alter zwischen drei und fünf Jahren wurden zufällig einer von vier experimentellen Bedingungen zugeteilt. In einer Bedingung sahen sie ein Video, in dem ein Junge („Rocky", das aggressive Modell) durch aggressives Verhalten gegenüber einem anderen Jungen ein angestrebtes Ziel erreicht (d. h. er wurde für sein Verhalten belohnt). In einer anderen Bedingung erreicht der Junge das Ziel nicht und wurde für sein Verhalten zudem sanktioniert. Zusätzlich wurden zwei Kontrollbedingungen realisiert. In einer anschließenden Phase des Experiments beobachteten die Forscher, ob und in welchem Ausmaß die Kinder das aggressive Verhalten in einer Spielsituation mit einer Puppe imitierten. Kinder, die das „erfolgreiche" aggressive Modell beobachtet hatten, imitierten dieses Verhalten in höherem Ausmaß als Kinder, die das Modell beobachtet hatten, das für sein Verhalten sanktioniert wurde.

Diese Ergebnisse sind repräsentativ für eine Vielzahl von empirischen Befunden. Sie belegen, dass aggressives Verhalten oft durch Beobachtung und Nachahmung gelernt wird.

## Interindividuelle Unterschiede     | 6.3

Im folgenden Abschnitt werden wir einige Personenfaktoren erläutern, die zu interindividuellen Unterschieden im Auftreten von aggressivem Verhalten beitragen.

### Feindseliger Attributionsstil     | 6.3.1

Ein Konstrukt, das für die Erklärung interindividueller Unterschiede im aggressiven Verhalten relevant ist, ist der *feindselige Attributionsstil* (z. B. De Castro et al. 2002).

**Definition**

Als **feindseliger Attributionsstil** wird die relative zeitstabile Tendenz bezeichnet, einer Person, die einen Schaden verursacht hat, eine feindselige oder aggressive Verhaltensabsicht zu unterstellen, auch wenn unklar ist, ob diese den Schaden mit Absicht herbeigeführt hat.

Wenn ein Mitreisender Sie beim Einstieg in einen Zug schubst, lässt sich dieses Verhalten unterschiedlich interpretieren. Es könnte sein, dass der andere sich vordrängeln wollte, um einen Sitzplatz zu ergattern (feindselige Absicht). Es könnte allerdings auch sein, dass er aufgrund seines schweren Gepäcks beim Einstieg gestrauchelt ist und Sie dabei unabsichtlich angerempelt hat. Personen mit einem hoch ausgeprägten feindseligen Attributionsstil würden letztere Erklärung außer Acht lassen und spontan dazu tendieren, der anderen Person eine feindselige Verhaltensabsicht zu unterstellen. Diese Form der Interpretation sozialer Situationen begünstigt aggressive Reaktionen.

## 6.3.2 | Geschlechtsunterschiede

offene Aggression

Auf den ersten Blick erscheint die Befundlage bzgl. von Geschlechtsunterschieden im aggressiven Verhalten eindeutig. Die Kriminalstatistiken vieler Länder weisen eine deutliche Überrepräsentation von Männern als Täter von Gewaltverbrechen aus. Metaanalysen der psychologischen Forschungsliteratur zeigen ebenfalls signifikante Geschlechtsunterschiede, und zwar dergestalt, dass *offene* und v. a. *körperliche Aggression* häufiger von Männern als von Frauen ausgeübt wird (z. B. Archer 2004). Auf den zweiten Blick gestaltet sich die Interpretation der Befundlage allerdings komplizierter. Zum einen sind die im Rahmen psychologischer Untersuchungen ermittelten Geschlechtseffekte häufig allenfalls von einer mittleren Größenordnung. Zudem sind sie für verbale Aggression geringer als für körperliche Aggression.

verdeckte Aggression

Des Weiteren zeigen Untersuchungen, dass Jungen und Männer zwar in stärkerem Maße zu offener Aggression tendieren als Frauen oder Mädchen (so dass sie eine andere Person direkt körperlich oder verbal attackieren). Frauen und Mädchen neigen hingegen stärker dazu, aggressives Verhalten in *verdeckter* Form auszuüben, indem sie z. B. gezielt Gerüchte über die Person in Umlauf bringen, die sie schädigen möchten. Für die Beurteilung von Geschlechtsunterschieden ist also die Form des aggressiven Verhaltens von Bedeutung.

Provokation

Bettencourt und Miller (1996) stellten auf der Grundlage einer Metaanalyse von 64 experimentellen Studien fest, dass Männer zwar unter normalen Umständen aggressiver reagieren als Frauen. Diese Geschlechtsunterschiede verringern sich allerdings, wenn Provokationen ins Spiel kommen. Wenn sich Frauen provoziert fühlen, reagieren sie fast ebenso aggressiv wie Männer. Eine Erklärung für die Geschlechtsunterschiede in aggressivem Verhalten im Alltag besteht darin, dass Männer mehrdeutige Verhaltensweisen ihrer Interaktionspartner schneller im Sinne einer persönlichen Provokation interpretieren. Eine Tendenz, die durch Alkoholeinfluss typischerweise noch verstärkt wird.

## Wann verhalten sich Menschen aggressiv? | 6.4

Was sind situative Auslöser von Aggression?

### Aversive Umweltbedingungen | 6.4.1

Das Modell von Berkowitz betont die Rolle *negativen Affekts* hinsichtlich des Auftretens aggressiver Verhaltensweisen. Negativer Affekt kann durch unterschiedliche Situationsfaktoren hervorgerufen werden, v.a. durch solche, die zu einer körperlichen Beeinträchtigung führen und Schmerzen oder Unwohlsein verursachen (Berkowitz 1993). Sie können sich sicherlich selbst an eine Situation erinnern, in der Sie sich verletzt oder gestoßen und daraufhin gereizt oder aggressiv gegenüber einer unbeteiligten Person reagiert haben. Die Forschung zeigt, dass v.a. *hohe Temperaturen* und *räumliche Enge* zu einer Erhöhung der Auftretenswahrscheinlichkeit aggressiven Verhaltens führen können.

### Aggressive Hinweisreize | 6.4.2

In einer Situation können bestimmte Hinweisreize vorliegen, die die Wahrscheinlichkeit erhöhen, dass Personen, bei denen bereits eine Bereitschaft zur Ausführung aggressiven Verhaltens besteht (z.B. weil sie verärgert sind), dieses Verhalten auch tatsächlich ausführen.

**Definition**

**Aggressive Hinweisreize** sind Stimuli oder Objekte, welche üblicherweise mit aggressivem Verhalten assoziiert werden und das Auftreten aggressiven Verhaltens begünstigen (z.B. Waffen).

**Studie**

In einem Experiment von Berkowitz und LePage (1967) wurde einem Teil der Vpn eine Reihe unangenehmer (aber ungefährlicher) Elektroschocks appliziert, um sie zu verärgern. Die Applikation der Schocks erfolgte durch einen Assistenten des Vl (vermeintlich ein Mitstudent). Nachfolgend hatten die Vpn vermeintlich Gelegenheit, dieser Person Elektroschocks zu verabreichen und sich dadurch an der Person für die Applikation der Schocks zu „rächen" (tatsächlich konnten sie keine Schocks applizieren). Um die Wirkung aggressiver Hinweisreize zu untersuchen, war der Raum, in dem der Schockgenerator stand, unterschiedlich ausgestattet. In einer Bedingung befanden sich neben dem Generator Waffen (ein Gewehr und ein Revolver, die angeblich aus einem vorangehenden Experiment stammten); in einer Vergleichsbedingung wurden die Waffen durch zwei Federballschläger ausgetauscht; in einer Kontrollbedingung waren keine weiteren Objekte im Raum.

Wie in Abbildung 6.2 zu sehen ist, bestätigten die Ergebnisse deutlich die vermutete Wirkung aggressiver Hinweisreize. Waren Waffen im Raum, war die Wahrscheinlichkeit aggressiven Verhaltens als Reaktion auf die Frustration signifikant erhöht.

aggressive Hinweisreize

Obwohl sich dieser auch als „Waffeneffekt" bezeichnete Effekt nicht immer replizieren ließ, liefert der überwiegende Teil der empirischen Forschung doch solide Belege dafür, dass *aggressive Hinweisreize* die Auftretenswahrscheinlichkeit von aggressivem Verhalten erhöhen. Zur Erklärung dieses Phänomens werden unterschiedliche Prozesse herangezogen: Erstens können aggressive Hinweisreize die Interpretation negativen Af-

**Abb 6.2**

*Zentrale Ergebnisse des Experiments von Berkowitz und LePage (1967): Die Anwesenheit eines aggressiven Hinweisreizes (Waffe) erhöht die Auftretenswahrscheinlichkeit aggressiven Verhaltens nach einer Frustration*

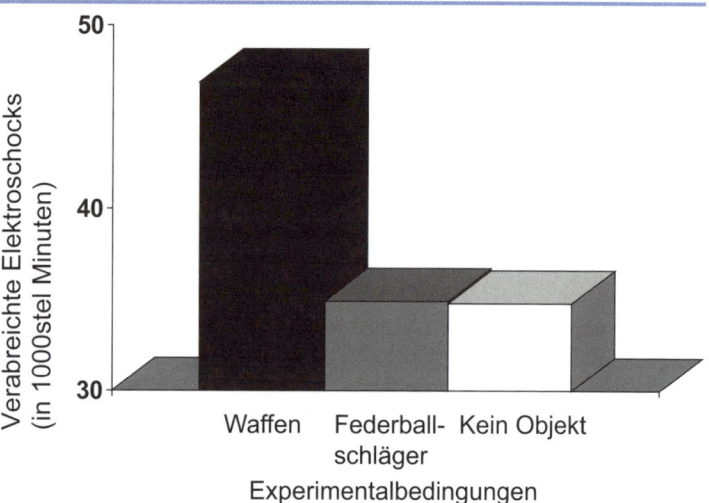

fekts im Sinne von Ärger oder Aggression begünstigen; zweitens fungieren sie vermutlich selbst als „Prime" für aggressionsbezogene kognitive oder motorische Schemata; und drittens können sie vom Beobachter auch als Information über vorherrschende soziale Normen interpretiert werden (z.B. kann die Anwesenheit einer Waffe signalisieren, dass Gewaltanwendung sozial akzeptiert ist).

## Gewaltdarstellungen in den Medien | 6.4.3

Da Medienkonsum in modernen Gesellschaften ein wichtiges Thema darstellt, ist der Zusammenhang zwischen Gewaltdarstellungen in Medien (Fernsehen, Videospielen etc.) und aggressivem Verhalten gut erforscht. Trotz einiger Variationen der Forschungsergebnisse liefern die empirischen Daten in ihrer Gesamtheit ein konsistentes Bild: Durch den Konsum von Gewaltdarstellungen in den Medien wird die Wahrscheinlichkeit von aggressivem Verhalten beim Konsumenten erhöht (insbesondere bei Kindern und Jugendlichen), und dies sowohl kurz- als auch langfristig (s. Anderson et al. 2003).

Die Effekte des Konsums von Gewaltdarstellungen werden allerdings durch eine Reihe von Personen- und Situationsfaktoren moderiert. Wie experimentelle Untersuchungen zeigen, hat Gewalt im Fernsehen z.B. eine größere Auswirkung auf Personen, die von vornherein schon zu aggressivem Verhalten neigen. Studien zeigen auch, dass sich der Konsum von Gewaltdarstellungen in den Medien häufig bei Jungen stärker auf ihr Aggressionsverhalten auswirkt als bei Mädchen.

### Studie

Liebert und Baron (1972) zeigten Kindern (Mädchen und Jungen unterschiedlicher Altersgruppen) entweder einen Ausschnitt aus einer Fernsehserie, der zahlreiche Episoden mit gewalttätigen Auseinandersetzungen enthielt (Experimentalgruppe) oder ein spannendes, aber gewaltfreies Video über sportliche Aktivitäten (Kontrollgruppe). Allen Kindern wurde anschließend die Gelegenheit gegeben, im Rahmen einer speziell strukturierten Spielsituation aggressives Verhalten gegenüber einem anderen Kind auszuführen, das angeblich in einem Nachbarraum war. Zusätzlich wurde ihr aggressives Verhalten in einer freien Spielsituation beobachtet. Die Ergebnisse zeigten, dass sich die Kinder der Experimentalgruppe sowohl in der strukturierten Spielsituation als auch im freien Spiel aggressiver verhielten. Die Effekte auf aggressives Verhalten im freien Spiel waren allerdings bei Jungen, v.a. den jüngeren, besonders deutlich.

vermittelnde Mechanismen

Die Forschung unterstreicht die Bedeutung von vier ineinandergreifenden Mechanismen, die die Effekte von Gewaltdarstellungen in Medien auf das Verhalten vermitteln (s. z. B. Berkowitz 1993):

▶ *Modelllernen:* Charaktere, die aggressives Verhalten zeigen und dadurch ihre Ziele erreichen, können als Modelle für aggressives Verhalten dienen. Ein Großteil der in Medien dargestellten Aggressionen wird entweder belohnt oder bleibt unbestraft. Der Theorie des sozialen Lernens zufolge begünstigt dies die Nachahmung.

▶ *Verfügbarkeit:* Der Konsum von Gewaltdarstellungen in Medien stärkt die chronische Verfügbarkeit aggressiver Gedanken und Gefühle. Dies kann dazu führen, dass eigene unspezifische Erregung verstärkt als Ärger interpretiert wird, was die Auftretenswahrscheinlichkeit von aggressivem Verhalten erhöht.

▶ *Soziale Normen:* Die Beobachtung, dass andere ungestraft und erfolgreich Aggressionen einsetzen, kann dazu führen, dass der Zuschauer seine Wahrnehmung geltender sozialer Normen verändert. Er geht in der Folge davon aus, Aggression und Gewalt seien sozial akzeptierte – wenn nicht sogar erwünschte – Verhaltensweisen.

▶ *Abstumpfung:* Der langfristige und wiederholte Konsum von Gewaltdarstellungen kann zu Abstumpfung oder Habituation gegenüber Gewalt und Aggression führen. Zudem können sich die Standards verändern, was als Aggression oder Gewalt eingestuft wird. Gemessen an der Gewalt, die z. B. in Horrorfilmen oder Splatter Videospielen zum Einsatz kommt, wirkt das Verprügeln eines Klassenkameraden nahezu als Bagatelle.

▶ *Feindseliger Attributionsstil:* Medien beeinflussen das subjektive Bild von der Wirklichkeit. Die überproportional häufige Darstellung von Gewalt in Medien kann den Effekt haben, dass der Konsument die Welt zunehmend für einen gefährlichen und feindseligen Ort hält. Dies kann sich auf der Ebene von Persönlichkeitsmerkmalen in einem feindseligen Attributionsstil manifestieren.

## 6.5 | Prävention und Reduktion von Aggression

Mehrebenenansatz

Die sozialpsychologische Forschung liefert eine Reihe von Ansatzpunkten, um aggressivem Verhalten vorzubeugen und sein Auftreten zu reduzieren. Wir werden uns im Folgenden aus Platzgründen auf die Darstellung von Interventionen konzentrieren, die auf der *individuellen Ebene* ansetzen. Diese Schwerpunktsetzung sollte nicht missverstanden werden. Aggression und Gewalt sind ebenso sehr durch individuelle wie auch durch soziale oder kulturelle Faktoren bedingt. Prävention von Aggression und Gewalt erfordert daher koordinierte Interventionen auf unterschiedlichen Interventionsebenen – Individuum, soziales System, organisatorischer oder gesellschaftlicher Kontext. Als Beispiel für einen solchen *Mehrebenenansatz* sei auf das Interventionsprogramm von Olweus (1995) zur Reduktion von Aggression und Gewalt im schulischen Kontext verwiesen.

## Entschuldigungen 6.5.1

Wahrgenommene Frustration durch einen Interaktionspartner, ist einer der häufigsten Auslöser interpersonaler Aggression. Eine ebenso einfache wie effektive Maßnahme, um einem Umschlagen der Frustration in Aggression vorzubeugen, besteht darin, dass sich die Person, die die Frustration verursacht hat, dafür *entschuldigt*. Diese Annahme findet durch eine Reihe von Experimenten Unterstützung. Sie zeigen, dass eine glaubwürdige Entschuldigung, die Wahrscheinlichkeit reduziert, dass die frustrierte Person aggressiv reagiert (z.B. Ohbuchi et al. 1989). Die Effektivität einer Entschuldigung hängt insbesondere von zwei Faktoren ab:

(1) vom Schweregrad des Ereignisses – je schwerwiegender die Frustration, desto umfangreicher muss die Entschuldigung typischerweise ausfallen, um Ärger und Aggression zu mildern;
(2) vom Vertrauen des Adressaten – eine Entschuldigung wirkt nur dann, wenn der Adressat glaubt, dass der Verursacher es mit seiner Entschuldigung ernst meint und sich daher zukünftig anders verhält.

## Bestrafungen 6.5.2

Die am weitesten verbreitete soziale Maßnahme, um das Auftreten aggressiven Verhaltens zu reduzieren, ist die Bestrafung bzw. die Strafandrohung. Die Bestrafung von aggressivem Verhalten ist allerdings ein komplexes Geschehen (z.B. kann der Strafende selbst als Modell für aggressives Verhalten wahrgenommen werden). In der Forschungsliteratur herrscht weitgehend Einigkeit darüber, dass Bestrafung (oder Strafandrohung) nur dann nachhaltig zu einer Reduktion der Auftretenswahrscheinlichkeit zukünftiger aggressiver Verhaltensweisen führt, wenn folgende Bedingungen erfüllt sind (Berkowitz 1993):

▶ Die verabreichte (oder zu erwartende) Strafe muss aus Sicht des Akteurs hinreichend unangenehm sein,

► die Strafe muss mit einer hohen Wahrscheinlichkeit auf das Verhalten folgen,

► die Strafe muss in einem für die Zielperson unmittelbar nachvollziehbaren Zusammenhang mit dem gezeigten Verhalten stehen,

► die Zielperson muss erkennen, dass in der relevanten Situation alternative und sozial akzeptierte Handlungen zur Verfügung stehen, die nicht zur Bestrafung führen (oder geführt hätten).

**Strafdosis**  Insbesondere im Umgang mit Kindern (aber nicht nur hier) ist es häufig sinnvoll, die Stärke der angedrohten Strafe so zu dosieren, dass die Zielperson die Möglichkeit hat, das eigene Unterlassen des unerwünschten Verhaltens nicht allein auf die Bedrohung durch die Strafe zu attribuieren (externale Attribution). Die Drohung mit einer milden Strafe – eine Strafe, die gerade stark genug ist, die Zielperson dazu zu bringen, eine unerwünschte Verhaltensweise kurzfristig zu unterlassen – bietet ihr den Spielraum, das Unterlassen des Verhaltens auf interne Faktoren zurückzuführen („Eigentlich macht mir das Verhalten gar keinen Spaß."). Dies reduziert die zukünftige Attraktivität der Handlung .

## 6.5.3 | Ärgerbewältigung

**Aggressionstraining**  Wie wir gesehen haben, spielen für das Auftreten aggressiven Verhaltens, v.a. feindseliger Aggression, negativer Affekt und Ärger eine wichtige Rolle. Zahlreiche Aggressionstrainings zielen daher darauf ab, durch Übungen, Rollenspiele etc. Kompetenzen zur effektiven Ärgerregulation aufzubauen (z.B. Beck/Fernandez 1998). Hierzu gehören u.a.:

► Das Erkennen der situativen Auslöser von Ärger („Was genau hat mich an der Bemerkung des anderen wütend gemacht?");

► das Einüben von Selbstverbalisationen, die dazu beitragen, die Auslöser und die Situation neu zu bewerten (z.B. „Entspann dich, nimm die Sache nicht gleich so persönlich.");

► der Erwerb von Kompetenzen, Ärger und Frustration angemessen zu kommunizieren und Kompromisse zu schließen, wenn sich Konflikte ergeben („Ich werde in Ruhe sagen, was mich verletzt hat und warum.");

► das Erlernen des gezielten Einsatzes von alternativen und mit Ärger inkompatiblen Verhaltensreaktionen (z.B. der Erwerb der Fähigkeit, durch den Einsatz von mentalen Strategien auch in Stresssituationen zu entspannen).

Die Wirksamkeit von Ärgerbewältigungstrainings setzt allerdings die Einsicht voraus, dass aggressives Verhalten mit mangelnder Impulskontrolle zusammenhängt, sowie die Motivation, dies zu ändern. Sind diese Voraussetzungen nicht gegeben, zeigt der Ansatz wenig Wirkung.

Grenzen des Ansatzes

## Zusammenfassung

Aggressives Verhalten wird definiert als ein intendiertes Verhalten mit dem Ziel, einem anderen Lebewesen zu schaden. Im Falle feindseliger Aggression ist die Schädigung das ultimative Verhaltensziel, im Falle instrumenteller Aggression dient dieses Verhalten als Mittel zur Erreichung eines anderen Ziels.

Biologische Ansätze legen nahe, dass aggressives Verhalten zum biologisch verankerten Verhaltensrepertoire des Menschen gehört. Psychologische Ansätze zur Erklärung aggressiven Verhaltens beim Menschen spezifizieren die psychologischen, sozialen und kontextuellen Bedingungen, die aggressives Verhalten auslösen, vermitteln und moderieren. Diese Ansätze weisen darauf hin, dass negativer Affekt – ausgelöst durch Frustration oder aversive Reize – eine zentrale Rolle für das Auftreten von Aggressionen spielt: Durch diese Empfindung werden bestimmte Kognitionen, Erinnerungen, Gefühle und motorische Schemata aktiviert, die mit Aggression in Verbindung stehen. Aggressives Verhalten wird u.a. durch Lernen am Modell erlernt.

Aggressives Verhalten wird durch bestimmte Personenvariablen beeinflusst (z.B. die Tendenz zu einem feindseligen Attributionsstil). Zudem finden sich konsistente Geschlechtsunterschiede: Männer zeigen typischerweise mehr körperliche Aggressionen als Frauen. Das Vorhandensein von situativen Reizen, die üblicherweise mit aggressivem Verhalten assoziiert werden (z.B. Waffen), kann die Wahrscheinlichkeit des Auftretens aggressiven Verhaltens erhöhen. Der Konsum von Mediengewalt senkt die Schwelle für aggressives Verhalten.

Prävention von Aggression und Gewalt erfordert daher koordinierte Interventionen auf unterschiedlichen Interventionsebenen – Individuum, soziales System, organisatorischer oder gesellschaftlicher Kontext. Der Einsatz von Entschuldigungen, die Androhung von Strafe und die Förderung von Kompetenzen zur effektiven Ärgerregulation sind auf das Individuum gerichtete (sozial)psychologische Strategien.

## Literatur

Berkowitz, L. (1993). *Aggression. Its causes consequences and control.* McGraw-Hill: New York.

Geen, R. G. (2001). *Human aggression* (2nd ed.). Open University Press: Buckham, UK.

Krahé, B. (2001). *The social psychology of aggression.* Psychology Press: Hove, Uk.

### Übungsaufgaben

**1** Illustrieren Sie die Unterscheidung zwischen feindseliger und instrumenteller Aggression an einem Beispiel.

**2** Erläutern Sie die Bedeutung zentraler Befunde der Primatenforschung für das Verständnis aggressiven Verhaltens beim Menschen.

**3** Erörtern Sie anhand des Experiments von Harris (1974) einige Kontextfaktoren, die den Zusammenhang zwischen Frustration und Aggression moderieren.

**4** Erläutern Sie die Rolle negativen Affekts in Berkowitzs (1990) Modell zur Erklärung von Aggression.

**5** Wie und warum wirkt sich Mediengewalt auf das Verhalten von Kindern aus?

**6** Welche Bedingungen fördern die Effektivität von Strafen (und Strafandrohung) als Mittel der Reduktion aggressiven Verhaltens?

# Verhalten innerhalb von Gruppen | 7

**Inhalt**

Die Zugehörigkeit zu Gruppen prägt den Menschen – sie beeinflusst, wie er die soziale Welt interpretiert, was er empfindet und wie er sich anderen Menschen gegenüber verhält. In diesem Kapitel befassen wir uns mit folgenden Themen der Forschung zu intragruppalen Prozessen:

► Sozialer Einfluss: Wie und warum wirkt sich die Konfrontation mit den Überzeugungen, Einstellungen, Verhaltensweisen anderer Gruppenmitglieder auf individuelle Überzeugungen, Einstellungen und Verhaltensweisen aus?

► Entscheiden und Arbeiten in Gruppen: Wie beeinflussen Kommunikations- und Interaktionsprozesse in Gruppen die individuelle und die Gruppenleistung?

## 7.1 | Begriffsbestimmung

Wie definieren Sozialpsychologen den Gruppenbegriff? Warum bilden Menschen Gruppen?

### 7.1.1 | Was ist eine Gruppe?

Der Gruppenbegriff wird in der Sozialpsychologie je nach Forschungstradition unterschiedlich definiert. Die meisten Sozialpsychologen stimmen aber darin überein, dass es für das Verständnis von Gruppenprozessen entscheidend ist, inwieweit sich Personen selbst als Gruppe definieren. Sie gehen daher von einem Gruppenbegriff aus, der die subjektive Sicht der Gruppenmitglieder, Teil einer Gruppe zu sein, zum zentralen Definitionskriterium erhebt (s. Tajfel/Turner 1986).

**Definition**

Als **soziale Gruppe** werden eine Menge von Individuen bezeichnet, die sich selbst als Mitglieder derselben sozialen Kategorie wahrnehmen und ein gewisses Maß emotionaler Bindung bzgl. dieser gemeinsamen Selbstdefinition teilen.

soziale Kategorie

Dieser Gruppenbegriff lässt sich sowohl auf Kleingruppen anwenden, in denen potenziell die Möglichkeit direkter („face-to-face") Interaktionen zwischen allen Gruppenmitgliedern besteht (Arbeitsgruppen, Teams etc.), als auch auf *soziale Kategorien*, bei denen diese Möglichkeit nicht besteht (Männer, Psychologen, Deutsche etc.). In der Sozialpsychologie werden die Begriffe „soziale Kategorie" und „Gruppe" daher oft synonym verwendet. Gruppen, zu denen eine Person gehört, werden als Eigengruppen bezeichnet (im Unterschied zu Fremdgruppen).

**Definition**

Der Begriff **Entitativität** bezieht sich darauf, inwieweit eine Ansammlung von Personen vom sozialen Beobachter als kohärente soziale Einheit wahrgenommen wird (bzw. seinem „prototypischen" Bild einer Gruppe entspricht).

Entitativität

Im Allgemeinen werden Gruppen, bei denen ein hohes Maß an Interaktionen zwischen Gruppenmitgliedern besteht, als besonders *entitativ* angesehen (z.B. Familien, Teams; s. Lickel et al. 2000).

Der Begriff **Gruppenkohäsion** bezieht sich auf den inneren Zusammenhalt einer Gruppe (das „Wir-Gefühl"), der u.a. durch die Intensität und emotionale Qualität der Beziehungen der Gruppenmitglieder zueinander zum Ausdruck kommt.

*Gruppenkohäsion* ist eine variable Eigenschaft einer Gruppe: Sie kann zwischen Gruppen, unterschiedlichen sozialen Kontexten und über die Zeit hinweg variieren.

Gruppenkohäsion

Der Begriff der **sozialen** (oder auch kollektiven) **Identifikation** bezieht sich auf die psychologische Beziehung zwischen Selbst und Gruppe.

*Soziale Identifikation* wird als ein Konstrukt aufgefasst, das aus mehreren Komponenten besteht. Auf abstraktem Niveau reflektieren diese Komponenten, a) welchen Stellenwert die Gruppenmitgliedschaft für die Selbstdefinition einer Person hat und b) wie viel eine Person emotional in ihre Gruppenmitgliedschaft investiert (s. Leach et al. 2008). Aufgrund unterschiedlicher individueller Erfahrungen können sich einzelne Gruppenmitglieder unterschiedlich stark mit ihrer Gruppe identifizieren – ihre Stärke kann mit dem sozialen Kontext variieren.

soziale Identifikation

## Gruppenbildung

| 7.1.2

Welche sozialpsychologischen Prozesse liegen der Gruppenbildung zugrunde? Diese Frage lässt sich aus unterschiedlichen Perspektiven beantworten.

▶ Evolutionspsychologische Ansätze betonen den *adaptiven* Wert der Gruppenbildung: Im Zuge der Evolution des Menschen brachte das Zusammenleben in Gruppen Menschen (wie auch anderen Spezies) Überlebensvorteile. Dies hat – über das Evolutionsprinzip der natürlichen Selektion vermittelt – dazu geführt, dass Menschen ein angeborenes Bedürfnis nach Gruppenzugehörigkeit entwickelt haben (s. dazu Baumeister/Leary 1995). Für diese Annahme spricht, dass Menschen aller Kulturen und Gesellschaften Gruppen bilden.

adaptiver Wert

▶ Austausch- oder Interdependenztheorien heben die *Instrumentalität* der Gruppe für das Individuum hervor (z.B. Thibaut/Kelley 1959,

Instrumentalität

→ Kap. 2.3.2). Menschen sind im Hinblick auf die Befriedigung ihrer Bedürfnisse voneinander abhängig (interdependent). Die Bildung von relativ zeitstabilen Gruppen erleichtert ihnen den wechselseitigen Austausch von Ressourcen und die Erreichung gemeinsamer Ziele. Mit anderen Worten: Menschen bilden Gruppen, weil sie der individuellen Bedürfnisbefriedigung dienen.

**Selbstkategorisierung** ▶ Der soziale Identitätsansatz betont demgegenüber die *kognitiven* Grundlagen der Gruppenbildung (z. B. Turner et al. 1987). Diesem Ansatz zufolge ist Interdependenz zwar eine hinreichende, nicht aber eine notwendige Bedingung dafür, dass Menschen Gruppen bilden. Notwendig ist vielmehr, dass Personen sich selbst und andere Personen als gleiche (identische, austauschbare) Elemente einer sozialen Kategorie wahrnehmen. Diese *Selbstkategorisierung* liefert dann die Grundlage für die Definition einer sozialen Identität, die die Gruppenbildung und das Gruppenverhalten reguliert (→ Kap. 3.2.4).

---

**Definition**

Die **Selbstkategorisierung** bezeichnet den Prozess der kognitiven Gruppierung des Selbst und anderer Personen als gleiche (identische, austauschbare) Mitglieder einer sozialen Kategorie in Abgrenzung zu Mitgliedern anderer sozialer Kategorien.

---

Eine wichtige empirische Grundlage für die Entwicklung der im Rahmen des sozialen Identitätsansatzes entwickelten Position lieferten Experimente von Tajfel und Kollegen (z. B. 1978). Sie zeigten, dass die bloße Kategorisierung von Menschen auf der Grundlage eines trivialen Merkmals bereits hinreichend sein kann, um bestimmte Formen des Gruppenverhaltens zu erzeugen (zu einer näheren Beschreibung dieser Forschung → Kap. 8).

### 7.1.3 | Normen und Rollen

**Aspekte sozialer Normen** Das individuelle Verhalten der Gruppenmitglieder wird durch *soziale Normen* koordiniert. Soziale Normen lassen sich anhand der folgenden vier Aspekte charakterisieren:

▶ Sie sind von den Gruppenmitgliedern konsensual *geteilte* Erwartungen;
▶ sie beziehen sich darauf, wie man sich als Gruppenmitglied in bestimmten sozialen Situationen verhalten sollte (und wie nicht) bzw. welche Einstellungen, Meinungen und Gefühle sozial (un)angemessen sind;

▶ das Befolgen dieser Erwartungen wird in vorhersehbarer Weise positiv, die Abweichung negativ sozial sanktioniert;

▶ Normen sind sozial (gesellschaftlich oder kulturell) bedingt und variieren daher zwischen Gruppen (Gesellschaften oder Kulturen).

Soziale Normen können sich sowohl auf das Verhalten der Mitglieder innerhalb der Gruppe beziehen als auch darauf, wie sich Mitglieder der jeweiligen Gruppe gegenüber Mitgliedern anderer Gruppen verhalten sollen. Soziale Normen dienen u. a. den folgenden Funktionen (Cartwright / Zander 1968):

*Funktionen sozialer Normen*

▶ *Gruppenlokomotion:* Normen gewährleisten die Übereinstimmung der Gruppenmitglieder im Hinblick auf die Gruppenziele und die Zielerreichung;

▶ *Aufrechterhaltung der Gruppe:* Normen führen zu einer Stabilisierung von Verhaltenserwartungen – eine wichtige Voraussetzung für befriedigende Interaktionen zwischen Gruppenmitgliedern;

▶ *Interpretation der sozialen Wirklichkeit:* Normen kreieren und erhalten einen gemeinschaftlich geteilten Bezugs- und Interpretationsrahmen für die Bewertung von Ereignissen und Verhaltensweisen;

▶ *Definition der Beziehungen zur sozialen Umwelt:* Normen dienen der Gruppe dazu, sich von anderen Gruppen abzugrenzen oder zu unterscheiden. Sie definieren die „Identität" der Gruppe.

Bei der Untersuchung des Einflusses von Normen auf individuelles Verhalten hat es sich als sinnvoll erwiesen, zwischen zwei Typen von Normen zu unterscheiden: *injunktiven* und *deskriptiven Normen*. Sie können in manchen Situationen antagonistische Verhaltensweisen stimulieren (Kallgren et al. 2000):

*injunktive vs. deskriptive Normen*

## Definition

Der Begriff **injunktive Norm** bezieht sich auf die Wahrnehmung, welches Verhalten von anderen gebilligt wird und welches nicht („Man soll seinen Abfall nicht einfach herumliegen lassen."). Normen dieses Typs motivieren Verhalten durch die Antizipation von Belohnungen (oder Bestrafungen) für normatives (oder nichtnormatives) Verhalten.

Der Begriff **deskriptive Norm** bezieht sich auf die Wahrnehmung der Gruppenmitglieder, wie sich die meisten für gewöhnlich in einer Situation verhalten („Im Kino lassen sie meistens ihren Abfall liegen."). Normen dieses Typs motivieren Verhalten dadurch, dass sie darüber informieren, was offenbar angemessen oder sinnvoll ist („Wenn alle es tun, wird es seine Richtigkeit haben.").

Gemäß welcher Norm (injunktiv vs. deskriptiv) sich Menschen in einer konkreten sozialen Situation verhalten, hängt von der situativen Salienz der Norm ab.

soziale Rollen  Während soziale Normen definieren, wie sich Gruppenmitglieder im Allgemeinen zu verhalten haben, definieren *soziale Rollen*, wie Menschen sich verhalten sollen, die eine bestimmte Position innerhalb einer Gruppe (oder im weiteren Sinne einer Gesellschaft) innehaben (z. B. Berufsrollen, Geschlechtsrollen).

---

**Definition**

**Soziale Rollen** sind innerhalb einer Gruppe geteilte Erwartungen, die definieren, wie sich Personen, die bestimmte Positionen innerhalb der Gruppe einnehmen, verhalten sollen.

---

Ebenso wie Gruppennormen erleichtern soziale Rollen das koordinierte Handeln innerhalb von Gruppen, da sie Handlungsroutinen und Skripte für soziale Interaktionen bereitstellen und soziale Interaktionen durch Standardisierung vorhersehbar machen.

## 7.2 | Sozialer Einfluss

Konformität  Ein Schwerpunkt der sozialpsychologischen Forschung zum sozialen Einfluss liegt auf der Frage, warum Menschen ihr individuelles Verhalten, Denken und Empfinden an Gruppennormen anpassen – oder formaler ausgedrückt, warum sie sich *konform* verhalten.

---

**Definition**

**Sozialer Einfluss** bezeichnet den Prozess, durch den individuelle Einstellungen, Überzeugungen, Werte, Gefühle und Verhaltensweisen durch andere Personen beeinflusst werden.

## Warum verhalten sich Menschen konform?    7.2.1

**Definition**

Unter **Konformität** wird die Veränderung individueller Verhaltensweisen, Überzeugungen, Einstellungen etc. infolge sozialer Beeinflussung durch eine numerische Majorität (Mehrheit) der Gruppenmitglieder verstanden. Die individuellen Positionen werden infolge des Einflusses an die Majoritätsposition angepasst.

Konformität wird auf zwei unterschiedliche soziale Einflussprozesse zurückgeführt: informationalen und normativen Einfluss.

### Informationaler Einfluss

**Definition**

**Informationaler Einfluss** ist ein sozialer Einfluss, der darauf beruht, dass man die von der Majorität der Gruppenmitglieder vertretenen Überzeugungen, Einstellungen etc. als angemessene Interpretationen der Realität akzeptiert.

Ein wichtiger Grundstein für das Verständnis informationalen Einflusses wurde durch Experimente von Sherif (1936) zur Formierung sozialer Normen gelegt.

Formierung von Normen

**Studie**

Für seine Untersuchung machte sich Sherif eine optische Täuschung zunutze – den sog. autokinetischen Effekt. Dieser Effekt tritt auf, wenn man in einem dunklen Raum unter Abwesenheit objektiver Referenzpunkte einen Lichtpunkt fixiert. Aufgrund der natürlichen, ruckartigen Augeneigenbewegung entsteht der Eindruck, der Punkt bewege sich in unterschiedliche Richtungen, obwohl er tatsächlich stationär ist.

In Sherifs Untersuchung sollten die Vpn in einer Serie von Durchgängen mündlich angeben, wie weit sich der jeweils präsentierte Lichtpunkt ihrer Einschätzung nach bewegte. Gaben die Vpn ihre Urteile alleine ab, entwickelte sich im Verlauf der Durchgänge eine persönliche Norm (d. h. die Einschätzungen variierten immer dichter um einen bestimmten

Schätzwert; dieser Wert war von Vp zu Vp unterschiedlich). Schon nach wenigen Durchgängen in einer Gruppe konvergierten die Einschätzungen der Vpn allerdings auf eine gemeinsame mittlere Position (die Gruppennorm). An dieser orientierten sich die Vpn auch dann noch, wenn sie später wieder alleine urteilten. Letzterer Befund ist besonders relevant. Er legt nämlich nahe, dass die Vpn ihre ursprüngliche (persönliche) Norm aufgegeben hatten, weil sie davon überzeugt waren, die Schätzung der Gruppe sei tatsächlich korrekter als ihre individuelle Schätzung (private Akzeptanz).

### Normativer Einfluss

Während informationaler Einfluss auf das Bedürfnis zurückgeführt werden kann, ein möglichst akkurates Bild der sozialen Realität zu erhalten, lässt sich normativer Einfluss durch Bedürfnisse nach Zugehörigkeit und sozialer Anerkennung erklären.

**Definition**

**Normativer Einfluss** beruht darauf, dass man die Erwartungen anderer Gruppenmitglieder erfüllen und negative Sanktionen bei normabweichendem Verhalten vermeiden möchte.

Aschs Konformitätsstudien

In einer Serie paradigmatischer Experimente zeigte Asch (1956), dass Menschen sich auch dann der Position einer Majorität anpassen, wenn diese einen Sachverhalt ganz offensichtlich falsch beurteilt.

**Studie**

Im Standardexperiment dieser Serie sollten die Vpn in einer Folge von zwölf Durchgängen jeweils entscheiden, welche von drei Vergleichslinien die gleiche Länge wie eine Referenzlinie aufwies (s. Abb. 7.1). Diese Aufgabe war so einfach, dass in einer Kontrollbedingung, in der die Vpn allein anwesend waren, 95 % der Vpn keinen einzigen Fehler machten. Anders verhielt es sich hingegen in der Experimentalgruppe, in der die Vpn ihr Urteil abgaben, nachdem zuvor mehrere andere Personen (tatsächlich Assistenten der Vl) einstimmig und öffentlich ein falsches Urteil abgegeben hatten.

Die Ergebnisse zeigten, dass unter dieser Bedingung fast 37 % der von den Vpn insgesamt abgegebenen Urteile falsch waren und dem Urteil der Majorität entsprachen (bzw. deren Position reflektierten). Es ist wichtig zu beachten, dass nicht jede Vp gleich viele Fehleinschätzungen abgab – tatsächlich zeigte sich eine deutliche interindividuelle Varianz. Nichtsdestotrotz bleibt bemerkenswert, dass über eine Serie von drei Experimenten hinweg nur 24 % der Vpn der Experimentalgruppe sich in keinem der Durchgänge vom Majoritätsurteil beeinflussen ließ und immer die korrekte Antwort gab.

Wenn Menschen sich in öffentlichen Situationen normenkonform verhalten, ohne dass sie die entsprechende Norm privat akzeptieren, wird dies als *Compliance* bezeichnet. Welche situativen Bedingungen begünstigen Konformität aufgrund normativen Einflusses? Wie die Forschung zeigt, sind dies u.a.:

Compliance

▶ *Interdependenz:* Sind die Gruppenmitglieder im Hinblick auf die Erreichung eines Zieles voneinander abhängig, erhöht sich typischerweise die Konformität.
▶ *Größe der Majorität:* Bei Untersuchungen mit dem Asch-Paradigma ist der Effekt des normativen Einflusses bereits zu beobachten, wenn eine Person mit zwei Personen konfrontiert ist, die einstimmig eine andere Meinung vertreten. Zusätzliche Personen führen hingegen i.d.R. nur noch zu einer vergleichsweise geringen Effektsteigerung.

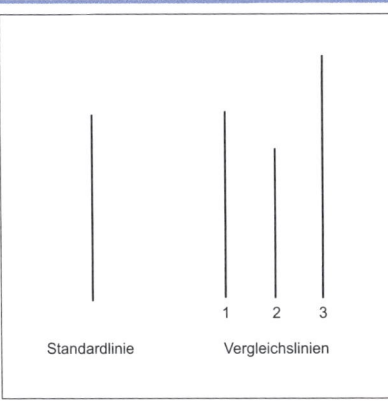

**Abb 7.1**

*Illustration des Stimulus-materials, das in den Konformitätsstudien von Asch verwendet wurde (nach Asch 1956)*

1  2  3

Standardlinie      Vergleichslinien

Mit anderen Worten: Es bedarf nicht unbedingt einer zahlenmäßig extrem überlegenen Majorität, um Konformität auf der Basis von normativem Einfluss zu erzeugen.

Widerstand ▶ *Einstimmigkeit der Majorität:* In einer Variation seines experimentellen Paradigmas manipulierte Asch (1951) die Einstimmigkeit dadurch, dass der Assistent des Vl, der unmittelbar vor den Vpn antwortete, ein korrektes Urteil abgab. Das Ausmaß der Tendenz zur Konformität verringerte sich dadurch drastisch. Dieser Befund unterstreicht, wie wichtig „Abweichler" als Rollenmodelle für Widerstand gegen Konformitätsdruck sind – eine Schlussfolgerung, die durch eine Reihe ähnlicher Untersuchungen zum Widerstand gegen Einflussversuche von Majorität untermauert wird.

**Die Rolle von (Selbst-)Kategorisierungsprozessen.** John Turner (1991) hat in seiner Analyse sozialer Einflussprozesse auf der Basis der von ihm und seinen Kollegen entwickelten Selbstkategorisierungstheorie auf einen in der Forschungsliteratur bis dato weitgehend vernachlässigten Punkt hingewiesen: *Wer* den Einflussversuch unternimmt – Mitglieder der Eigengruppe oder Fremdgruppenmitglieder? Seiner Analyse zufolge sollte es insbesondere dann zu sozialem Einfluss kommen, wenn

a) die Einflussquelle(n) als Mitglied(er) der Eigengruppe wahrgenommen werden (Einflussversuche von Fremdgruppenmitgliedern sollten hingegen zurückgewiesen werden) und
b) die Position der Quelle(n) relativ prototypisch für die Eigengruppe ist (d.h. sie ist typisch für die Eigengruppe, aber wenig typisch für die Fremdgruppe).

Für diese Position finden sich empirische Belege. Nichtsdestotrotz: Obwohl sich Menschen im Einklang typischerweise eher von (prototypischen) Mitgliedern ihrer eigenen Gruppe beeinflussen lassen, kann unter bestimmten Bedingungen auch Einfluss von Fremdgruppenmitgliedern ausgeübt werden (zum Überblick s. Pérez/Mugny 1998).

### 7.2.2 | Gehorsam gegenüber Autoritäten

Bislang haben wir uns damit befasst, weshalb sich Personen durch Gruppenmitglieder beeinflussen lassen, die den gleichen Status haben wie sie selbst. Ein anderer Fall liegt vor, wenn Einfluss von einer Autorität innerhalb der Gruppe ausgeübt wird. Autoritäten haben eine höhere Statusposition, und sie verfügen über Möglichkeiten der Sanktionierung von Ungehorsam. Warum gehorchen Menschen?

Zum einen spielt informationaler Einfluss eine Rolle: Autoritäten werden besondere Kompetenzen und Kenntnisse zugeschrieben; sie sind legitimiert, Gehorsam einzufordern; ihre Entscheidungen werden daher als richtig und angemessen akzeptiert. Zum anderen gehorchen Personen Autoritäten, da sie Furcht vor der Sanktionierung von Ungehorsam haben (normativer Einfluss). Sozial problematisch wird Gehorsam dann, wenn Personen Anweisungen von Autoritäten Folge leisten, obwohl das von ihnen geforderte Verhalten in direktem Widerspruch zu ihrem Gewissen oder allgemein akzeptierten moralischen Prinzipien steht (Stichwort: Kriegsverbrechen).

Die bekanntesten und einflussreichsten Experimente zu den sozialpsychologischen Prozessen, die Formen eines „blinden" oder destruktiven Gehorsams bedingen, wurden von Stanley Milgram (z. B. 1974) durchgeführt.

*Milgram-Experimente*

### Studie

In einer Serie von Experimenten beobachtete Milgram, dass ein hoher Prozentsatz (etwa 65 %) psychisch unauffälliger erwachsener Vpn unterschiedlicher sozialer Herkunft bereit war, einer anderen Person im Rahmen einer als Lernexperiment getarnten Untersuchung als Bestrafung für fehlerhafte Antworten intensive elektrische Schocks zu verabreichen, wenn der Vl dies anordnete – und dies, obwohl die Vpn glaubten, die Schocks wären sehr schmerzhaft und sogar lebensbedrohlich für die andere Person. (Tatsächlich handelte es sich bei der anderen Person um einen Assistenten des Vl, der vortäuschte, Schocks zu erhalten und darunter zu leiden). Als Milgram seine Experimente durchführte, herrschte die Auffassung vor, nur Personen, die einen besonders obrigkeitshörigen Charakter hätten, wären zu destruktivem Gehorsam bereit (s. a. den Abschnitt zur autoritären Persönlichkeit in → Kap. 8.1.2). Milgrams Experimente legen hingegen nahe, dass auch der „Durchschnittsmensch" dazu gebracht werden kann, einer Autorität Folge zu leisten, selbst wenn das Verhalten gegen eigene Werte und Überzeugungen verstößt.

Experimentelle Variationen unterschiedlicher situativer Determinanten für Gehorsam erbrachten auch aufschlussreiche Hinweise dafür, in welchen Situationen die Bereitschaft zu Gehorsam abnimmt: Dies war der Fall, wenn

a) die räumliche Distanz zum „Opfer" verringert wurde,
b) die Legitimität der Autoritätsperson in Frage stand oder

c) andere Teilnehmer (Assistenten des Vl) sich weigerten, zu gehorchen – letzterer Befund unterstreicht erneut die Bedeutung von Abweichlern als Rollenmodelle für Widerstand.

**ethische Probleme**

Das experimentelle Vorgehen Milgrams löste heftige Kontroversen über die ethischen Grenzen psychologischer Forschung aus. Milgram brachte seine Vpn in eine psychisch hochgradig belastende Situation. Viele der Vpn, die der Autorität Folge geleistet hatten, litten im Nachhinein unter Schuldgefühlen. Ein Ergebnis dieser Kontroverse sind die heute geltenden Ethik-Richtlinien für psychologische Forschung, nach denen Experimente wie jene zu Gehorsamsverhalten von Milgram nicht zulässig sind.

### 7.2.3 | Minoritätseinfluss

Die bisherige Darstellung mag den Eindruck erwecken, dass sozialer Einfluss unidirektional verläuft – die Majorität (oder eine legitimierte Autorität) übt Einfluss auf eine Minorität aus. Allerdings existieren zahlreiche historische Beispiele dafür, dass Erneuerung und Fortschritt in Wissenschaft, Kunst oder Politik dadurch ausgelöst wurden, dass Majoritäten Positionen übernommen haben, die ursprünglich nur von Einzelpersonen oder Minoritäten innerhalb der Gruppe (oder Gesellschaft) vertreten wurden. Diese Beobachtungen führten den Sozialpsychologen Serge Moscovici zur Entwicklung seiner einflussreichen *Theorie des Minoritätseinflusses* (1976).

**Innovation und sozialer Wandel**

Dieser Theorie zufolge ist der Minoritätseinfluss eine entscheidende Triebkraft für *Innovation* und *sozialen Wandel* innerhalb von Gruppen und Gesellschaften (Majoritäten sorgen hingegen eher für Stabilität und Traditionalismus). Die Wirksamkeit von Minoritätseinfluss hängt Moscovicis Theorie zufolge entscheidend vom Verhaltensstil der Minorität ab: Eine Minorität wird insbesondere dann erfolgreich Einfluss ausüben, wenn sie ihren abweichenden Standpunkt konsistent vertritt – d.h., wenn sie ihre Position einstimmig und über die Zeit hinweg aufrechterhält.

**Studie**

Um einige zentrale Hypothesen zum Minoritätseinfluss zu testen, verwendeten Moscovici und Kollegen (1969) ein „Spiegelbild" des Paradigmas von Asch. In Sechsergruppen (4 tatsächliche Vpn und 2 Assistenten der Vl) sollte die Farbe einer Serie von Dias beurteilt werden (alle Dias waren blau, variierten aber hinsichtlich der Helligkeit). Wenn die beiden Assistenten der Vl in allen Durchgängen darauf bestanden, dass die Dias grün (statt blau) waren, schloss sich tatsächlich ein kleiner, aber statistisch bedeutsamer Teil der Vpn in mindestens einem Durchgang dieser Einschätzung an. Wenn sie sich allerdings inkonsistent verhielten, war kein Einfluss auf die Einschätzungen der Mehrheit nachzuweisen. Diese Befunde sind repräsentativ für weitere Forschungsergebnisse, die den Einfluss konsistent auftretender Minoritäten auf die Majorität belegen.

VL 6:

## Entscheiden und Arbeiten in Gruppen                      | 7.3

Wie wirken sich soziale Einflussprozesse auf Gruppenentscheidungen aus? Welchen Einfluss hat die Anwesenheit anderer auf die individuelle Leistung?

### Entscheidungsprozesse in Gruppen                      | 7.3.1

Wenn die Majorität innerhalb einer Gruppe bereits eine bestimmte Position favorisiert, führen Gruppendiskussionen häufig dazu, dass die Gruppe im Anschluss eine extremere Position vertritt als die ursprüngliche durchschnittliche Position der einzelnen Gruppenmitglieder. Die Verschiebung der Position erfolgt in die Richtung, die die Majorität der Mitglieder bereits favorisierte. Dieser Prozess wird als *Gruppenpolarisation* bezeichnet.

*Gruppenpolarisation*

**Definition**

Unter **Gruppenpolarisation** wird die Tendenz von Gruppen verstanden, im Anschluss an Gruppendiskussionen Positionen zu vertreten, die extremer sind als der Durchschnitt der ursprünglich von den Gruppenmitgliedern vertretenen Positionen.

Für dieses Phänomen wurden verschiedene Erklärungen entwickelt. Eine davon basiert auf der Annahme, dass Majoritäten gegenüber Minoritäten in Gruppendiskussionen über eine Reihe von „strategischen" Vorteilen im Hinblick auf die Überzeugung unentschlossener oder anders positionierter Gruppenmitglieder verfügen. Verfolgen die Mitglieder der Gruppe eine Diskussion nur oberflächlich, kann die Anpassung an die Mehrheitsmeinung durch die Orientierung an einer einfachen Heuristik erfolgen („Die Mehrheit hat meistens recht."). Aber auch bei systematischer Verarbeitung der Argumente ist die Majorität im Vorteil.

strategische Vorteile

▶ *Majoritätsargumente sind zahlreicher:* Je mehr Mitglieder einer Gruppe eine bestimmte Position vertreten, desto mehr unterschiedliche Argumente für diese Position liegen aller Wahrscheinlichkeit nach innerhalb der Gruppe vor. Wenn Gruppenmitglieder überzeugende Argumente hören, die sie vorher nicht berücksichtigt haben, steigt die Wahrscheinlichkeit, dass sie sich diesen Argumenten anschließen (Hinsz/Davis 1984).

▶ *Majoritätsargumente werden häufiger diskutiert:* Forschungsarbeiten zum Wissensaustausch in Gruppen zeigen, dass Informationen, über die mehrere Mitglieder verfügen (sozial geteilte Informationen), typischerweise häufiger diskutiert werden als Informationen, über die nur ein Mitglied verfügt – eine Tendenz, die dazu führen kann, dass entscheidungsrelevante Informationen systematisch vernachlässigt werden (z.B. Stasser/Stewart 1992). Durch die überproportionale Diskussion der sozial geteilten Argumente erfährt die Mehrheitsposition weitere Bestätigung.

▶ *Majoritätsargumente werden von mehr unabhängigen Quellen vertreten:* Forschungsarbeiten zeigen, dass es überzeugender wirkt, wenn dasselbe Argument von drei unterschiedlichen Personen vertreten wird, als wenn eine Person das identische Argument dreimal wiederholt. Solange die Personen als unabhängig voneinander wahrgenommen werden, wirkt die Wiederholung durch andere Personen als Bestätigung für die Gültigkeit bzw. Korrektheit des Arguments.

▶ *Majoritätsargumente werden überzeugender präsentiert:* Von einer Majorität abzuweichen wird häufig als unangenehm und verunsichernd erlebt. Dies schlägt sich auch im Argumentationsstil nieder. Gruppenmitglieder hören also nicht nur mehr Argumente, die die Majoritätsposition unterstützen, sondern diese werden häufig auch überzeugender präsentiert und mit größerer Sicherheit vorgetragen.

Alle genannten Faktoren erhöhen die Wahrscheinlichkeit, dass Gruppenmitglieder, die bislang unentschlossen waren oder andere Positionen vertreten haben, sich von der Majorität überzeugen lassen. Dies führt zu einer Polarisierung der durchschnittlichen Meinung.

**Gruppendenken.** Gruppenpolarisation kann zu Fehlentscheidungen führen – allerdings muss dies nicht zwangsläufig der Fall sein (möglicherweise ist die Position der Majorität ja korrekt). Unter bestimmten Umständen entwickeln sich in Gruppen allerdings Prozesse, die systematisch zu schlechten oder realitätsfernen Entscheidungen führen. Janis (1972) hat für derartig defizitäre Entscheidungsprozesse den Begriff des „Gruppendenkens" geprägt.

**Definition**

**Gruppendenken** bezeichnet einen defizitären Entscheidungsprozess in hochkohäsiven Gruppen, bei dem das Streben nach einer konsensual geteilten Entscheidung derart im Vordergrund steht, dass relevante Fakten und mögliche Handlungsalternativen nicht berücksichtigt werden.

Nach Janis wird Gruppendenken durch folgende Bedingungen gefördert:

► extrem hohe Gruppenkohäsion;
► Abschottung der Gruppe von externen Informationsquellen;
► Mangel an verbindlichen Prozeduren oder Normen, die eine systematische Berücksichtigung relevanter Fakten befördern;
► direktive Führung, die den Druck zur Konformität erhöht (Mitglieder, die eine andere Meinung vertreten, passen sich aus Angst vor Sanktionierung der vorherrschenden Meinung an.);
► hoher Stress (z.B. Zeitdruck, äußere Bedrohung).

Der unter solchen Bedingungen erzielte Konsens ist eine Illusion: Er reflektiert weder die Konvergenz unterschiedlicher Standpunkte noch gibt er die privaten Überzeugungen der Gruppenmitglieder wieder.

Das Konzept des Gruppendenkens wurde von einer Reihe von Forschern untersucht, die Befundlage ist allerdings gemischt (z.B. Paulus 1998). Übereinstimmung besteht bei der Einschätzung, dass ein Hauptgrund für Fehlentscheidungen in der Vernachlässigung (oder Unterdrückung) von abweichenden Meinungen besteht, obwohl diese korrekt sind. Wie lässt sich Gruppendenken entgegenwirken? Hilfreich sind u.a. folgende Maßnahmen:

► Die Führungsperson sollte bei der Entscheidungsfindung keine direktive Rolle einnehmen;
► sie sollte die Diskussion so strukturieren, dass alle relevanten Informationen, die einzelnen Mitgliedern vorliegen, mit der Gruppe geteilt werden;
► sie sollte zur Diskussion von abweichenden Positionen ermutigen;
► und sie sollte die Meinung externer Experten zum Thema einholen;
► Abstimmungen über die endgültige Entscheidung sollten geheim statt öffentlich stattfinden.

### 7.3.2 | Effekte der bloßen Anwesenheit anderer Personen

Führt die bloße Anwesenheit anderer Personen zu einer Leistungssteigerung oder zu einer Leistungsminderung im Vergleich zu Situationen, in denen die Person die Aufgabe allein bearbeitet? Robert Zajonc (1965) zufolge hängt dies maßgeblich von der Art der Aufgabe ab, die eine Person in Anwesenheit anderer bearbeitet. Bei der Bearbeitung leichter oder hoch überlernter Aufgaben sollte die bloße Anwesenheit anderer zu einer Leistungssteigerung führen (*soziale Erleichterung*). Bei Aufgaben, die komplex oder neu sind oder deren Bewältigung noch nicht gut erlernt wurde, sollte sich die Anwesenheit anderer hingegen negativ auf die Leistung auswirken (*soziale Hemmung*).

**Definition**

**Soziale Erleichterung (vs. soziale Hemmung)** bezeichnet die individuelle Leistungssteigerung (-minderung) aufgrund der bloßen Anwesenheit anderer Personen bei der Bearbeitung einfacher (schwerer) oder hoch überlernter (unzureichend gelernter) Aufgaben infolge eines gesteigerten Erregungsniveaus.

*Leistungssteigerung vs. -minderung*

Im Mittelpunkt der Erklärungsansätze zum Phänomen der sozialen Erleichterung steht die Annahme, dass die Anwesenheit anderer zu einer gesteigerten körperlichen Erregung führt. Diese wiederum verstärkt die Wahrscheinlichkeit der Ausübung dominanter Reaktionen (z. B. Verhaltensweisen, für die aufgrund häufiger Ausübung Routinen vorliegen) zu ungunsten nichtdominanter Reaktionen. Bei einfachen oder hoch überlernten Aufgaben ist die Wahrscheinlichkeit hoch, dass die dominante Reaktion die angemessene Reaktion ist – es kommt daher zur *Leistungssteigerung*. Bei komplexen, neuen oder unzureichend erlernten Aufgaben ist die Wahrscheinlichkeit hoch, dass die dominante Reaktion nicht zur Lösung führt – es kommt daher zur *Leistungsminderung*.

*Ursache für Erregungszunahme*

Als Ursachen für die Zunahme von Erregung durch die Anwesenheit anderer werden u. a. folgende drei Faktoren diskutiert (Bond/Titus 1983):

▶ *Biologische Faktoren:* Biologische Untersuchungen zeigen, dass die körperliche Anwesenheit von Mitgliedern derselben Spezies zu einer angeborenen Zunahme der Erregung führt.

▶ *Bewertungsangst:* Die Sorge, von anderen aufgrund der eigenen Leistung bewertet zu werden, führt zu einer Zunahme körperlicher Erregung.

▶ *Ablenkung:* Aufgrund der Anwesenheit anderer kommt es zu einem Aufmerksamkeitskonflikt durch Ablenkung, der zu einer Erregungssteigerung führt.

Die Prozesse, die die Effekte der Anwesenheit anderer auf die individuelle Leistung vermitteln, sind in Abbildung 7.2 dargestellt.

## Studie

Wie ist der Effekt der Anwesenheit anderer auf die individuelle Leistung einzuschätzen? Eine Metaanalyse von Bond und Titus (1983), in der 241 Studien berücksichtigt wurden, kommt zu dem Schluss, dass soziale Erleichterung oder soziale Hemmung im Allgemeinen einen eher geringen Einfluss auf die individuelle Leistung hat – negative Effekte sind allerdings umso stärker, je komplexer die Aufgabe ist. Weitere Studien weisen zudem auf interindividuelle Unterschiede hin: Personen mit geringem Selbstwertgefühl reagieren in Leistungssituationen in Anwesenheit anderer häufig mit einem ungewöhnlich hohen Erregungsniveau, was sich bei komplexen Aufgaben hemmend auswirkt (Uziel 2007).

## Gruppenleistung 7.3.3

Gruppenarbeit wird häufig eingesetzt, weil man sich davon eine Leistungssteigerung erhofft. Abschließend befassen wir uns mit der Frage,

Gruppenpotenzial

---

*Prozessmodell sozialer Erleichterung und sozialer Hemmung* **Abb 7.2**

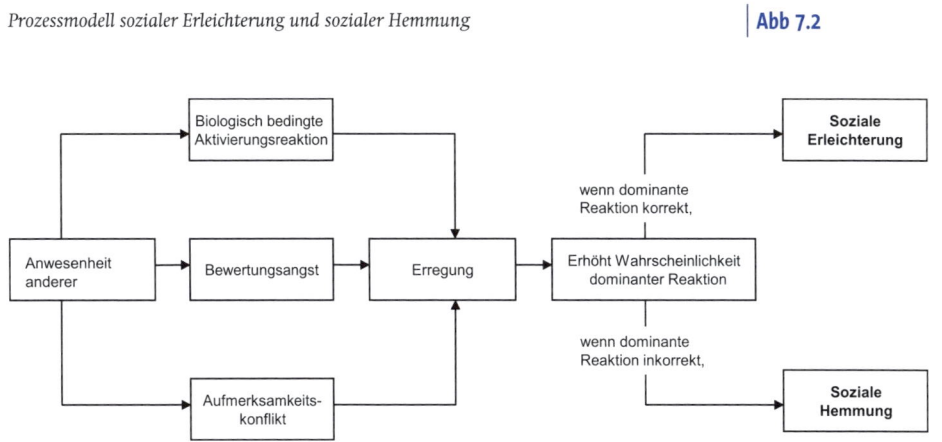

ob und wann diese Erwartung gerechtfertigt ist. Ein wichtiges Kriterium für die Beurteilung der Effizienz von Gruppenarbeit resultiert aus dem Vergleich des *Gruppenpotenzials* mit der tatsächlichen Gruppenleistung.

**Definition**

Das **Gruppenpotenzial** bezeichnet die Leistung, die aufgetreten wäre, wenn die Gruppenmitglieder unabhängig voneinander und nicht als Gruppe an der Aufgabe gearbeitet hätten.

Typ der Gruppenaufgabe

Für die Bestimmung des Gruppenpotenzials ist der Typ der Gruppenaufgabe entscheidend (zur Klassifikation von Gruppenaufgaben s. Steiner 1972):

▶ Bei *additiven* Aufgaben (z.B. Schneeschaufeln) ergibt sich das Gruppenpotenzial aus der Summe der Leistungen der individuellen Mitglieder, wenn sie nicht in einer Gruppe zusammenarbeiten.
▶ Bei *disjunktiven* Aufgaben muss sich eine Gruppe für genau eines von mehreren Urteilen entscheiden (z.B. Problemlösen). Das Gruppenpotenzial wird hier durch die beste individuelle Leistung eines Mitglieds definiert.
▶ Bei *konjunktiven* Aufgaben hingegen ist es erforderlich, dass alle Gruppenmitglieder die Aufgabe erfolgreich abschließen (z.B. Staffellauf). Das Gruppenpotenzial ist durch die individuelle Leistung des schwächsten Mitglieds definiert.

Prozessverluste vs. -gewinne

Wenn die tatsächliche Gruppenleistung unterhalb des Gruppenpotenzials liegt, ist es wahrscheinlich, dass Prozessverluste aufgetreten sind. Liegt sie oberhalb des Gruppenpotenzials, sind offenbar Prozessgewinne aufgetreten. Dies kommt in einer Formel von Hackman und Morris (1975) zum Ausdruck:

Tatsächliche Gruppenleistung =
Gruppenpotenzial – Prozessverluste + Prozessgewinne.

Im Folgenden werden wir uns zunächst den *Prozessverlusten* widmen. Hier werden zwei Arten unterschieden: Koordinationsverluste und Motivationsverluste.
**Koordinationsverluste.** Zu Koordinationsverlusten kommt es, wenn eine Gruppe nicht in der Lage ist, die individuellen Beiträge ihrer Mitglieder zur Zielerreichung optimal zu koordinieren. Dies kann u.a. folgende Gründe haben:

▶ Die Aufgabenverteilung innerhalb einer Gruppe ist unklar,
▶ die individuellen Stärken und Schwächen individueller Mitglieder wurden bei der Zuweisung von Aufgaben und Positionen nicht angemessen berücksichtigt,
▶ die Kommunikationsstrukturen und Arbeitsabläufe innerhalb der Gruppe sind ineffektiv.

Das Zustandekommen von Koordinationsverlusten aufgrund ineffektiver Kommunikationsstrukturen und Arbeitsabläufe lässt sich gut anhand von Forschungsergebnissen zur Effektivität von *Brainstorming* in Gruppen illustrieren. Anders als man vielleicht intuitiv annehmen würde, zeigen Forschungsarbeiten Folgendes: Brainstorming in einer Gruppe führt typischerweise dazu, dass insgesamt weniger (und auch weniger unterschiedliche) Ideen generiert werden, als dies der Fall wäre, wenn die gleiche Anzahl an Personen ihre Ideen alleine generiert hätten (Mullen et al. 1991). Ein Grund hierfür besteht in der Produktionsblockierung: Beim Brainstorming rufen die Gruppenmitglieder ihre spontanen Ideen laut in den Raum. Während eine Person dies tut, ist diese Möglichkeit für die anderen blockiert. Dies kann dazu führen, dass sie die Idee wieder vergessen oder aus anderen Gründen davon absehen, sie zu äußern.

**Motivationsverluste.** Die Forschung hat eine Reihe von unterschiedlichen Prozessen identifiziert, die zu Motivationsverlusten beitragen (s. Baron/Kerr 2003). Hierzu zählen u. a.:

▶ *Soziales Faulenzen:* Sind die individuellen Beiträge der einzelnen Gruppenmitglieder zur Zielerreichung nicht identifizier- bzw. bewertbar, kann es dazu kommen, dass die einzelnen Gruppenmitglieder sich weniger anstrengen.
▶ *Soziales Trittbrettfahren:* Wenn Gruppenmitglieder wahrnehmen, dass sich schon genügend Personen für das gemeinsame Ziel engagieren, können sie darauf spekulieren, dass das Ziel auch ohne ihr eigenes Zutun erreicht wird. Dies kann zu einer Reduktion der eigenen Anstrengung bis hin zur völligen Passivität führen.
▶ *Trotteleffekt:* Wenn Gruppenmitglieder annehmen, dass sich andere Mitglieder der Gruppe nur wenig engagieren, kann dies dazu führen, dass sie ihre eigene Anstrengung ebenfalls reduzieren, weil sie vermeiden möchten, ausgenutzt zu werden und als „Trottel" dazustehen.

*Marginalien:* Brainstorming · soziales Faulenzen · soziales Trittbrettfahren · Trotteleffekt

Ausmaß und Art der auftretenden Prozesse hängen vom Aufgabentyp und der Gruppengröße ab. Bei additiven Aufgaben in großen Gruppen können potenziell alle drei Prozesse zur Leistungsminderung führen. Bei disjunktiven und konjunktiven Aufgaben ist das soziale Faulenzen typischerweise weniger wahrscheinlich, da die individuellen Beträge identifizierbar sind. Dafür kann je nach spezifischer Aufgabe ein erhöhtes Risiko für Trittbrettfahren und Trotteleffekte bestehen.

**Motivationsgewinne.** Zusammenarbeit in Gruppen wäre allerdings nicht so verbreitet, wenn sie nicht effektiv wäre. Tatsächlich kann die Zusammenarbeit auch zu Motivationsgewinnen führen, so dass die tatsächliche Leistung über dem Gruppenpotenzial liegt (s. Baron/Kerr 2003). Dabei spielen u. a. folgende Prozesse eine Rolle:

intragruppaler Wettbewerb

▶ *Intragruppaler Wettbewerb:* Sind die individuellen Leistungen der Gruppenmitglieder identifizierbar bzw. besteht die Möglichkeit sozialer Vergleiche innerhalb der Gruppe, sind die Mitglieder einer Gruppe möglicherweise motiviert, besser abzuschneiden als andere Gruppenmitglieder. Dies kann dazu führen, dass sie sich innerhalb der Gruppe mehr anstrengen.

soziale Kompensation

▶ *Soziale Kompensation:* Insbesondere in hochkohäsiven Gruppen oder in Fällen, in denen das Erreichen des Gruppenziels hochrelevant für die einzelnen Mitglieder ist, ist zu beobachten, dass die leistungsstärkeren Mitglieder der Gruppe sich mehr anstrengen, als sie dies unter individuellen Bedingungen täten, um die Leistungsdefizite schwächerer Gruppenmitglieder auszugleichen.

Köhler-Effekt

▶ *Köhler-Effekt:* Sind die individuellen Beiträge zum Erreichen des Gruppenziels identifizierbar, kann auch beobachtet werden, dass schwächere Mitglieder der Gruppe mehr arbeiten, als sie dies unter individuellen Bedingungen täten, um zu vermeiden, für eine schlechte Gruppenleistung verantwortlich gemacht zu werden. Dies ist insbesondere dann zu erwarten, wenn ihnen die Zugehörigkeit zur Gruppe sehr wichtig ist und sie aufgrund einer schlechten Leistung den Ausschluss aus der Gruppe antizipieren.

effektive Führung

**Wie lässt sich die Gruppenleistung verbessern?** Die Steigerung von Prozessgewinnen (und die Reduktion von Prozessverlusten) lassen sich durch effektive Führung von Gruppen realisieren.

## Definition

**Führung** bezeichnet einen Prozess der sozialen Einflussnahme, durch den ein oder mehrere Mitglieder einer Gruppe andere Gruppenmitglieder motivieren und befähigen, etwas zur Erreichung der Gruppenziele beizutragen.

Zu den einflussreichsten Ansätzen zur Analyse von Führungsverhalten gehören *Kontingenzansätze*. Kontingenzansätze gehen davon aus, dass die Effektivität von Führung aus einem Zusammenspiel von Merkmalen der Führungsperson und Merkmalen der Führungssituation resultiert. Einer der bekanntesten Kontingenzansätze wurde von Fred Fiedler entwickelt (s. z.B. Fiedler 1971). Fiedler unterscheidet in seinem Ansatz zwischen zwei Führungsstilen:

*Kontingenzansätze*

1) *aufgabenorientierte Führung* – sie dient dazu, Gruppen- und Kommunikationsstrukturen zu schaffen und Ressourcen bereitzustellen, die der Zielerreichung dienen, und
2) *beziehungsorientierte Führung* – sie dient dazu, den Zusammenhalt der Gruppe zu stärken und die Qualität der Beziehungen der Gruppenmitglieder untereinander zu verbessern.

Die zentrale Annahme des Ansatzes besteht darin, dass keiner der beiden Führungsstile grundsätzlich effektiver ist als der andere, sondern, dass die Effektivität einer eher aufgaben- oder eher beziehungsorientierten Führung von den Merkmalen der Führungssituation abhängt. Relevant sind insbesondere folgende Situationsmerkmale:

*Situationsmerkmale*

a) Merkmale der Gruppenaufgabe (ist sie eher komplex oder relativ einfach strukturiert?),
b) Merkmale der Beziehung zwischen der Führungsperson und den Geführten (Vertrauen und mögen die Geführten die Führungsperson oder nicht?) und
c) die Macht, die mit der Führungsposition einhergeht (Verfügt die Führungsperson über Sanktionierungsmacht oder nicht?).

Weiterentwicklungen dieser Perspektive legen nahe, dass Führung dann effektiv ist, wenn die Führungsperson a) die relevanten Charakteristika von Situationen, die Führung erfordern, erkennt und b) darauf mit der richtigen Balance zwischen aufgabenorientierter und beziehungsorientierter Führung reagiert (z.B. Yukl 2005).

## Zusammenfassung

Das Sozialverhalten des Menschen ist dadurch charakterisiert, dass er Gruppen bildet. Gruppen werden dann erlebens- und verhaltensrelevant, wenn sich Individuen als Mitglieder einer sozialen Kategorie wahrnehmen und ein gewisses Maß emotionaler Bindung bzgl. dieser gemeinsamen Selbstdefinition teilen.

Das Verhalten der Mitglieder innerhalb von Gruppen (und ihr Verhalten zu Mitgliedern anderer Gruppen) wird durch Gruppennormen koordiniert. Warum sich Menschen den innerhalb einer Gruppe vorherrschenden Normen anpassen, lässt sich auf zwei unterschiedliche soziale Einflussprozesse zurückführen: informationaler und normativer Einfluss. Minoritäten können eine Gruppenmehrheit dann beeinflussen, wenn sie ihren abweichenden Standpunkt geschlossen, konsequent und zeitstabil vertreten.

Entscheidungsprozesse in Gruppen können durch eine Reihe von Faktoren beeinträchtigt werden. Ein Hauptgrund, wie es zu kollektiven Fehlentscheidungen kommt, besteht darin, dass abweichende Positionen, welche der Findung eines angestrebten Konsenses entgegenstehen, ignoriert oder gezielt unterdrückt werden.

Schon die bloße Anwesenheit von einer oder mehreren Personen kann einen Einfluss auf die individuelle Leistung ausüben, und dies selbst wenn die anwesenden Personen sich passiv verhalten und keinen Versuch unternehmen, die Leistung zu beeinflussen. Bei der Zusammenarbeit in Gruppen kann es sowohl zu Prozessverlusten als auch zu Prozessgewinnen kommen. Durch effektive Führung werden Gruppenmitglieder motiviert und befähigt, etwas zur Erreichung der Gruppenziele beizutragen. Effektive Führung resultiert aus einem situationsangemessenen Einsatz unterschiedlicher Führungsstile.

## Literatur

Baron, R. S. & Kerr, N. L. (2003). *Group processes, group decision, group action* (2nd ed.). Open University Press: Buckingham, UK.

Levine, J. M. & Moreland, R. L. (2006). *Small groups.* [Key readings in social psychology.] Psychology Press: Hove, UK.

Yukl, G. (2005). *Leadership in organizations* (6th ed.). Prentice Hall: Upper Saddle River, NJ.

1 Welchen Funktionen dienen soziale Normen?

2 Durch welche sozialpsychologischen Prozesse lässt sich Konformität erklären?

3 Erklären Sie, warum und in welcher Form die bloße Anwesenheit anderer Personen die individuelle Leistung beeinflusst!

4 Was versteht man unter Gruppenpolarisation und wie lässt sich dieses Phänomen erklären?

5 Erläutern Sie drei Prozesse, die zu Motivationsverlusten bei der Gruppenarbeit führen.

6 Durch welche sozialpsychologischen Maßnahmen ließe sich die Motivation steigern, sich zugunsten der Gruppe zu engagieren?

# 8 | Intergruppenverhalten

Sozialpsychologen sprechen von Intergruppenverhalten, wenn das Verhalten zwischen zwei oder mehreren Individuen weitgehend oder sogar vollständig durch ihre Zugehörigkeit zu unterschiedlichen Gruppen determiniert wird. Während interpersonales Verhalten durch interindividuelle Variabilität charakterisiert ist, zeichnet sich Intergruppenverhalten durch relative Gleichförmigkeit (Uniformität) der Einstellungen, Wahrnehmungen und Verhaltensweisen der Gruppenmitglieder aus. Dieses Kapitel führt in drei Schwerpunktthemen der Forschung zum Intergruppenverhalten von Gruppen ein:

▶ Intergruppenwahrnehmung: Welche sozialpsychologischen Grundlagen haben Stereotype und Vorurteile?
▶ Intergruppenkonflikte: Wann und warum kommt es zu Konflikten zwischen Gruppen?
▶ Verbesserung von Intergruppenbeziehungen: Wie lassen sich Vorurteile und Konflikte reduzieren? Welche Bedingungen fördern gruppenübergreifende Solidarität?

# Intergruppenwahrnehmung 8.1

In Intergruppensituationen beruht die Wahrnehmung anderer Personen auf den Stereotypen über die Gruppe: Gruppenmitglieder werden nicht als Individuen, sondern als relativ austauschbare Teile der Gruppe wahrgenommen, die sich in Bezug auf wahrgenommene stereotypische Merkmale der Gruppe ähneln.

## Begriffsbestimmung 8.1.1

**Definition**

Die sozial geteilten Überzeugungen bzgl. der Attribute, Eigenschaften, Verhaltensweisen etc., hinsichtlich derer die Mitglieder einer Gruppe einander ähneln, nennt man soziale **Stereotype**.

Stereotype über Fremdgruppen (d.h. Gruppen, zu denen man selbst nicht gehört) werden als *Heterostereotype* bezeichnet; Stereotype über die Eigengruppe (d.h. die Gruppe zu der man gehört) nennt man *Autostereotype*. *Selbststereotypisierung* bezeichnet den Prozess der Definition des eigenen Selbst im Sinne der stereotypischen Merkmale, Eigenschaften von Eigengruppenmitgliedern. Selbststereotypisierung folgt aus dem Prozess der Selbstkategorisierung und liefert die Grundlage für die Selbstdefinition im Sinne einer sozialen (kollektiven) Identität (→ Kap. 3.2.4).

Hetero-, Auto-, Selbststereotype

**Merksatz**

**Hervorzuheben ist, dass es sich bei sozialen Stereotypen nicht um individuelle, sondern um sozial geteilte Überzeugungen handelt – Stereotype sind also soziale und keine individuellen (oder idiosynkratischen) Konstruktionen.**

Vorurteile

Während es sich bei Stereotypen um kognitive Repräsentationen einer Gruppe handelt, geht es bei *Vorurteilen* um gruppenbezogene Bewertungen.

## Definition

Ein **Vorurteil** bezeichnet die positive oder negative Bewertung einer sozialen Gruppe und ihrer Mitglieder aufgrund der ihr zugeschriebenen Merkmale, mit der Gruppe assoziierter Affekte und verhaltensbezogener Informationen.

Vorurteile lassen sich damit auch als Einstellungen gegenüber sozialen Gruppen auffassen.

Obwohl sich die Literatur zu Intergruppenverhalten traditionell mit den Ursachen und Konsequenzen negativer oder abwertender Vorurteile befasst, können Vorurteile prinzipiell auch in positiver Form auftreten (z. B. gegenüber sozialen Eliten).

soziale Diskriminierung
Negative Vorurteile manifestieren sich in unterschiedlichen Formen der *sozialen Diskriminierung*.

## Definition

Als **soziale Diskriminierung** wird die Ablehnung oder Benachteiligung von Personen aufgrund ihrer Gruppenzugehörigkeit bezeichnet.

Soziale Diskriminierung kann als isolierter Verhaltensakt auftreten (z. B. die Ablehnung einer Bewerberin aufgrund ihrer sexuellen Orientierung), als Verhalten zwischen Gruppen (z. B. Gewalt gegen Immigranten durch rechtsradikale Gruppen) und in institutionalisierter Form (z. B. Gesetze, die bestimmten Gruppen die gesellschaftliche Teilhabe verwehren).

Stigmatisierung
Ein mit dem Phänomen der sozialen Diskriminierung eng verbundener Prozess ist der Prozess der *Stigmatisierung*.

## Definition

Unter einem **Stigma** wird ein negativ bewertetes Attribut verstanden, durch welches der Träger von normativen Erwartungen abweicht und welches ihn in den Augen anderer derartig diskreditiert, dass er seinen Anspruch auf gesellschaftliche Gleichberechtigung verliert.

Seine diskreditierende Wirkung entfaltet ein Stigma dadurch, dass es dem Betrachter als ein Indikator für vermeintlich weitere, i. d. R. nicht direkt beobachtbare, negative Charaktereigenschaften oder Persönlichkeitsmerkmale des Merkmalsträgers dient (z.B. Major/O'Brian 2005). Die diskreditierenden Reaktionen auf ein Stigma lassen sich also i.d.R. nicht allein durch das spezifische Attribut erklären (z.B. Infektionsstatus HIV-positiv). Sie resultieren vielmehr aus den mit dem Stigma assoziierten Stereotypen und Vorurteilen bzgl. der Gruppe der Merkmalsträger (z.B. unmoralisch, charakterschwach, verantwortungslos).

## Ursachen von Stereotypen und Vorurteilen          | 8.1.2

**Historische Ansätze: Die autoritäre Persönlichkeit.** Einer der ersten systematischen Forschungsansätze zu den Ursachen von Stereotypen und Vorurteilen wurde in den 1930er- und 1940er-Jahren unter dem Eindruck des deutschen Faschismus und des Holocaust entwickelt. Unter Bezugnahme auf psychodynamische Theorien wurde postuliert, dass Vorurteile Ausdruck einer erziehungs- und sozialisationsbedingten abnormen Persönlichkeitsstruktur seien, der sog. autoritären Persönlichkeit (Adorno et al. 1950). Infolge dieser Erziehung verhielten sich Personen Autoritäten gegenüber einerseits übermäßig unterwürfig. Andererseits verschöben sie Aggressionen, die gegenüber den Autoritäten auftreten, auf alternative Ziele (z.B. Mitglieder devianter oder statusniedriger Gruppen).

Mittlerweile herrscht in der Forschung weitgehend Einigkeit darüber, dass persönlichkeitstheoretische Ansätze zwar einen Beitrag zur Beantwortung der Frage leisten können, warum manche Personen besonders extreme Vorurteile haben (s. hierzu beispielsweise Forschungsarbeiten zum „Right-Wing-Authoritarianism" – einer jüngeren konzeptuellen Weiterentwicklung des Autoritarismuskonzepts – von Altemeyer 1996). Diese Ansätze sind allerdings nicht in der Lage, die weite Verbreitung und die Uniformität von Stereotypen und Vorurteilen in bestimmten Populationen oder Subpopulationen zu erklären. Die sozialpsychologische Forschung geht daher davon aus, dass die Entstehung und Verwendung von Stereotypen und Vorurteilen aus einem Zusammenspiel von allgemeinen kognitiven Prozessen mit sozialen Einflussprozessen resultiert.

**Intergruppenwahrnehmung als Folge kategorialer Differenzierung.** Henri Tajfel legte mit seinen paradigmatischen Forschungsarbeiten zum Prozess der Kategorisierung einen zentralen Grundstein für die sozialkognitive Perspektive (z.B. Tajfel/Wilkes 1963). Seine Arbeiten deckten auf, dass Kategorisierung zu einer perzeptuellen *Akzentuierung* der wahrgenommenen Ähnlichkeiten und Unterschiede führt.

Akzentuierungsprinzip

**Definition**

Einerseits werden die Unterschiede der Stimuli innerhalb einer Kategorie unterschätzt (d. h. Objekte, Personen, Ereignisse innerhalb einer Kategorie werden als ähnlicher wahrgenommen, als sie tatsächlich sind) –
man bezeichnet dies als **Assimilation**.

Andererseits werden die Unterschiede zwischen Stimuli unterschiedlicher Kategorien überschätzt (d. h. Objekte, Personen, Ereignisse unterschiedlicher Kategorien werden als *un*ähnlicher wahrgenommen, als sie
tatsächlich sind) – dies wird als **Kontrastierung** bezeichnet.

„Who said what?"-
Paradigma

Das Akzentuierungsprinzip stellt die Grundlage für die wahrgenommene Homogenität von Fremdgruppen dar („Die sind alle gleich!"). Experimente mit dem „Who said what?"-Paradigma demonstrieren, wie spontan aktivierte soziale Kategorien Wahrnehmung und Erinnerung im
Sinne von Assimilation und Kontrastierung beeinflussen.

**Studie**

In der klassischen Untersuchung von Taylor und Mitarbeitern (1978) folg-
ten die Vpn einer Diskussion von sechs Männern (drei Schwarzen und drei
Weißen), deren Beiträge von einem Tonband abgespielt wurden. Dabei war
jeweils ein Dia des Sprechers zu sehen. In einer zweiten Phase des Experiments wurden den Vpn die Aussagen in zufälliger Reihenfolge zusammen
mit Fotos der Sprecher vorgelegt. Die Aufgabe der Vpn bestand darin, die
Aussagen den jeweiligen Sprechern zuzuordnen. Wie die Analysen bestätigten, trat bei dieser Zuordnung ein bestimmter Fehlertyp überzufällig
häufig auf: Verwechslungen innerhalb der Kategorien, d.h. eine Aussage
wurde fälschlicherweise einem Sprecher zugeordnet, der die Aussage zwar
nicht gemacht hatte, der jedoch der gleichen Kategorie angehörte wie der
tatsächliche Sprecher (Assimilation). Fehler zwischen den Kategorien (d.h.
die fälschliche Zuordnung einer Aussage zu einem Sprecher aus einer anderen Kategorie) wurden vergleichsweise seltener gemacht.

Welche Merkmalsdimensionen werden zur Assimilation und Kontrastierung herangezogen? Und warum sind diese Zuschreibungen sozial geteilt?

**Stereotype und Vorurteile als soziale Konstruktionen.** Die meisten Sozialpsychologen vertreten die Auffassung, dass soziale Kategorien (und die mit

diesen Kategorien assoziierten Stereotype) soziale Konstruktionen sind. Diese Konstruktionen werden in sozialen und politischen Diskursen innerhalb und zwischen Gruppen erzeugt und erfüllen bestimme soziale (oder auch ideologische und politische) Funktionen (s. hierzu auch Hopkins/Reicher 1996). Über Prozesse sozialen Einflusses werden diese Konstruktionen innerhalb einer Gruppe verbreitet und zum Konsens, was die Uniformität der Wahrnehmung von Gruppenmitgliedern erklärt. In seiner Analyse thematisiert Tajfel (1981) folgende soziale Funktionen von Stereotypen:

▶ *Positive Differenzierung:* Stereotype dienen dazu, die Eigengruppe von anderen Gruppen *positiv* abzugrenzen. Man spricht diesbezüglich auch von der Herstellung „positiver Distinktheit". Stereotype kristallisieren sich daher insbesondere um Merkmalsdimensionen, auf denen die Eigengruppe der Fremdgruppe überlegen ist.

▶ *Kausale Erklärung:* Stereotype sind Elemente komplexerer sozialer und ideologischer Begriffssysteme, aus denen kausale Erklärungen für soziale Phänomene und Ereignisse abgeleitet werden. Ein Beispiel für kausale Erklärung ist das historische Stereotyp des „reichen Juden" als Teil eines Antisemitismus, der behauptet, dass Juden die Weltwirtschaft kontrollieren.

▶ *Soziale Rechtfertigung:* Im Rahmen dieser Begriffssysteme dienen Stereotype auch der sozialen Rechtfertigung der Behandlungen von Mitgliedern anderer Gruppen. Ein Beispiel ist das Stereotyp des „unzivilisierten Wilden" als Teil einer ideologischen Rechtfertigung des europäischen Kolonialismus.

Die politischen und ideologischen Funktionen von Stereotypen sind auch ein zentrales Thema neuerer Theorien zur Erklärung der Akzeptanz sozialer Ungleichheit (z.B. der „System-Justification-Theory" von Jost et al. 2004). Diesen Theorien zufolge werden ungleiche Statusbeziehungen zwischen Gruppen durch sog. *legitimierende Mythen* unterstützt, die von den Mitgliedern statushoher und statusniedriger Gruppen gleichermaßen akzeptiert werden (z.B. sog. paternalistische Mythen, denen zufolge die Vorherrschaft bestimmter Gruppen vermeintlich der Stabilität des gesellschaftlichen Systems dienen, weshalb auch die statusniedrigen Gruppen davon profitierten).

*legitimierender Mythos*

### Definition

Unter einem **legitimierenden Mythos** werden innerhalb einer Gesellschaft weitgehend geteilte Überzeugungssysteme verstanden, die dazu dienen, bestehende Status- und Machtunterschiede zwischen Gruppen zu rechtfertigen.

### 8.1.3 | Inhalte von Stereotypen

Das *Stereotype-Content-Modell* von Fiske und Kollegen (2002) macht Vorhersagen darüber, welche Merkmale Fremdgruppenmitgliedern in Abhängigkeit von spezifischen Charakteristika der Intergruppenbeziehung zugeschrieben werden. Die Forschungsgruppe um Fiske konzentriert sich dabei auf inhaltliche Zuschreibungen auf zwei Merkmalsdimensionen: *Wärme* und *Kompetenz*. Die Zuschreibung entsprechender Eigenschaften hängt dem Modell zufolge von zwei Charakteristika der Intergruppenbeziehung ab:

► *Intergruppaler Wettbewerb:* Sind die anderen „Freund" oder „Feind"? Fremdgruppen, mit denen die Eigengruppe konkurriert, sollten als wenig warm (kalt, berechnend etc.) wahrgenommen werden. Ist die Beziehung hingegen durch Kooperation statt durch Konkurrenz geprägt, sollten die Mitglieder der Fremdgruppe als relativ warm wahrgenommen (liebenswert, herzlich etc.).
► *Statusverhältnis zwischen Eigen- und Fremdgruppe:* Während Mitglieder statusniedriger Gruppen als inkompetent wahrgenommen werden sollten (dumm, unfähig etc.), sollten Mitglieder statushoher Fremdgruppen als relativ kompetent angesehen werden (intelligent, effektiv etc.).

Die Kombination hoher und niedriger Ausprägungen auf den Merkmalsdimensionen Wärme und Kompetenz führt zur Unterscheidung von vier inhaltlich distinkten Typen von Stereotypen (s. Tab. 8.1, die Beispiele beziehen sich auf Untersuchungen des Modells in US-amerikanischen Stichproben).

Eine wichtige Implikation des Stereotype-Content-Modells ist, dass Stereotype oft einen ambivalenten Charakter annehmen. Paternalistische Stereotype gegenüber Frauen beinhalten sowohl positive (Frauen sind sanfter und einfühlsamer) als auch negative Elemente (Frauen sind weniger durchsetzungsfähig und führungsschwach). Gerade die auf den ersten Blick positiv erscheinenden Zuschreibungen können zur Aufrechterhaltung bestehender Statusverhältnisse beitragen, da sie den diskriminierenden Charakter des Stereotyps verschleiern.

**Inhalte von Stereotypen in Abhängigkeit von intergruppalem Wettbewerb und Gruppenstatus (nach Fiske et al. 2002)**

Tab. 8.1

| | | STATUS Kompetenz | |
|---|---|---|---|
| | | Niedrig | Hoch |
| **WETTBEWERB** Wärme | **Hoch** | Paternalistische Stereotype (z. B. Stereotype über alte Menschen, Behinderte, Hausfrauen) | Bewundernde Stereotype (z. B. Stereotype über enge Alliierte, Prominente) |
| | **Niedrig** | Verächtliche Stereotype (z. B. Stereotype über Sozial- hilfeempfänger, Arbeitslose) | Neidvolle Stereotype (z. B. Stereotype über Juden, Asiatische Einwanderer) |

## Einflüsse auf Urteilen und Handeln

8.1.4

Zahlreiche der in der sozialen Kognitionsforschung entwickelten Modelle gehen davon aus, dass sowohl *automatische* als auch *kontrollierte Prozesse* Einfluss auf die Wirkungsweise von Stereotypen und Vorurteilen haben. Das Duale-Prozess-Modell von Devine (1989) postuliert beispielsweise, dass die Aktivierung von Stereotypen zunächst automatisch erfolgt, und zwar immer dann, wenn ein relevanter Auslösereiz anwesend ist (z. B. ein Gruppenmitglied oder ein Symbol, das mit der Gruppe assoziiert wird). Diese Aktivierung liegt außerhalb der bewussten Kontrolle einer Person. Sie resultiert als Funktion der kognitiven Zugänglichkeit des Stereotyps im Gedächtnis.

automatische und kontrollierte Prozesse

Ob und in welcher Art sich ein automatisch aktiviertes Stereotyp auf das Urteilen und Handeln einer Person auswirkt, hängt allerdings von dem zeitlich nachgeschalteten kontrollierten Verarbeitungsprozess ab. Im Zuge dieses Prozesses können automatisch aktivierte Stereotype bewusst modifiziert bzw. die mit dem Stereotyp assoziierten Verhaltensimpulse unterdrückt oder adjustiert werden. Einsatz und Effektivität kontrollierter Prozesse werden von zwei Faktoren beeinflusst:

▶ *Motivation zur Kontrolle von Vorurteilen:* Welche Motivation hat eine Person, den Einfluss von Stereotypen und Vorurteilen auf Urteilen und Handeln zu kontrollieren?
Personen mit hoher Motivation zur Vorurteilskontrolle versuchen, automatisch ausgelöste negative Reaktionen (z. B. Vermeidungsten-

denzen), wenn sie ihnen bewusst werden, durch kontrollierte Prozesse gezielt zu korrigieren. Bei Personen mit niedriger Motivation ist diese Korrekturreaktion entsprechend schwächer oder bleibt ganz aus (z. B. Pryor et al. 2004).

► *Verarbeitungskapazität:* Die Kontrolle des Einflusses von Stereotypen und Vorurteilen setzt die Verfügbarkeit notwendiger kognitiver Ressourcen voraus. Daher wird der Einfluss automatisch aktivierter Stereotype und Vorurteile auf das Urteilen und Handeln einer Person umso wahrscheinlicher, je stärker ihre Aufmerksamkeit und Konzentration durch andere Prozesse gebunden oder beeinträchtigt ist.

Dass automatisch aktivierte Stereotype Urteile und Handeln von Personen ohne deren Wissen beeinflussen können, ist mittlerweile in einer Vielzahl von Kontexten dokumentiert worden. Allein das zufällige Anhören eines rassistischen Kommentars kann beispielsweise zur automatischen Aktivierung entsprechender Stereotype beim Zuhörer führen, die dann wiederum nachfolgende Urteile und Handlungen beeinflussen (z. B. Greenberg / Pyszczynski 1985). Der Einfluss von Stereotypen und Vorurteilen entzieht sich der bewussten Kontrolle weitaus häufiger, als Menschen gemeinhin erkennen.

### 8.1.5 | Perspektive der Zielpersonen

Negative Stereotype und Vorurteile bilden die Grundlage vielfältiger Formen sozialer Diskriminierung, die von der Vorenthaltung wichtiger Ressourcen über soziale Ausgrenzung bis hin zu Hassverbrechen reichen können. Im Folgenden werden wir zwei potenzielle sozialpsychologische Konsequenzen für die Betroffenen näher betrachten: a) Effekte auf das Selbstwertgefühl und b) Effekte auf Leistung und Berufswahl.

**Selbstwertgefühl.** Es ist naheliegend zu vermuten, dass sich sowohl die alltäglich erlebte als auch die antizipierte Konfrontation mit abwertenden Stereotypen und Vorurteilen negativ auf das Selbstwertgefühl der Betroffenen auswirkt. Wie die Forschung zeigt, ist dies allerdings nicht zwangsläufig der Fall, sondern hängt von den Bewältigungsstrategien der Betroffenen ab.

Ablehnungs-
Identifikations-Modell

Forschungsarbeiten zum *Ablehnungs-Identifikations-Modell* von Nyla Branscombe und Kollegen (z. B. 1999) zeigen, dass der negative Effekt wahrgenommener Diskriminierung auf das Selbstwertgefühl insbesondere durch eine starke Identifikation mit der Eigengruppe abgepuffert oder kompensiert werden kann. Ein Grund hierfür besteht darin, dass Eigengruppenmitglieder eine wichtige Ressource für emotionale, soziale oder materielle Unterstützung im Umgang mit Diskriminierungserfahrungen darstellen. Von Selbstwertminderung bedroht sind daher in erster Linie Personen, die sich nur gering mit ihrer Gruppe identifizieren (und dementsprechend schlecht in die Gruppe integriert sind), gleichzeitig aber von Mitgliedern der Fremdgruppe aufgrund ihrer Gruppenzugehörigkeit diskriminiert werden (ein türkischstämmiger Schüler, der sich nicht als Türke identifiziert, aber von Deutschen als Türke diskriminiert wird).

**Leistung und Berufswahl.** Der *Stereotype-Threat-Theorie* zufolge (Steele / Aronson 1995) löst die Befürchtung, auf der Grundlage von Stereotypen beurteilt zu werden, bei Mitgliedern sozial abgewerteter Gruppen ein Gefühl der Bedrohung aus. Dieses Gefühl und die damit einhergehende gesteigerte Nervosität können dazu führen, dass Mitglieder sozial abgewerteter Gruppen in Prüfungs- oder Testsituationen Leistungen zeigen, die unterhalb ihres Leistungspotenzials liegen.

Stereotype-Threat-Theorie

Die Befürchtung, mit Stereotypen und Vorurteilen konfrontiert zu werden, hat auch einen Einfluss auf die Berufswahl. So entscheiden sich Mitglieder sozial abgewerteter Gruppen mit einer höheren Wahrscheinlichkeit gegen die Wahl von Berufen oder Positionen, in denen sie die Konfrontation mit negativen Stereotypen befürchten müssen. Diese Selbstselektionsmechanismen sind aus gesellschaftspolitischer Sicht hochrelevant, da sie zu einer Aufrechterhaltung von Statusunterschieden zwischen Gruppen beitragen.

# Ursachen von Intergruppenkonflikten | 8.2

Konflikte zwischen sozialen Gruppen führen typischerweise zu einer Intensivierung von negativen Stereotypen, Vorurteilen und offener sozialer Diskriminierung. Welche Ursachen haben Intergruppenkonflikte?

## Negative Interdependenz | 8.2.1

Der *Theorie des realistischen Gruppenkonflikts* von Muzafer Sherif und Kollegen zufolge (z. B. Sherif 1966) stehen Einstellungen und Verhaltensweisen von Gruppenmitgliedern gegenüber anderen Gruppen in einem funktionalen Verhältnis zu Gruppeninteressen und Zielen.

Sind die Ziele von Eigengruppe und Fremdgruppe unvereinbar (oder sind die Gruppen, formaler ausgedrückt, *negativ interdependent*), resultieren negative Vorurteile sowie feindselige und aggressive Verhaltensweisen gegenüber der Fremdgruppe. Eine negative Interdependenzsituation

vereinbare vs. unvereinbare Ziele

liegt z.B. vor, wenn beide Gruppen im Wettbewerb um knappe oder begrenzte Ressourcen stehen, so dass jeder Zugewinn der Fremdgruppe einen Verlust für die Eigengruppe darstellt (Nullsummen-Spiel). Sind die Gruppen hingegen im Hinblick auf das Erreichen ihrer Ziele aufeinander angewiesen (bzw. *positiv interdependent*), resultieren positive Einstellungen gegenüber der Fremdgruppe und kooperative Verhaltensweisen, da diese im Hinblick auf die Gruppenziele funktional sind.

## Studie

Sherif und Mitarbeiter testeten ihre theoretischen Überlegungen in einer Reihe von Feldstudien mit (klinisch unauffälligen) durchschnittlich etwa zwölfjährigen Jungen, die an einem Sommerferienlager teilnahmen (s. Sherif 1966). Die Jungen wurden in zwei gleich große Gruppen eingeteilt, die voneinander getrennte Lager bewohnten. Um eine negative Interdependenzsituation zu schaffen, veranstalteten die Forscher eine Reihe von Wettkämpfen zwischen den Gruppen (Tauziehen, Ballspiele etc.). Die siegreiche Gruppe wurde belohnt, die unterlegene Gruppe ging hingegen leer aus. Aufgrund des Wettbewerbs wurden aus den zuvor friedlich nebeneinander lebenden Gruppen bald feindliche Parteien, die kaum eine Gelegenheit ausließen, sich verbal oder sogar körperlich zu attackieren.

Nachdem die Forscher mit derart einfachen Mitteln eine so dramatische Änderung des Intergruppenverhaltens erzeugt hatten, versuchten sie in einer der Studien, das feindselige Verhalten zu reduzieren: Sie führten übergeordnete Ziele ein, die nur gemeinsam erreicht werden konnten (z.B. blieb der Lastwagen für die Lebensmitteltransporte stecken und war nur durch gemeinsame Kraftanstrengungen der Mitglieder beider Gruppen wieder flott zu machen – die Gruppen waren dadurch positiv interdependent). Wie erwartet nahmen infolge wiederholter Kooperationen die Feindseligkeiten zwischen den Gruppen ab. Gleichzeitig verstärkte sich die Tendenz zur Bildung intergruppaler Freundschaften und Solidarität.

Die zentralen Befunde von Sherif und Mitarbeitern (1966) konnten von anderen Forschern in anderen Organisationskontexten (z.B. betrieblichen Organisationen) und mit unterschiedlichen Untersuchungsteilnehmern (z.B. Frauen und Männern) repliziert und erweitert werden.

## Relative Deprivation

| 8.2.2

Obwohl Wettbewerb um knappe Ressourcen eine hinreichende Bedingung für Feindseligkeiten darstellt, ist diese Bedingung nicht notwendig. Es gibt eine Fülle historischer Beispiele für Konflikte zwischen Gruppen, deren Ressourcenbasis hinreichend gesichert war. Theorien der relativen Deprivation nehmen daher an, dass neben einem objektiven Mangel an Ressourcen bzw. dem Grad objektiver Deprivation, die subjektiv wahrgenommene *relative Deprivation* eine zentrale Bedeutung für die Entstehung von Konflikten besitzt (z. B. Walker / Smith 2002).

**Definition**

Unter **relativer Deprivation** wird die Wahrnehmung verstanden, weniger zu haben, als einem zusteht. Sie geht mit einem Gefühl der Unzufriedenheit einher.

Eine wichtige Quelle relativer Deprivation ist der soziale Vergleich. *Egoistische relative Deprivation* resultiert aus interpersonalen Vergleichen (eine Person nimmt wahr, dass sie – ungerechterweise – weniger besitzt als eine andere Person). *Fraternale relative Deprivation* resultiert hingegen aus intergruppalen Vergleichen (d. h. dem Vergleich der Eigengruppe mit einer relevanten Fremdgruppe). Für die Erklärung von Intergruppenkonflikten spielt insbesondere die fraternale relative Deprivation eine wichtige Rolle. Beispielsweise beteiligen sich Menschen auch dann an Auseinandersetzungen mit anderen Gruppen, wenn sie sich persönlich nicht benachteiligt fühlen, aber wahrnehmen, dass ihre Gruppe gegenüber der anderen Gruppe benachteiligt ist.

*interpersonaler vs. -gruppaler Vergleich*

## Negative soziale Identität

| 8.2.3

Die *Theorie der sozialen Identität* von Tajfel und Turner (1986) liefert eine weitere Erklärung für das Auftreten von Konflikten zwischen Gruppen. Ausgangspunkt der Theorieentwicklung waren Ergebnisse der Experimente mit minimalen Gruppen von Tajfel und Mitarbeitern (1971). Sie wurden zur Prüfung der notwendigen und hinreichenden Bedingungen für das Auftreten sozialer Diskriminierung zwischen Gruppen durchgeführt.

*Minimalgruppenexperimente*

In einem klassischen Experiment von Tajfel und Mitarbeitern (1971, Exp. 2) wurden die Vpn (14- bis 15-jährige Schuljungen) auf der Basis ihrer angeblichen Präferenzen für einen von zwei abstrakten Malern (Klee oder Kandinsky) in zwei Gruppen eingeteilt – tatsächlich erfolgte die Einteilung nach dem Zufallsprinzip. Im weiteren Verlauf der Untersuchung wurden die Vpn gebeten, kleinere Geldbeträge zwei anderen Personen zuzuteilen, von denen jeweils eine zur Eigen- und die andere zur Fremdgruppe gehörte. Sich selbst konnten die Vpn kein Geld zuteilen. Die Gruppen werden als minimal bezeichnet, da zentrale Bedingungen, die üblicherweise in Gruppensituationen vorherrschen, durch das experimentelle Paradigma gezielt ausgeschlossen wurden:

a) So bestand keine „face-to-face"-Interaktion zwischen Gruppenmitgliedern (weder innerhalb noch zwischen den Gruppen),
b) die Vpn wussten nicht, wer in der Eigen- und wer in der Fremdgruppe war,
c) es bestand keine rationale oder instrumentelle Verbindung zwischen der Gruppeneinteilung und der Art der Aufgabe, und
d) die Zuteilung brachte keinen persönlichen Vorteil.

Gruppenstiftend war einzig und allein die Kategorisierungsinformation. Überraschenderweise war schon unter diesen minimalen Bedingungen eine systematische Tendenz zur Bevorzugung der Mitglieder der Eigengruppe gegenüber Mitgliedern der Fremdgruppe zu beobachten. Noch erstaunlicher war, dass die Vpn das Geld häufig nicht so aufteilten, dass die Mitglieder der eigenen Gruppe den größtmöglichen Vorteil daraus zogen (maximaler Eigengruppengewinn), sondern so, dass der Unterschied zwischen Eigen- und Fremdgruppe maximal war (maximale Eigen-Fremdgruppendifferenzierung).

Ein Herzstück der nachfolgend entwickelten Erklärung für die in den Minimalgruppenexperimenten beobachteten Effekte ist das Konzept der bereits in Kapitel 3 eingeführten sozialen Identität. Der Theorie zufolge stellt die Kategorisierung in Eigen- und Fremdgruppe die psychologische Basis dafür dar, dass sich Personen nicht länger im Sinne ihrer individuellen Identität, sondern auf der Basis ihrer Gruppenzugehörigkeit im Sinne ihrer sozialen Identität definieren.

Menschen streben im Allgemeinen nach einem positiven Selbstbild.   positive soziale Identität
Dementsprechend streben sie auch nach einer *positiven sozialen Identität.*
Die Theorie der sozialen Identität postuliert, dass die Bewertung der sozialen Identität (ganz ähnlich wie die Bewertung der individuellen Identität) im Wesentlichen relativer Natur ist: Menschen ermitteln den Wert oder das Prestige ihrer Eigengruppe (und der damit verbundenen sozialen Identität) durch soziale Vergleiche mit anderen Gruppen.

Menschen sind daher bemüht, die Eigengruppe auf relevanten Vergleichsdimensionen in positiver Richtung von anderen Gruppen zu unterscheiden bzw. *positive Distinktheit* herzustellen. Formen der sozialen Diskriminierung – wie sie in basaler Form in minimalen Gruppenexperimenten zu beobachten sind – lassen sich dieser Perspektive zufolge als eine Strategie verstehen, eine positive soziale Identität herzustellen.   positive Distinktheit

**Negative soziale Identität als Ursache von Konflikten.** Das Bedürfnis nach einer positiven sozialen Identität spielt eine zentrale Rolle für die Erklärung von Konflikten zwischen Gruppen. Wenn soziale Vergleichsprozesse zwischen Eigen- und Fremdgruppe auf relevanten Dimensionen zu negativen Resultaten für die Eigengruppe führen, ist dieses Bedürfnis verletzt. Menschen sollten daher bemüht sein, etwas an diesem Zustand zu ändern. Der Theorie der sozialen Identität zufolge stehen Menschen hierfür eine Reihe von Strategien offen. Für welche Strategien sich die Mitglieder einer Gruppe entscheiden, hängt zum einen von ihrer Wahrnehmung bestimmter soziostruktureller Charakteristika der Intergruppenbeziehung ab. Zum anderen spielt die Stärke der Identifikation einer Person mit der Eigengruppe eine wichtige Rolle (s. Abb. 8.1).

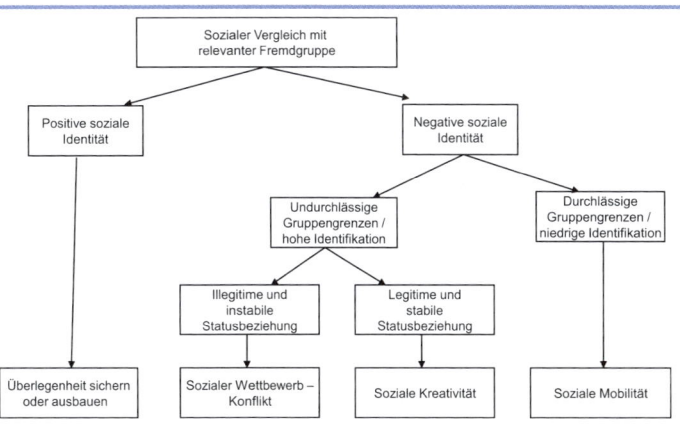

**| Abb 8.1**

*Theorie der sozialen Identität: Strategien im Umgang mit negativer sozialer Identität*

individuelle Strategie

▶ *Soziale Mobilität:* Individuen können versuchen, eine negative soziale Identität „abzulegen", indem sie die statusniedrige Eigengruppe verlassen und in die statushöhere Gruppe aufsteigen. Soziale Mobilität ist allerdings nur möglich, wenn die Grenzen zwischen Eigen- und Fremdgruppe relativ durchlässig sind. Für Personen, die sich stark mit ihrer Gruppe identifizieren, ist diese Strategie zudem keine Option. Bei der sozialen Mobilität handelt es sich um den Prototyp einer *individuellen Strategie*, da durch sie der Status der Gruppe insgesamt unverändert bleibt.

kollektive Strategien

▶ *Soziale Kreativität:* Um eine positive soziale Identität herzustellen, können Angehörige einer statusniedrigeren Gruppe: a) eine neue Vergleichsdimension heranziehen, auf der die Eigengruppe besser abschneidet; b) eine Reinterpretation des Vergleichsergebnisses vornehmen, so dass ein ursprünglich ungünstiges Vergleichsergebnis als besonders positiv erscheint; oder c) die Vergleichsgruppe wechseln. Strategien der sozialen Kreativität sollten insbesondere dann gewählt werden, wenn die Mitglieder der Gruppen annehmen, dass der negative Statusunterschied zwischen Eigen- und Fremdgruppe auf der ursprünglichen (und sozial relevanten) Vergleichsdimension legitim und stabil ist. Soziale Kreativitätsstrategien tragen zwar zu einer Änderung der innerhalb einer Gruppe geteilten Definition der sozialen Identität bei (und insofern handelt es sich um *kollektive Strategien*), an der *objektiven* Position der Gruppe in der Statushierarchie ändert sich allerdings zunächst nichts.

▶ *Sozialer Wettbewerb:* Schließlich können die Mitglieder statusniedriger Gruppen den überlegenen Status der Fremdgruppe auf der relevanten Dimension kollektiv herausfordern, indem sie in sozialen Wettbewerb mit der anderen Gruppe treten, mit dem Ziel einen sozialen Wandel zu bewirken (d.h. die *objektive* Position der Gruppe in der Statushierarchie zu verbessern). Sozialer Wettbewerb kann je nach Kontext und Gegenreaktionen der Fremdgruppe unterschiedliche Formen annehmen (Wettstreit, kollektiver Protest, Revolutionen etc.). Um sich für kollektive Strategien des sozialen Wettbewerbs zu entscheiden, müssen Gruppenmitglieder davon überzeugt sein, der bestehende Status quo sei illegitim, aber veränderbar (instabil) und die entsprechende Strategie sei ein effektives Mittel, um die angestrebte soziale Veränderung zu erreichen. Zudem müssen sie sich stark mit ihrer Gruppe identifizieren.

Die Annahmen der Theorie der sozialen Identität werden durch eine Vielzahl von laborexperimentellen Untersuchungen gestützt (z.B. Ellemers 1993). Diese Befunde wurden insbesondere in den vergangen

Jahren durch zahlreiche Felduntersuchungen untermauert. Sie zeigen, dass eine starke Identifikation eine zentrale Voraussetzung dafür ist, dass sich Mitglieder einer statusniedrigen Gruppe mit anderen Gruppenmitgliedern zusammenschließen, um gemeinsam gegen die soziale Diskriminierung ihrer Gruppe zu protestieren (z.B. Stürmer/Simon 2004).

## Verbesserung von Intergruppenbeziehungen | 8.3

Kontakthypothese

Die Forschung zur Frage, wie sich Feindseligkeiten und Vorurteile zwischen Gruppen reduzieren lassen, wird durch unterschiedliche Traditionen geprägt. Dies ist zum einen die Forschung zur *Kontakthypothese* (Allport 1954b; zu einem theoretischen und empirischen Überblick s. Pettigrew/ Tropp 2006), zum anderen die Forschung zur Rolle von *Kategorisierungsprozessen* auf der Grundlage des sozialen Identitätsansatzes (z.B. Gaertner/Dovidio 2000). In seiner Reformulierung der Kontakthypothese hat Thomas Pettigrew (1998) Forschungsbefunde aus diesen Traditionen in eleganter Art und Weise integriert. Sein Ansatz – die Theorie des Intergruppenkontakts – wird im folgenden Abschnitt dargestellt.

### Strukturierter Intergruppenkontakt | 8.3.1

Kontaktbedingungen

Die Kontakthypothese formuliert die Erwartung, dass *strukturierter* Kontakt zwischen Mitgliedern unterschiedlicher ethnischer, religiöser oder anderweitig definierter Gruppen zum Abbau bestehender Vorurteile und Feindseligkeiten führen kann. Nach Pettigrew (1998) sind folgende Bedingungen für die Reduktion von Vorurteilen und Feindseligkeiten durch Kontakt essenziell:

▶ *Gemeinsame Ziele:* Die Gruppen müssen gemeinsame übergeordnete Ziele in der Kontaktsituation verfolgen.
▶ *Kooperation:* Das Erreichen der Ziele muss Kooperation zwischen den Gruppen erfordern (mit anderen Worten: Die Gruppen müssen positiv interdependent sein, → Kap. 8.3.1). Die Kooperation sollte zudem wiederholt stattfinden und erfolgreich verlaufen.
▶ *Gleicher Status:* Die Gruppen sollten in der Kontaktsituation auf Augenhöhe interagieren.
▶ *Soziale Sanktionierung:* Kooperation und Kontakt sollten durch Autoritäten, Normen oder Regeln unterstützt werden.
▶ *Freundschaftspotenzial:* Der Kontakt sollte die Möglichkeit bieten, Freundschaften zu Mitgliedern der anderen Gruppe aufzubauen.

vermittelnde Prozesse

Pettigrew (1998) schlägt vier Prozesse vor, die unter „optimalen" Kontaktbedingungen zur Verbesserung der Einstellung gegenüber Fremdgruppenmitgliedern beitragen:

▶ *Wissenserwerb:* Über den direkten Kontakt besteht die Möglichkeit, neue und den eigenen Stereotypen widersprechende Informationen über die Fremdgruppe zu sammeln, die zur Einstellungsänderung führen können.

▶ *Verhaltensänderung:* Intergruppenkontakt unter den von der Kontakthypothese formulierten Bedingungen erfordert, neue und den ursprünglichen Stereotypen und Vorurteilen widersprechende Verhaltensweisen auszuführen. Eine Möglichkeit, wahrgenommenen Widerspruch zwischen neuen Verhaltensweisen und ursprünglichen Vorurteilen aufzulösen (Stichwort: kognitive Dissonanz), besteht darin, die eigenen Vorurteile und negativen Einstellungen zu revidieren und an das Verhalten anzupassen.

Vertrautheit

▶ *Aufbau affektiver Bindungen:* Häufig ist selbst scheinbar trivialer Kontakt mit Fremdgruppenmitgliedern durch Unsicherheit, Angst oder Nervosität belastet (z.B. Stephan/Stephan 1985). Die zunehmende Vertrautheit aufgrund des wiederholten Kontakts zwischen den Gruppen führt dazu, dass solche als „Intergruppenangst" bezeichneten emotionalen Reaktionen abnehmen.

Deprovinzialisierung

▶ *Neubewertung der Eigengruppe:* Der Kontakt mit Mitgliedern anderer Gruppen ermöglicht es Menschen, ihren Horizont zu erweitern und die in ihrer Gruppe vorherrschenden Werte, Normen und Sitten nicht länger als die einzig mögliche, sondern als *eine* mögliche Art zu betrachten, das Leben zu gestalten. Diese neue Perspektive kann der unkritischen Bevorzugung der Eigengruppe entgegenwirken und zu einer offeneren, respektvolleren Haltung gegenüber Fremdgruppen im Allgemeinen führen – ein Prozess, den Pettigrew (1998) als „Deprovinzialisierung" bezeichnet.

Kontaktphasen

Wann werden die Erfahrungen des Kontakts mit individuellen Mitgliedern einer Fremdgruppe auf die Fremdgruppe insgesamt übertragen? In der Forschungstradition des sozialen Identitätsansatzes wurden zur Beantwortung dieser Frage verschiedene Modelle entwickelt. Alle diese Modelle zielen darauf ab, die kognitiven Repräsentationen von Eigen- und der Fremdgruppe bei den Gruppenmitgliedern zu verändern. Allerdings werden von Modell zu Modell unterschiedliche Repräsentationen angestrebt. Pettigrew (1998) argumentiert nun, dass jeder dieser Prozesse für den Erfolg von Kontakt (bzw. die Generalisierung von Kontakteffekten) eine wichtige Rolle spielt, allerdings in unterschiedlichen zeitlichen Phasen des Kontakts. Sein Modell sieht folgende (idealtypische) Sequenz vor:

▶ *Initialer Kontakt:* In einer ersten Phase, und zur Förderung der Bereitschaft, überhaupt miteinander in Kontakt zu treten, sollten – wie im *Dekategorisierungsmodell* von Marilyn Brewer und Norman Miller (1984) vorgeschlagen – Prozesse der Dekategorisierung bzw. Personalisierung unterstützt werden. Ziel der Dekategorisierung ist es, dass sich die Mitglieder der Gruppe eher als einzigartige Individuen statt als typische Vertreter ihrer Gruppe wahrnehmen. Im optimalen Fall sollte dies dazu beitragen, dass sich im Verlauf des Kontakts auf der Grundlage ähnlicher individueller Interessen freundschaftliche Beziehungen zwischen Mitgliedern unterschiedlicher Gruppen entwickeln. Dies begünstigt wiederum die Reduktion negativer und den Kontakt hemmender Emotionen.    *Dekategorisierung*

▶ *Etablierter Kontakt:* Damit Personen positive Kontakterfahrungen mit einzelnen Fremdgruppenmitgliedern auf die Fremdgruppe insgesamt übertragen, muss allerdings gerade sichergestellt sein, dass sie diese als typisch für die Fremdgruppe wahrnehmen und nicht als atypische Ausnahmen oder als Mitglieder einer weniger bedrohlichen Unterkategorie „substereotypisieren" ( z.B. Weber/Crocker 1983). Nachdem in der ersten Kontaktphase der Boden für einen freundschaftlichen und kooperativen Umgang bereitet worden ist, sollte daher in der zweiten Phase des Kontakts die Gruppenzugehörigkeit wieder in den Fokus rücken. Im Einklang mit dem *Modell der wechselseitigen Differenzierung* von Miles Hewstone und Rupert Brown (1986) sollten die Gruppen in eine positive Interdependenzsituation gebracht werden (Stichwort: Kooperation), in der distinkte, aber zugleich komplementäre Rollen übernommen werden. Dieser Kontakt sollte den Erwerb von Wissen über Unterschiede in Gebräuchen, Sitten und Verhaltensweisen der beiden Gruppen ermöglichen und die Respektierung dieser Unterschiede im gegenseitigen Umgang fördern. Im Idealfall führt dies dazu, dass Vorurteile abgebaut und die positiven Eindrücke aus der Kontaktsituation auf die Fremdgruppe insgesamt übertragen werden.    *wechselseitige Differenzierung*

▶ *Gemeinsame Gruppe:* Die veränderte positive Beziehung zur relevanten Fremdgruppe kann auf lange Sicht auch dazu führen, dass zunehmend Gemeinsamkeiten zwischen der Eigen- und der Fremdgruppe wahrgenommen werden. Dies kann letztlich im Sinne von Samuel Gaertners und John Dovidios „Common Ingroup Identity Model" (2000) zur *Rekategorisierung* führen (d.h. zur Wahrnehmung, einer neuen, übergeordneten Gruppe anzugehören, die sowohl die ursprüngliche Eigengruppe als auch die ursprüngliche Fremdgruppe umfasst). Idealerweise führt Rekategorisierung zu einer maximalen Reduktion von Vorurteilen und Feindseligkeiten.    *Rekategorisierung*

Eine grundlegende Kritik richtet sich gegen die individualistische Logik, der die Kontakthypothese (bzw. die Theorie des Intergruppenkontakts) folgt (z. B. Dixon et al. 2005). Der Kontakthypothese zufolge besteht ein Schlüssel für harmonische Intergruppenbeziehungen in der Reduktion individueller Vorurteile. Die weiter oben dargestellten Theorien (die Theorie des realistischen Gruppenkonfliktes, die Theorie der sozialen Identität) legen allerdings nahe, dass Vorurteile häufig eher eine Konsequenz, denn die Primärursache von Konflikten zwischen Gruppen sind. Interventionsmaßnahmen, die die kollektiven oder strukturellen Ursachen von Intergruppenkonflikten vernachlässigen (z. B. Ressourcen- oder Statusungleichheiten), führen dieser Kritik zufolge daher bestenfalls zu eingeschränkten sozialen Veränderungen – es sei denn, sie tragen dazu bei, dass sich Mitglieder statushoher Gruppen infolge positiver Kontakterfahrungen mit der statusniedrigen Gruppe solidarisieren und aktiv für den Abbau sozialer und institutioneller Diskriminierung eintreten.

### 8.3.2 | Gruppenübergreifende Solidarität

Die bisher dargestellte Forschung mag den Eindruck erwecken, Intergruppenverhalten sei primär durch Konflikte und Feindseligkeiten geprägt. Unbestrittenermaßen stellen Intergruppenkonflikte und soziale Diskriminierung schwerwiegende soziale Probleme dar. Allerdings gibt es auch beeindruckende Beispiele von prosozialem und solidarischem Verhalten über Gruppengrenzen hinweg – Hilfe und Unterstützung für Angehörige stigmatisierter Gruppen, wie z. B. im Zusammenhang mit der Bekämpfung von HIV/AIDS, internationale Hilfe in Folge von Naturkatastrophen, wie dem Tsunami im Jahr 2004, oder Solidaritätsbewegungen zum Abbau von Fremdenfeindlichkeit und Rassismus, um nur einige zu nennen. In den vergangenen Jahren haben sich Intergruppenforscher zunehmend der Erforschung der sozialpsychologischen Grundlagen prosozialen und solidarischen Verhaltens zwischen Gruppen zugewendet (zum Überblick s. Stürmer/Snyder im Druck). Stephen Reicher und Kollegen (s. z. B. 2006) unterscheiden zwischen drei Prozessen, die gruppenübergreifende Solidarität begünstigen: a) instrumentelle Interessen, b) Gruppennormen und Werte und c) (Re-)Definition der Gruppengrenzen:

▶ *Instrumentelle Interessen:* Sich einer anderen Gruppe gegenüber solidarisch zu verhalten (sie in Zeiten einer Notlage durch Ressourcen zu unterstützen; mit ihr gemeinsam gegen einen politischen Gegner vorzugehen etc.) kann der eigenen Gruppe Vorteile bringen. Wie Arie Nadler und Samer Halabi (2006) herausgearbeitet haben, kann intergruppales Helfen beispielsweise dazu dienen, die Abhängigkeit der Fremdgruppe von der Eigengruppe auszubauen. Dies stützt letztlich die Statusüberlegenheit der Eigengruppe. Gruppenübergreifende Solidarität kann auch dem Erhalt reziproker intergruppaler Allianzen dienen, von denen beide Gruppen profitieren.

▶ *Normen und Werte:* Definiert sich eine Gruppe in Abgrenzung zu anderen Gruppen über ihr Bekenntnis zu humanitären Werten bzw. entsprechenden sozialen Normen (z. B. soziale Verantwortung), würde mangelnde Solidarität gegenüber einer Fremdgruppe in Not (z. B. den Opfern einer Naturkatastrophe in einem anderen Land) diese Identitätsdefinition in Frage stellen. Gruppenübergreifendes solidarisches Verhalten kann also dadurch motiviert sein, die eigene Gruppenidentität aufrechtzuerhalten, auszudrücken oder zu betonen.

▶ *(Re-)Definition der Gruppengrenzen:* Gruppenübergreifende Solidarität kann auch auf einer Erweiterung der Gruppengrenzen im Sinne der Rekategorisierung beruhen. Durch die Definition der Gruppenidentität auf einer höheren Ebene sozialer Inklusivität gehen Eigen- und Fremdgruppe in einer gemeinsamen übergeordneten Gruppe auf („Egal ob X oder Y – wir sind alles Menschen!"). Die Kategorisierung der Opfer einer Notlage als Mitglieder der Eigengruppe fördert Solidarität und Altruismus auf der Grundlage von Empathie (s. Stürmer / Snyder 2009).

Gruppeninteressen, Gruppennormen und Gruppengrenzen sind keine „natürlichen" Gegebenheiten, sondern soziale Konstruktionen (s. Reicher et al. 2006). Die Mobilisierung gruppenübergreifender Solidarität erfordert daher die aktive Einflussnahme auf die sozialen und politischen Diskurse, innerhalb derer definiert wird, „wer wir sind" und welche Normen und Werte „uns" ausmachen – eine Aufgabe, die nicht nur politische Führungspersonen, sondern jedes sozialverantwortlich denkende Gruppenmitglied betrifft.

### Zusammenfassung

Wenn Mitglieder unterschiedlicher Gruppen miteinander interagieren, nehmen sie einander nicht als Individuen, sondern als austauschbare Gruppenmitglieder wahr, die sich im Hinblick auf stereotypische Merkmale ähneln. Die wahrgenommene Homogenität der Mitglieder sozialer

Gruppen resultiert aus dem Prozess der sozialen Kategorisierung und der damit verbundenen Akzentuierung von intragruppalen Ähnlichkeiten.

Stereotype und Vorurteile sind soziale Konstruktionen, die in größere ideologische Systeme oder legitimierende Mythen eingebettet sind und der Erklärung und Rechtfertigung von Statusunterschieden zwischen Gruppen dienen. Die Inhalte von Stereotypen variieren mit Merkmalen der Intergruppenbeziehung.

Der Einfluss von Stereotypen und Vorurteilen auf Urteilen und Handeln wird sowohl über automatische als auch kontrollierte Prozesse vermittelt. Stereotype werden durch entsprechende Hinweisreize automatisch aktiviert. Zwar kann ihr Einfluss durch bewusste Kontrolle modifiziert oder geschmälert werden, dies setzt allerdings eine entsprechende Motivation und entsprechende kognitive Ressourcen voraus.

Die Konfrontation mit negativen Vorurteilen und Stereotypen kann negative Auswirkungen auf das Selbstwertgefühl der Zielpersonen haben, dies ist allerdings nicht zwangsläufig. Die Befürchtung, auf der Grundlage von Stereotypen beurteilt zu werden, kann bei Mitgliedern sozial abgewerteter Gruppen zudem ein Gefühl der Bedrohung auslösen, das die individuelle Leistung beeinträchtigen kann.

Negative Interdependenz, fraternale relative Deprivation und eine negative soziale Identität stellen sozialpsychologische Ursachen für Konflikte zwischen sozialen Gruppen dar. Feindseligkeiten und Vorurteile lassen sich durch strukturierten und wiederholten Intergruppenkontakt reduzieren, der unter bestimmten Rahmenbedingungen erfolgt.

Gruppenübergreifende Solidarität kann instrumentelle Gründe haben; sie kann dazu dienen, die Normen und Werte auszudrücken, die die Gruppenidentität definieren; oder sie kann auf einer Re-Definition der Gruppenidentität auf einer höheren Ebene sozialer Inklusivität beruhen.

## Literatur

Brewer, M. B. (2001). *Intergroup relations* (2nd ed.). Open University Press: Buckingham.

Petersen, L. E. & Six, B. (Hrsg.) (2008). *Stereotype, Vorurteile und soziale Diskriminierung*. Beltz: Weinheim.

Stürmer, S. & Snyder, M. (Eds.) (2009). *The psychology of prosocial behavior: Group processes, intergroup relations, and helping*. Wiley-Blackwell: Oxford, UK.

## Übungsaufgaben

**1** Unterscheiden Sie die Begriffe „Stereotyp" und „Vorurteil"!

**2** Welche sozialen Funktionen erfüllen Stereotype?

**3** Erklären Sie, warum die Tageszeit Einfluss darauf haben kann, ob Stereotype individuelles Urteilen beeinflussen!

**4** Erläutern Sie die Strategien der sozialen Kreativität und des sozialen Wettbewerbs!

**5** Unter welchen Bedingungen sollte Intergruppenkontakt stattfinden, damit er zum Abbau von Vorurteilen und Feindseligkeiten zwischen Gruppen führt?

**6** Erläutern Sie, mittels welcher Strategien politische Führer Solidarität gegenüber Fremdgruppen mobilisieren können!

# Glossar

**Aggression (aggression):** Ein intendiertes Verhalten mit dem Ziel, einem anderen Lebewesen zu schaden oder es zu verletzen, wobei dieses Lebewesen motiviert ist, diese Behandlung zu vermeiden.

**Aggressionsverschiebung (displaced aggression):** Die Tendenz, Aggressionen gegen unbeteiligte Dritte zu richten, wenn sie nicht gegenüber der ursprünglichen Quelle der Frustration zum Ausdruck gebracht werden können.

**Aggressive Hinweisreize (aggressive cues):** Stimuli, welche üblicherweise mit aggressivem Verhalten assoziiert werden und das Auftreten aggressiven Verhaltens begünstigen (z. B. Waffen).

**Akzentuierungsprinzip (accentuation principle):** Ein Wahrnehmungsprinzip, durch das es zur perzeptuellen Akzentuierung der wahrgenommenen intrakategorialen Ähnlichkeiten (Assimilation) und interkategorialen Unterschieden kommt (Kontrast).

**Altruismus (altruism):** Hilfeverhalten mit dem ultimativen Ziel, das Wohlergehen einer anderen Person zu verbessern oder zu schützen.

**Arbeitsselbstkonzept (working self-concept):** Die Teile des Selbstkonzepts, die in einem bestimmten Kontext im Arbeitsgedächtnis aktiviert sind und benötigt werden, um die Verhaltenssteuerung und Informationsverarbeitung zu regulieren.

**Assoziatives Netzwerk (associative network):** Komplexe kognitive Struktur, in der eine Vielzahl von Konzepten durch assoziative Verbindungen miteinander in Beziehung stehen.

**Attribution (attribution):** Die subjektiven Schlussfolgerungen des Wahrnehmenden bzgl. der Ursachen des beobachteten Verhaltens (oder eines Ereignisses).

**Attributionsstil (attribution style):** Die relativ zeitstabile Tendenz einer Person, über verschiedene Situationen hinweg bestimmte Erklärungsmuster zu verwenden.

**Attributionsverzerrungen (attribution bias):** Die systematische Tendenz von Personen, bestimmten Ursachenerklärungen gegenüber anderen den Vorzug zu geben, obwohl dies sachlich nicht gerechtfertigt ist.

**Bewertungsangst (evaluation apprehension):** Die Sorge, von den anderen Personen aufgrund des eigenen Verhaltens bewertet zu werden oder sich lächerlich zu machen.

**Commitment:** Die innere Festlegung auf eine soziale Beziehung, die die Absicht, die Beziehung aufrechtzuerhalten, ein Gefühl der affektiven Bindung an die Beziehung und die Orientierung, sich auch zukünftig als Teil der Beziehung zu sehen, beinhaltet.

**Cover story:** Eine falsche, aber plausible Erklärung bzgl. der Ziele einer Untersuchung, die man Vpn gibt, damit ihr Verhalten nicht durch ihr Wissen über die „wahren" Ziele beeinflusst wird.

**Demand characteristics:** Hinweisreize in der experimentellen Situation, die der Vp nahelegen, welche Verhaltensweisen oder Reaktionen von ihr erwartet werden.

**Einstellung (attitude):** Die subjektive Bewertung eines Objekts, die auf kognitiven, affektiven und verhaltensbezogenen Erfahrungen beruht.

**Empathie (empathy):** Eine auf eine andere Person gerichtete emotionale Reaktion, die Gefühle wie Mitgefühl, Mitleid, Besorgnis, Wärme oder Fürsorglichkeit umfasst.

**Enkodierung (Encoding):** Der Prozess, durch den ein externer Stimulus mit bereits vorhandenem Wissen in Beziehung gesetzt wird, wodurch er informationshaltig wird und einen Sinn erhält.

**Entitativität (entitativity):** Der Grad, in dem eine Ansammlung von Personen vom sozialen Beobachter als kohärente soziale Einheit wahrgenommen wird (bzw. seinem „prototypischen" Bild einer Gruppe entspricht).

**Feindseliger Attributionsstil (hostile attribution bias):** Die relative zeitstabile Tendenz einer Person, die einen Schaden verursacht hat, eine feindselige oder aggressive Verhaltensabsicht zu unterstellen, auch wenn unklar ist, ob diese den Schaden mit Absicht herbeigeführt hat.

**Frustration (frustration):** Eine negative Erfahrung, die resultiert, wenn Menschen daran gehindert werden, ein angestrebtes Ziel zu erreichen, bzw. die von einem Ereignis erwartete Befriedigung ausbleibt.

**Führung (leadership):** Ein Prozess der sozialen Einflussnahme, durch den ein oder mehrere Mitglieder einer Gruppe andere Gruppenmitglieder motivieren und befähigen, etwas zur Erreichung der Gruppenziele beizutragen.

**Gruppendenken (group think):** Ein defizitärer Entscheidungsprozess in hochkohäsiven Gruppen, bei dem das Streben nach einer konsensual geteilten Entscheidung derart im Vordergrund steht, dass relevante Fakten und mögliche Handlungsalternativen nicht berücksichtigt werden.

**Gruppenpolarisation (group polarization):** Die Tendenz von Gruppen, im Anschluss an Gruppendiskussionen Positionen zu vertreten, die extremer sind als der Durchschnitt der ursprünglich von den Gruppenmitgliedern vertretenen Positionen.

**Gruppenpotenzial (potential group performance):** Die Leistung, die aufgetreten wäre, wenn die Gruppenmitglieder unabhängig voneinander und nicht als Gruppe an der Aufgabe gearbeitet hätten.

**Implicit Association Test:** Ein implizites Verfahren zur Einstellungsmessung, das darauf beruht, die individuelle Stärke der mentalen Assoziationen zwischen Einstellungsobjekten und ihren Bewertungen zu erfassen.

**Informationaler Einfluss (informational influence):** Sozialer Einfluss, der darauf beruht, dass man die von der Majorität der Gruppenmitglieder vertretenen Überzeugungen, Einstellungen etc. als angemessene Interpretationen der Realität akzeptiert.

**Intergruppenverhalten (intergroup behavior):** Verhalten zwischen zwei oder mehreren Individuen, das weitgehend oder sogar vollständig durch die Zugehörigkeit zu unterschiedlichen Gruppen determiniert wird.

**Interpersonale Attraktion (interpersonal attraction):** Positive Gefühle gegenüber einer anderen Person, die mit dem Bedürfnis einhergehen, die Gegenwart des anderen zu suchen.

**Kategorie (category):** a) Mentale Repräsentation einer Klasse von Objekten, Personen oder Ereignissen mit ähnlicher Bedeutung oder Funktion; b) soziale Kategorie → soziale Gruppe.

**Kategorisierung (categorization):** Der Prozess, durch den ein Stimulus einer Klasse ähnlicher Objekte (Personen, Ereignisse etc.) zugeordnet wird.

**Kausale Schemata (causal schemas):** Mentale Repräsentationen, in denen durch Erfahrung gewonnene, abstrakte Annahmen darüber organisiert sind, welche Ursachenfaktoren für bestimmte Arten von Ereignissen verantwortlich sind bzw. wie diese Ursachenfaktoren zusammenspielen.

**Kognitive Dissonanz (cognitive dissonance):** Unangenehmer Zustand innerer Anspannung, der dadurch ausgelöst wird, dass man subjektiv-logische Widersprüche zwischen zwei oder mehreren thematisch relevanten Kognitionen wahrnimmt.

**Kognitive Heuristik (cognitive heuristic):** Eine kognitive Entscheidungshilfe im Sinne einer Faustregel, die es Menschen ermöglicht, mit geringem kognitiven Aufwand auf der Grundlage weniger Informationen Entscheidungen oder Urteile zu treffen.

**Kollektive Identifikation (collective identification):** → soziale Identifikation.

**Konformität (conformity):** Die Veränderung individueller Verhaltensweisen, Überzeugungen, Einstellungen etc. infolge sozialer Beeinflussung durch eine numerische Majorität der Gruppenmitglieder. Die individuellen Positionen werden infolge des Einflusses an die Majoritätsposition angepasst.

**Koordinationsverluste (coordination losses):** Durch unzureichende Koordination der Beiträge einzelner Mitglieder verursachte Minderung der Gruppenleistung bei Gruppenarbeit.

**Kovariationsprinzip (covariation principle):** Ein im Kontext der Ursachenzuschreibung verwendetes Prinzip, demzufolge ein beobachteter Effekt derjenigen Ursache zugeschrieben wird, mit der er über die Zeit hinweg kovariiert (z. B. einer Person oder den Umständen).

**Legitimierender Mythos (legitimizing myth):** Innerhalb einer Gesellschaft weitgehend geteilte Überzeugungssysteme, die bestehende Status- und Machtunterschiede zwischen Gruppen rechtfertigen.

**Mentale Repräsentation (mental representation):** Wissensstrukturen, die ein Mensch konstruieren, im Gedächtnis speichern, aus dem Gedächtnis abrufen und in unterschiedlicher Weise verwenden kann.

**Mere-Exposure-Effekt:** Das Phänomen, dass allein durch die mehrfache Darbietung eines neutralen Reizes eine positive Einstellung gegenüber diesem Reiz erzeugt werden kann.

**Minoritätseinfluss (minority influence):** Soziale Beeinflussung von Majoritäten durch numerische Minoritäten, der erfolgen kann, wenn die Minorität ihren abweichenden Standpunkt, ihre Position einstimmig und über die Zeit hinweg konsistent vertritt.

**Motivationsverluste vs. -gewinne (motivation losses vs. gains):** Durch die Gruppenarbeit bedingte Abnahme (vs. Zunahme) der Motivation der einzelnen Mitglieder, einen Beitrag zur Aufgabenbearbeitung zu leisten.

**Normativer Einfluss (normative influence):** Sozialer Einfluss, der darauf beruht, dass man die Erwartungen anderer Gruppenmitglieder erfüllen und negative Sanktionen bei normabweichendem Verhalten vermeiden möchte.

**Pluralistische Ignoranz (pluralistic ignorance):** Die auf informativem sozialen Einfluss beruhende kollektive Fehlinterpretation eines Notfalls als harmloses Ereignis. Sie resultiert daraus, dass sich alle Zeugen unsicher sind, wie sie das Ereignis einzuschätzen haben und sich deshalb aneinander orientieren. Da keiner einschreitet, wird das Ereignis als harmlos angesehen.

**Positive Distinktheit (positive distinctiveness):** Das Bestreben, die eigene Person (oder Gruppe) positiv von anderen Personen (oder Gruppen) auf sozial relevanten Dimensionen abzugrenzen, um dadurch das Selbstwertgefühl aufrechtzuerhalten oder zu steigern.

**Positive Illusionen (positive illusions):** Einschätzungen, die zwar unrealistisch sind, aber die – solange sie nicht hochgradig inakkurat sind – eine wichtige Rolle für die seelische Gesundheit spielen (z. B. eine tendenziell zu positive Selbsteinschätzung).

**Prosoziale Persönlichkeit (prosocial personality):** Kombination von Persönlichkeitsmerkmalen (dispositionelle Empathie, dispositionelle Hilfsbereitschaft), die prosoziales Verhalten in unterschiedlichen sozialen Situationen begünstigt.

**Relative Deprivation:** Die Wahrnehmung, weniger zu haben, als einem zusteht, die mit einem Gefühl der Unzufriedenheit einhergeht. Egoistische relative Deprivation resultiert aus interpersonalen Vergleichen (eine Person nimmt wahr, dass sie – ungerechterweise – weniger besitzt als eine andere Person). Fraternale relative Deprivation resultiert hingegen aus intergruppalen Vergleichen (d. h. dem Vergleich der Eigengruppe mit einer relevanten Fremdgruppe).

**Salienz:** Eigenschaften eines Stimuli, die im Zusammenspiel mit den Zielen, Bedürfnissen etc. des Wahrnehmenden dazu führen, dass der Wahrnehmende seine Aufmerksamkeit auf sie richtet.

**Schema (Schema):** Mentale Repräsentation, die Informationen über die Attribute eines Konzepts und die Attributrelationen beinhaltet.

**Selbst (the self):** Die Gesamtheit des Wissens, über das eine Person bzgl. ihrer selbst und ihres Platzes in der sozialen Welt verfügt.

**Selbstaufmerksamkeit (self-awareness):** Der Zustand, in dem die eigene Person Gegenstand (Objekt) der eigenen Aufmerksamkeit ist.

**Selbstbehinderung (self-handicapping):** Eine Strategie zur Aufrechterhaltung des Selbstwertgefühls, bei der eine Person selbst externale Ursache kreiert, auf die sie einen antizipierten Misserfolg bei seinem Eintreten attribuieren kann.

**Selbsterschöpfung (ego-depletion):** Eine vorübergehende Verringerung der Regulationsfähigkeit des Selbst, die durch Regeneration wiederhergestellt werden kann.

**Selbstkategorisierung (self-categorization):** Der Prozess der kognitiven Gruppierung des Selbst und anderer Personen als gleiche (identische, austauschbare) Mitglieder einer sozialen Kategorie in Abgrenzung zu Mitgliedern anderer sozialer Kategorien. Selbstkategorisierung stellt die Grundlage für die soziale Identität dar.

**Selbstkomplexität (self-complexity):** Ein Strukturmerkmal der Organisation selbstbezogenen Wissens. Selbstkomplexität resultiert aus der Anzahl distinkter und voneinander unabhängiger Selbstaspekte, die das Selbst einer Person charakterisieren.

**Selbstregulation (self-regulation):** Der Prozess der Kontrolle und Lenkung des eigenen Verhaltens zur Erreichung angestrebter Ziele. Dazu gehören die Überwachung von Diskrepanzen zwischen dem, was man tatsächlich erreicht hat, und dem, was man erreichen möchte (oder soll), und die Ausführung entsprechender Anpassungsmechanismen.

**Selbstschemata (self-schemas):** Aus vergangenen Erfahrungen abgeleitete kognitive Verallgemeinerungen über das Selbst, welche die Verarbeitung und Erinnerung der in sozialen Erfahrungen gewonnenen selbstbezogenen Informationen organisieren und steuern.

**Selbstüberwachung (self-monitoring):** Ein Persönlichkeitskonstrukt, welches sich darauf bezieht, an welchen Reizen sich Menschen in sozialen Situationen orientieren. Personen mit einer hohen Tendenz zur Selbstüberwachung orientieren sich an äußeren Hinweisreizen (z. B. den Einstellungen anderer Personen). Personen mit geringer Selbstüberwachungstendenz orientieren sich hingegen an inneren Reizen (z. B. eigenen Einstellungen).

**Selbstwertgefühl (self-esteem):** Die Bewertung des eigenen Selbst auf einer Dimension, die von negativ bis positiv reicht.

**Skript (script):** Repräsentation von Ereignissen, die Informationen über zeitliche Abfolgen beinhaltet.

**Soziale Diskriminierung (social discrimination):** Die Ablehnung oder Benachteiligung von Personen aufgrund ihrer Gruppenzugehörigkeit.

**Soziale Erleichterung vs. Hemmung (social facilitation vs. inhibition):** Individuelle Leistungssteigerung (vs. -minderung) aufgrund der bloßen Anwesenheit anderer Personen bei der Bearbeitung einfacher (schwerer) oder hoch überlernter (unzureichend gelernter) Aufgaben infolge eines gesteigerten Erregungsniveaus.

**Soziale Erwünschtheit (social desirability):** Die Tendenz, sich so zu verhalten, wie es von einem erwartet wird, um in einem günstigen Licht zu erscheinen.

**Soziale Gruppe (social group):** Eine Menge von Individuen, die sich selbst als Mitglieder derselben sozialen Kategorie wahrnehmen und ein gewisses Maß emotionaler Bindung bzgl. dieser gemeinsamen Selbstdefinition teilen. Als Eigengruppe wird die Gruppe bezeichnet, zu der eine Person gehört, Fremdgruppen sind in einem Kontext relevante Gruppen, zu denen die Person gehört.

**Soziale Identifikation (social identification):** Stärke der psychologischen Beziehung zwischen Selbst und Gruppe. Soziale (oder auch kollektive) Identifikation wird als ein Konstrukt aufgefasst, das aus mehreren Komponenten besteht. Sie reflektieren, a) welchen Stellenwert die Gruppenmitgliedschaft für die Selbstdefinition einer Person hat und b) wie viel eine Person emotional in ihre Gruppenmitgliedschaft investiert.

**Soziale Identität (social identity):** Selbstdefinition als austauschbares Gruppenmitglied, die auf der intergruppalen Differenzierung zwischen Eigen- und Fremdgruppe auf der Basis gruppentypischer Merkmale beruht („Wir Psychologen", „Wir Deutschen").

**Soziale Kognition (social cognition):** a) Prozess des Erwerbs, der Organisation und Anwendung von Wissen über sich selbst und die soziale Welt; b) Bezeichnung für den Bereich der Sozialen Kognitionsforschung.

**Soziale Normen (social norms):** Von den Gruppenmitgliedern konsensual geteilte Erwartungen, die sich darauf beziehen, welche Verhaltensweisen, Einstellungen, Meinungen und Gefühle in einer Situation angemessen sind (und welche nicht).

**Soziale Rollen (social roles):** Innerhalb einer Gruppe geteilte Erwartungen, die definieren, wie sich Personen, die bestimmte Positionen innerhalb der Gruppe einnehmen, verhalten sollen.

**Sozialer Austausch (social exchange):** Durch Normen oder Prinzipien regulierter Austausch psychologischer und sozialer Ressourcen in sozialen Beziehungen (Anerkennung, Unterstützung etc.), der der wechselseitigen Bedürfnisbefriedigung dient.

**Sozialer Einfluss (social influence):** Der Prozess, durch den individuelle Einstellungen, Überzeugungen, Werte, Gefühle und Verhaltensweisen durch andere Personen beeinflusst werden.

**Sozialer Vergleich (social comparison):** Der Prozess, bei dem die eigenen Einstellungen, Merkmale, Fähigkeiten etc. mit denen anderer verglichen werden, um a) die eigene Position und / oder b) die Korrektheit der eigenen Position einzuschätzen.

**Stereotyp (stereotype):** a) Sozial geteilte Überzeugungen bzgl. der Attribute, Eigenschaften, Verhaltensweisen etc., hinsichtlich derer die Mitglieder einer Gruppe einander ähneln, nennt man Stereotype; b) mentale Repräsentation der allgemeinen Merkmale der Mitglieder einer sozialen Kategorie.

**Stigma (stigma):** Ein negativ bewertetes Attribut, durch welches der Träger von normativen Erwartungen abweicht und welches ihn in den Augen anderer derartig diskreditiert, dass er seinen Anspruch auf gesellschaftliche Gleichberechtigung verliert.

**Verantwortungsdiffusion (diffusion of responsibility):** Das Phänomen, dass die wahrgenommene eigene Verantwortlichkeit für das Einschreiten in einer Notfallsituation aufgrund der Anwesenheit anderer handlungsfähiger Personen abnimmt.

**Vorurteil (prejudice):** Die positive oder negative Bewertung einer sozialen Gruppe und ihrer Mitglieder aufgrund der ihr zugeschriebenen Merkmale, assoziierter Affekte und verhaltensbezogener Informationen.

**Wahrgenommene Verhaltenskontrolle (perceived behavioral control):** Die Wahrnehmung einer Person, über die erforderlichen Fähigkeiten und Ressourcen zu verfügen, um ein bestimmtes Verhalten auszuführen.

**Zugänglichkeit (accessibility):** Die Leichtigkeit und Geschwindigkeit, mit der ein bestimmter Inhalt aus dem Gedächtnis abgerufen werden kann.

# Literatur

Abramson, L. Y., Seligman, M. E. & Teasdale, J. D. (1978). Learned helplessness in humans: Critique and reformulation. *Journal of Abnormal Psychology, 87,* 49–74.

Adorno, T. W., Frenkel-Brunswik, E., Levinson, D. J. & Sanford, R. M. (1950). *The authoritarian personality.* Harper: New York.

Ajzen, I. & Fishbein, M. (1977). Attitude-behavior relations: A theoretical analysis and review of empirical research. *Psychological Bulletin, 84,* 888–918.

– & – (1980). *Understanding attitudes and predicting social behavior.* Prentice-Hall: Englewood Cliffs, NJ.

– & Madden, T. J. (1991). Prediction of goal-directed behavior: Attitudes, intentions, and perceived behavioral control. *Journal of Experimental Social Psychology, 22,* 453–474.

Allport, G. (1954a). The historical background of modern social psychology. In G. Lindzey (Ed.), *Handbook of Social Psychology* (Vol. 1, pp. 3–56). Addison-Wesley: Cambridge, MA.

– (1954b). *The nature of prejudice.* Addison-Wesley: Reading, MA.

Altemeyer (1996). *The authoritarian specter.* Harvard University Press: Cambridge, MA.

Altman, I. & Taylor, D. A. (1973). *Social penetration: The development of interpersonal relationships.* Holt, Rinehart & Winston: Oxford.

Anderson, C. A., Berkowitz, L., Donnerstein, E., Huesmann, L. R., Johnson, J. D., Linz, D., Malamuth, N. M. & Wartella, E. (2003). The influence of media violence on youth. *Psychological Science in the Public Interest, 4,* 81–110.

Archer, J. (2004). Sex Differences in aggression in real-world settings: A meta-analytic review. *Review of General Psychology, 8,* 291–322.

Aronson, E., Wilson, T. D. & Akert, R. M. (1994). *Social psychology: The heart and the mind.* HarperCollins: New York.

Asch, S. E. (1951). Effects of group pressure upon the modification and distortion of judgments. In H. Guetzkow (Ed.) *Groups, leadership and men* (pp. 177–190). Carnegie Press: Oxford.

Asch, S. E. (1956). Studies of independence and conformity: A minority of one against a unanimous majority. *Psychological Monographs: General and Applied, 70,* 1–70.

Balaban, E., Alper, J. S. & Kasamon, Y. L. (1996). Mean genes and the biology of aggression: A critical review of recent animal and human research. *Journal of Neurogenetics, 2,* 1–43.

Bandura, A., Ross, D. & Ross, S. A. (1963). Vicarious reinforcement and imitative learning. *Journal of Abnormal and Social Psychology, 67,* 601–607.

Baron, R. S. & Kerr, N. L. (2003). *Group processes, group decision, group action* (2nd ed.). Open University Press: Buckingham, UK.

Batson, C. D. (1991). *The altruism question: Toward a social-psychological answer.* Erlbaum: Hillsdale, NJ.

–, Duncan, B. D., Ackerman, P., Buckley, T. & Birch, K. (1981). Is empathic emotion a source of altruistic motivation? *Journal of Personality and Social Psychology, 40,* 290–302.

Baumeister, R. (1998). The self. In D. T. Gilbert, S. T. Fiske & G. Lindzey (Eds.), *The handbook of social psychology* (4th ed., Vol. 1, pp. 680–740). McGraw-Hill: New York.

– (2002). Ego depletion and self-control failure: An energy model of the self's executive function. *Self and Identity, 1,* 129–136.

– & Leary, M. R. (1995). The need to belong: Desire for interpersonal attachments as a fundamental human motivation. *Psychological Bulletin, 117,* 497–529.

Beaman, A. L., Barnes, P. J., Klentz, B. & McQuirk, B. (1978). Increasing helping rates through informational dissemination: Teaching pays. *Personality and Social Psychology Bulletin, 4,* 406–411.

Beck, R. & Fernandez, E. (1998). Cognitive-behavioral therapy in the treatment of anger: A meta-analysis. *Cognitive Therapy and Research, 22,* 63–74.

Bem, D. J. (1972). Self-perception theory. In L. Berkowitz (Ed.), *Advances in Experimental Social Psychology* (Vol. 6, pp. 1–62). Academic Press: New York.

Berkowitz, L. (1990). On the formation and regulation of anger and aggression: A cognitive-neoassociationistic analysis. *American Psychologist, 45,* 494–503.

– (1993). *Aggression. Its causes consequences and control.* McGraw-Hill: New York.

– & LePage, A. (1967). Weapons as aggression-eliciting stimuli. *Journal of Personality and Social Psychology, 7,* 202–207.

Berscheid, E. & Reis, H. T. (1998). Attraction and close relationships. In D. T. Gilbert, S. T. Fiske & G. Lindzey (Eds.), *The handbook of social psychology* (4th ed., Vol. 2, pp. 193–281). McGraw-Hill: New York.

Bettencourt, B. A. & Miller, N. (1996). Gender differences in aggression as a function of provocation: A meta-analysis. *Psychological Bulletin, 119,* 422–447.

Bless, H., Fiedler, K. & Strack, F. (2004). *Social cognition: How individuals construct social reality.* [Social psychology: A modular course.] Psychology Press: New York.

Bohner, G. & Wänke, M. (2002). *Attitudes and attitude change.* Psychology Press: London.

Bond, C. F. & Titus, L. J. (1983). Social facilitation: A meta-analysis of 241 studies. *Psychological Bulletin, 94,* 265–292.

Book, A. S., Starzyk, K. B. & Quinsey, V. L. (2001). The relationship between testosterone and aggression: A meta-analysis. *Aggression and Violent Behavior, 6,* 579–599.

Branscombe, N. R., Schmitt, M. T. & Harvey, R. D. (1999). Perceiving pervasive discrimination among African-Americans: implications for group identification and well-being. *Journal of Personality and Social Psychology, 77,* 135–149.

Brewer, M. B. & Miller, N. (1984). Beyond the contact hypothesis: Theoretical perspectives on desegregation. In N. Miller & M. B. Brewer (Eds.), *Groups in contact: The psychology of desegregation* (pp. 281–302). Academic Press: New York.

Bruner, J. S. (1958). Social psychology and perception. In E. E. Maccoby, F. M. Newcomb & E. L. Hartley (Eds.), *Readings in social psychology* (3rd ed., pp. 85–94). Holt, Rinehart & Winston: New York.

Burnstein, E., Crandall, C. & Kitayama, S. (1994). Some neo-Darwinian decision rules for altruism: Weighing cues for inclusive fitness as a function of the biological importance of the decision. *Journal of Personality and Social Psychology, 67,* 773–789.

Byrne, D. (1971). *The attraction paradigm.* Academic Press: New York.

Cartwright, D. & Zander, A. (1968). *Group dynamics* (3rd ed.). Harper & Row: Oxford, GB.

Chaiken, S. (1987). The heuristic model of persuasion. In M. P. Zanna, J. M. Olson & C. P. Herman (Eds.), *The Ontario Symposium: Social influence* (Vol. 5, pp. 3–39). Erlbaum: Hillsdale, NJ.

Choi, I., Nisbett, R. E. & Norenzayan, A. (1999). Causal attribution across cultures: Variation and universality. *Psychological Bulletin, 125,* 47–63.

Cialdini, R. B., Brown, S. L., Lewis, B. P., Luce, C. & Neuberg, S. L. (1997). Reinterpreting the empathy-altruism relationship: When one into one equals oneness. *Journal of Personality and Social Psychology, 73,* 481–494.

–, Kenrick, D. T. & Baumann, D. J. (1982). Effects of mood on prosocial behavior in children and adults. In N. Eisenberg (Ed.), *The development of prosocial behaviour* (pp. 339–359). Academic Press: New York.

Clark, M. S. & Mills, J. (1993). The difference between communal and exchange relationships: What it is and is not. *Personality and Social Psychology Bulletin, 19,* 684–691.

Cooley, C. H. (1902). *Human nature and the social order.* Charles Scribner's Sons: New York.

Cosmides, L. & Tooby, J. (1992). Cognitive adaptions of social exchange. In J. H. Barkow & L. Cosmides (Eds.), *The adapted mind: Evolutionary psychology and the generation of culture* (pp. 193–228). Oxford University Press: London.

De Castro, B. O., Veerman, J. W., Koops, W., Bosch, J. D. & Monshouwer, H. J. (2002). Hostile attribution of intent and aggressive behavior: A meta-analysis. *Child Development, 73,* 916–934.

Devine, P. G. (1989). Stereotypes and prejudice: Their automatic and controlled components. *Journal of Personality and Social Psychology, 56,* 680–690.

Dixon, J., Durrheim, K. & Tredoux, C. (2005). Beyond the optimal contact strategy: A reality check for the contact hypothesis. *American Psychologist, 60,* 697–711.

Dollard, J., Miller, N. E., Doob, L. W., Mowrer, O. H. & Sears, R. R. (1939). *Frustration and aggression.* Yale University Press: New Haven, CT.

Dovidio, J. F., Piliavin, J. A., Schroeder, D. A. & Penner, L. A. (2006). *The social psychology of prosocial behavior.* Erlbaum: Hillsdale, NJ.

Duncan, S. L. (1976). Differential social perception and attribution of intergroup violence: Testing the lower limits of stereotyping of blacks. *Journal of Personality and Social Psychology, 34,* 590–598.

Duval, S. & Wicklund, R. A. (1972). *A theory of objective self-awareness*. Academic Press: New York.

Eagly, A. H. & Crowley, M. (1986). Gender and helping behavior: A meta-analytic review of the social psychological literature. *Psychological Bulletin, 100*, 283–308.

Eisenberg, N. & Fabes, R. A. (1991). Prosocial behavior and empathy: A multimethod developmental perspective. In M. S. Clark (Ed.), *Review of personality and social psychology* (Vol. 12, pp. 34–61). Sage: Newbury Park, CA.

Ellemers, N. (1993). The influence of socio-structural variables on identity management strategies. In W. Stroebe & M. Hewstone (Eds.), *European Review of Social Psychology* (pp. 27–57). Chichester: Wiley.

Fazio, R. H. (1990): Multiple processes by which attitudes guide behavior: The MODE-Model as an integrative framework. In M. P. Zanna (Ed.), *Advances in experimental social psychology* (Vol. 23, pp. 55–109). Academic Press: San Diego, CA.

– (1995). Attitudes as object-evaluation associations: Determinants, consequences, and correlates of attitude accessibility. In R. E. Petty & J. A. Krosnick (Eds.), *Attitude strength: Antecendents and consequences* (pp. 247–282). Erlbaum: Hillsdale, NJ.

Festinger, L. (1954). A theory of social comparison processes. *Human Relations, 7*, 117–140.

– (1957). *A theory of cognitive dissonance*. Stanford University Press: Stanford.

Fiedler, F. E. (1971). Validation and extension of the contingency model of leadership effectiveness: A review of empirical findings. *Psychological Bulletin, 76*, 128–148.

Fishbein, M. & Ajzen, I. (1975). *Belief, attitude, intention, and behavior: An introduction to theory and research*. Addison-Wesley: Reading, MA.

Fisher, J. D., Nadler, A. & Whitcher-Alagna, S. (1982). Recipient reactions to aid. *Psychological Bulletin, 91*, 27–54.

Fiske, S. T. & Neuberg, S. L. (1990). A continuum of impression formation from category-based to individuating processing: Influences of information and motivation on attention and interpretation. In M. P. Zanna (Ed.), *Advances in experimental and social psychology* (Vol. 23, pp. 1–74). Academic Press: Orlando, FL.

–, Cuddy, A. J. C., Glick, P. & Xu, J. (2002). A model of (often mixed) stereotype content: Competence and warmth respectively follow from perceived status and competition. *Journal of Personality and Social Psychology, 82*, 878–902.

Försterling, F. (2001): *Attribution: An introduction to theories, research and applications*. [Social psychology: A modular course.] Psychology Press: Philadelphia, PA.

Frey, D. (1986). Recent research on selective exposure to information. In L. Berkowitz (Ed.). *Advances in Experimental Social Psychology* (Vol., 19, pp. 41–80). Academic Press: New York.

Gaertner, S. L. & Dovidio, J. F. (2000). *Reducing intergroup bias: The common ingroup identity model*. Psychology Press: Philadelphia, PA.

Gawronski, B. & Conrey, F. R. (2004). Der Implizite Assoziationstest als Maß automatisch aktivierter Assoziationen: Reichweite und Grenzen. *Psychologische Rundschau, 55*, 118–126.

Gilbert, D. T. & Malone, P. S. (1995). The correspondence bias. *Psychological Bulletin, 117*, 21–38.

Gouaux, C. (1971). Induced affective states and interpersonal attraction. *Journal of Personality and Social Psychology, 20*, 37–43.

Gouldner, A. (1960). The norm of reciprocity: A preliminary statement. *American Sociological Review, 25*, 161–178.

Greenberg, J. & Pyszczynski, T. (1985). The effect of an overheard ethnic slur on evaluations of the target: How to spread a social disease. *Journal of Experimental Social Psychology, 21*, 61–72.

Greenwald, A. G. (1980). The totalitarian ego: Fabrication and revisions of personal history. *American Psychologist, 35*, 603–618.

–, McGhee, D. E. & Schwartz, J. L. K. (1998). Measuring Individual differences in implicit cognition: The Implicit Association Test. *Journal of Personality and Social Psychology, 74*, 1464–1480.

Hackman, J. R. & Morris, C. G. (1975). Group task, group interaction process and group performance effectiveness: A review and proposed integration. In L. Berkowitz (Ed.), *Advances in experimental social psychology* (Vol.8, pp. 47–99). Academic Press: New York.

Hamilton, W. D. (1964). The genetic evolution of social behaviour. *Journal of Theoretical Biology, 7*, 1–52.

Harris, M. B. (1974). Mediators between frustration and aggression in a field experiment. *Journal of Experimental Social Psychology, 10*, 561–571.

Heider, F. (1958). *The psychology of interpersonal relations*. Wiley: New York / Hoboken, NJ.

Herek, G. M. (1988). Heterosexuals' attitudes towards lesbians and gay men: Correlates and gender differences. *The Journal of Sex Research, 25,* 451–477.

Hewstone, M. & Brown, R. (1986). Contact is not enough: An intergroup perspective on the "contact hypothesis". In M. Hewstone & R. Brown (Eds.), *Contact and conflict in intergroup encounters* (pp. 1–44). Blackwell: Oxford, UK.

Higgins, E. T. (1987). Self-discrepancy: A theory relating self and affect. *Psychological Review, 94,* 319–340.

– (1999). Promotion and prevention as a motivational duality: Implications for evaluative processes. In S. Chaiken & Y. Trope (Eds.), *Dual-process theories in social psychology* (pp. 503–525). Guilford Press: New York.

Hinsz, V. B. & Davis, J. H. (1984). Persuasive arguments theory, group polarization, and choice shifts. *Personality and Social Psychology Bulletin, 10,* 260–268.

Hopkins, N. & Reicher, S. (1996). The construction of social categories and processes of social change: Arguing about national identities. In G. M. Breackwell & E. Lyons (Eds.), *Changing European identities: Social psychological analyses of social change* (pp. 69–93). Butterworth-Heinemann: Woburn, MA.

Janis, I. L. (1972). *Victims of groupthink. A psychological study of foreign-policy decisions and fiascos.* Houghton Mifflin: Boston.

Jones, E. E. (1998). Major developments in five decades of social psychology. In D. T. Gilbert, S. T. Fiske & G. Lindzey (Eds.), *The handbook of social psychology* (4th ed., Vol. 1, pp. 3–57). McGraw-Hill: Boston, MA.

Jost, J. T., Banaji, M. R. & Nosek, B. A. (2004). A decade of system justification theory: Accumulated evidence of conscious and unconscious bolstering of the status quo. *Political Psychology, 25,* 881–919.

Kallgren, C. A., Reno, R. R., Cialdini, R. B. (2000). A focus theory of normative conduct: When norms do and do not affect behavior. *Personality and Social Psychology Bulletin, 26,* 1002–1012.

Katz, D. (1967). The functional approach to the study of attitudes. In M. Fishbein (Ed.), *Readings in attitude research theory and measurement* (pp. 457–468). Wiley: New York.

Kelley, H. H. (1973). The processes of causal attribution. *American Psychologist, 28,* 107–128.

Krosnick, J. A., Betz, A. L., Jussim, L. J. & Lynn, A. R. (1992). Subliminal conditioning of attitudes.

*Personality and Social Psychology Bulletin, 18,* 152–162.

Langlois, J. H. & Roggman, L. A. (1990). Attractive faces are only average. *Psychological Science, 1,* 115–121.

Latané, B. & Darley, J. M. (1970). *The unresponsive bystander: Why doesn't he help?* Appleton-Century-Crofts: New York.

Leach, C. W., van Zomeren, M., Zebel, S., Vliek, M. L. W., Pennekamp, S. F., Doosje, B., Ouwerkerk, J. W. & Spears, R. (2008). Group-level self-definition and self-investment: A hierarchical (multicomponent) model of ingroup identification. *Journal of Personality and Social Psychology, 95,* 144–165.

Lewin, K. (1951). *Field theory in social science.* Harper & Row: New York.

Lickel, B., Hamilton, D. L., Wieczorkowska, G., Lewis, A., Sherman, S. J. & Uhles, A. N. (2000). Varieties of groups and the perception of group entitativity. *Journal of Personality and Social Psychology, 78,* 223–246.

Liebert, R. M. & Baron, R. A. (1972). Some immediate effects of televised violence on children's behavior. *Developmental Psychology, 6,* 469–475.

Linville, P. W. (1985). Self-complexity and affective extremity: Don't put all of your eggs in one cognitive basket. *Social Cognition, 3,* 94–120.

MacDonald, T. K. & Zanna, M. P. (1998). Cross-dimension ambivalence toward social groups: Can ambivalence affect intentions to hire feminists? *Personality and Social Psychology Bulletin, 24,* 427–441.

Major, B. & O'Brien, L. T. (2005). The social psychology of stigma. *Annual Review Psychology, 56,* 393–421.

Marcus-Newhall, A., Pedersen, W. C., Carlson, M. & Miller, N. (2000). Displaced aggression is alive and well: A meta-analytic review. *Journal of Personality and Social Psychology, 78,* 670–689.

Markus, H. (1977). Self-schemata and processing information about the self. *Journal of Personality and Social Psychology, 35,* 63–78.

– & Kunda, Z. (1986). Stability and malleability of the self-concept. *Journal of Personality and Social Psychology, 51,* 858–866.

–, Smith, J. & Moreland, R. L. (1985). Role of the self-concept in the perception of others. *Journal of Personality and Social Psychology, 49,* 1494–1512.

McArthur, L. A. (1972). The how and what of why: Some determinants and consequences of causal attribution. *Journal of Personality and Social Psychology, 22,* 171–193.

Mead, G. H. (1934). *Mind, self, and society.* University of Chicago Press: Chicago.

Milgram, S. (1974). *Obedience to authority: An experimental view.* Harper & Row: New York.

Moscovici, S. (1976). *Social influence and social change.* Academic Press: London.

–, Lage, E. & Naffrechoux, M. (1969). Influence of a consistent minority on the responses of a majority in a colour perception task. *Sociometry, 32,* 365–380.

Moyer, K. E. (1976). *The psychobiology of aggression.* Harper & Row: New York.

Mullen, B., Johnson, C. & Salas, E. (1991). Productivity loss in brainstorming groups: A meta-analytic integration. *Basic and Applied Social Psychology, 12,* 3–23.

Nadler, A. & Halabi, S. (2006). Intergroup helping as status relations: Effects of status stability, identification, and type of help on receptivity to high-status group's help. *Journal of Personality and Social Psychology, 91,* 97–110.

– & Liviatan, I. (2006). Intergroup reconcilation: Effects of adversary's expressions of empathy, responsibility, and recipient's trust. *Personality and Social Psychology Bulletin, 32,* 459–470.

Ohbuchi, K.-I., Kameda, M. & Agarie, N. (1989). Apology as aggression control: Its role in mediating appraisal of and response to harm. *Journal of Personality and Social Psychology, 56,* 219–227.

Oliner, S. P. & Oliner, P. M. (1988). *The altruistic personality: Rescuers of Jews in Nazi Europe.* Free Press: New York.

Olweus, D. (1995). Bullying or peer abuse at school: Facts and interventions. *Current Directions in Psychological Science, 4,* 196–200.

Opp, K. D. (2005). *Methodologie der Sozialwissenschaften: Einführung in Probleme ihrer Theorienbildung und praktischen Anwendung* (6. Aufl.). VS Verlag: Wiesbaden.

Ouellette, J. A. & Wood, W. (1997). Habit and intention in everyday life: The multiple processes by which past behaviour predicts future behaviour. *Psychological Bulletin, 124,* 54–74.

Paulus, P. B. (1998). Developing consensus about groupthink after all these years. *Organizational Behavior and Human Decision Processes, 73,* 362–374.

Pearce, P. L. & Amato, P. R. (1980). A taxonomy of helping: A multidimensional scaling analysis. *Social Psychology Quarterly, 43,* 363–371.

Penner, L. A., Fritzsche, B. A., Craiger, J. P. & Freifeld, T. R. (1995). Measuring the pro-

social psychology. In J. N. Butcher & C. D. Spielberger (Eds.), *Advances in personality assessment* (Vol. 10, pp. 147–163). Erlbaum: Hillsdale, NJ.

Pérez, J. A. & Mugny, G. (1998). Categorization and social influence. In S. Worchel, J. F. Morales, D. Páez & J.-C. Deschamps (Eds.), *Social identity: International perspectives* (pp. 142–153). Sage: Thousand Oaks, CA.

Pettigrew, T. F. (1996). *How to think like a social scientist.* HarperCollins: New York.

– (1998). Intergroup contact theory. *Annual Review of Psychology, 49,* 65–85.

– & Tropp, L. R. (2006). A meta-analytic test of intergroup contact theory. *Journal of Personality and Social Psychology, 90,* 751–783.

Petty, R. E. & Cacioppo, J. T. (1986). *Communication and persuasion: Central and peripheral route to attitude change.* Springer: New York.

–, – & Goldmann, R. (1981). Personal involvement as a determinant of argument-based persuasion. *Journal of Personality and Social Psychology, 41,* 847–855.

Piliavin, J. A., Dovidio, J. F., Gaertner, S. L. & Clark, R. D. III (1981). *Emergency intervention.* Academic Press: New York.

Pryor, J. B., Reeder, G. D., Yeadon, C. & Hesson-McInnis, M. (2004). A dual-process model of reactions to perceived stigma. *Journal of Personality and Social Psychology, 87,* 436–452.

Reicher, S. D., Cassidy, C., Wolpert, I., Hopkins, N. & Levine, M. (2006). Saving Bulgaria's Jews: An analysis of social identity and the mobilisation of social solidarity. *European Journal of Social Psychology, 36,* 49–72.

Reis, H. T. & Judd, C. M. (2000). *Handbook of research methods in social and personality psychology.* Cambridge University Press: New York.

Rhee, S. H. & Waldman, I. D. (2002). Genetic and environmental influences on antisocial behavior: A meta-analysis of twin and adoption studies. *Psychological Bulletin, 128,* 490–529.

Rusbult, C. E. & Buunk, B. P. (1993). Commitment processes in close relationships: An interdependence analysis. *Journal of Social and Personal Relationships* (Special issue: Relational maintenance), *10,* 175–204.

–, Olsen, N., Davis, J. L. & Hannon, P. A. (2001). Commitment and relationship maintenance mechanisms. In J. Harvey & A. Wenzel (Eds.), *Close romantic relationships: Maintenance and enhancement* (pp. 87–113). Erlbaum: Mahwah, NJ.

Saegert, S., Swap, W. & Zajonc, R. B. (1973). Exposure, context, and interpersonal attraction. *Journal of Personality and Social Psychology, 25,* 234–242.

Schaller, M. & Cialdini, R. B. (1988). The economics of empathic helping: Support for a mood management motive. *Journal of Experimental Social Psychology, 24,* 163–181.

Shah, J. Y., Brazy, P. B. & Higgins, E. T. (2004). Promoting us or preventing them: Regulatory focus and the nature of ingroup bias. *Personality and Social Psychology Bulletin, 30,* 433–446.

Sheeran, P. & Orbell, S. (2000). Self-schemas and the theory of planned behaviour. *European Journal of Social Psychology, 30,* 533–550.

Sherif, M. (1936). *The psychology of social norms.* Harper: New York.

– (1966). *In common predicament: social psychology of intergroup conflict and cooperation.* Houghton Miffin: Boston.

Shrauger, J. S. & Schoeneman, T. J. (1979). Symbolic interactionist view of self-concept: Through the looking glass darkly. *Psychological Bulletin, 86,* 549–573.

Snyder, M. (1974). The self-monitoring of expressive behavior. *Journal of Personality and Social Psychology, 30,* 526–537.

– & Kendzierski, D. (1982). Acting on one's attitudes: Procedures for linking attitudes and behavior. *Journal of Experimental Social Psychology, 18,* 165–183.

Stasser, G. & Stewart, D. (1992). Discovery of hidden profiles by decision-making groups: Solving a problem versus making a judgement. *Journal of Personality and Social Psychology, 62,* 426–434.

Steele, C. M. & Aronson, J. (1995). Stereotype vulnerability and the intellectual test performance of African-Americans. *Journal of Personality and Social Psychology, 69,* 797–811.

Steiner, I. D. (1972). *Group processes and productivity.* Academic Press: New York.

Stephan, W. G. & Stephan, C. W. (1985). Intergroup anxiety. *Journal of Social Issues, 41,* 157–175.

Stone, V. E., Cosmides, L., Tooby, J., Kroll, N. & Knight, R. T. (2002). Selective impairment of reasoning about social exchange in a patient with bilateral limbic system damage. *Proceedings of the National Academy of USA, 99,* 11531–11536.

Storms, M. D. (1973). Videotape and the attribution process: Reversing actors' and observers' points of view. *Journal of Personality and Social Psychology, 27,* 165–175.

Stürmer, S. & Simon, B. (2004). Collective action: Towards a dual-pathway model. In W. Stroebe & M. Hewstone (Eds.), *European Review of Social Psychology* (Vol. 15, pp. 59–99). Psychology Press: Hove, UK.

– & Snyder, M. (Eds.) (2009). *The psychology of prosocial behavior: Group processes, intergroup relations, and helping.* Wiley-Blackwell: Oxford, UK.

–, –, Kropp, A. & Siem, B. (2006). Empathy-motivated helping: The moderating role of group membership. *Personality and Social Psychology Bulletin, 32,* 943–956.

Suls, J. & Wheeler, L. (2000). *Handbook of social comparison: Theory and research.* Kluwer: Dordrecht.

Sussman, R. W. & Garber, P. A. (2004). Rethinking sociality: Cooperation and aggression among primates. In R. W. Sussman & A. R. Chapman (Eds.), *The origins and nature of sociality* (pp. 161–190). Aldine de Gruyter: New York.

Tajfel, H. (1981). Social stereotypes and social groups. In J. C. Turner & H. Giles (Eds.), *Intergroup behavior* (pp. 144–167). Blackwell: Oxford, UK.

– & Turner, J. C. (1986). The social identity theory of intergroup behavior. In S. Worchel & W. G. Austin (Eds.), *Psychology of intergroup relations* (pp. 7–24). Nelson-Hall Publishers: Chicago.

– & Wilkes, A. L. (1963). Classification and quantitative judgement. *British Journal of Psychology, 54,* 101–114.

–, Billig, M., Bundy, R. P. & Flament, C. (1971). Social categorization and intergroup behaviour. *European Journal of Social Psychology, 1,* 149–177.

Taylor, S. E. & Brown, J. D. (1988). Illusion and well-being: A social psychological perspective on mental health. *Psychological Bulletin, 103,* 193–210.

–, Fiske, S. T., Etcoff, N. L. & Ruderman, A. J. (1978). Categorical and contextual bases of person memory and stereotyping. *Journal of Personality and Social Psychology, 36,* 778–793.

Tesser, A. (1988). Toward a self-evaluation maintenance model of social behavior. In L. Berkowitz (Ed.), *Advances in experimental social psychology* (Vol. 21, pp. 181–227). Academic Press: San Diego.

Thibaut, J. W. & Kelley, H. H. (1959). *The social psychology of groups.* Wiley: New York.

Trivers, R. (1971). The evolution of reciprocal altruism. *Quarterly Review of Biology, 46,* 35–57.

Turner, J. C. (1991). *Social influence.* Milton Keynes: Open University Press.

–, Hogg, M. A., Oakes, P. J., Reicher, S. D. & Wetherell, M. S. (1987). *Rediscovering the social group: A self-categorizing theory*. Blackwell: Oxford, UK.

Tversky, A. & Kahneman, D. (1973). Availability: A heuristic for judging frequency and probability. *Cognitive Psychology, 5*, 207–232.

Uziel, L. (2007). Individual differences in the social facilitation effect: A review and meta-analysis. *Journal of Research in Personality, 41*, 579–601.

Walker, I. & Smith, H. J. (2002). *Relative deprivation, specification, development, and integration*. Cambridge University Press: Cambridge.

Weber, R., & Crocker, J. (1983). Cognitive processes in the revision of stereotypic beliefs. *Journal of Personality and Social Psychology, 45*, 961–977.

Weiner, B. (1985). An attributional theory of achievement motivation and emotion. *Psychological Review, 92*, 548–573.

Wilson, T. D. & Dunn, E. W. (2004). Self-knowledge: Its limits, values, and potential for improvement. *Annual Review of Psychology, 55*, 493–518.

Wood, J. V., Giordano-Beech, M. & Ducharme, M. J. (1999). Compensating for failure through social comparison. *Personality and Social Psychology Bulletin, 25*, 1370–1386.

Yukl, G. (2005). *Leadership in organizations* (6th ed.). Prentice Hall: Upper Saddle River, NJ.

Zajonc, R. B. (1965). Social facilitation. *Science, 149*, 269–274.

– (1968). Attitudinal effects of mere exposure. *Journal of Personality and Social Psychology Monograph, 9*, 1–27.

# Sachregister

## Christel Salewski / Britta Renner
## Differentielle und Persönlichkeitspsychologie

2009. 187 Seiten. 14 Abb. 92 Übungsaufgaben.
UTB-basics (978-3-8252-3127-9) kt

Was zeichnet den Menschen aus? Was macht Individuen einzigartig? Damit befasst sich die Differentielle Psychologie: Sie erforscht die menschliche Persönlichkeit. Die Autorinnen erklären zentrale Persönlichkeitstheorien und schildern, wie man Merkmale experimentell erforscht und misst. Eigenschaften wie Kreativität, Angst, Ärger, Optimismus werden besonders beleuchtet. Jedes Kapitel gibt auch den Blick in die Praxis frei: Wo setzt man Persönlichkeitsmessung und -diagnostik ein?
Definitionen, Merksätze und Kästen erleichtern das Lernen. Im Glossar werden wichtige Fachbegriffe erklärt. Übungsaufgaben fördern das Verständnis. Die Lösungen zu den Übungsaufgaben aus dem Lehrbuch sind kostenlos als PDF-Datei auf der Verlagshomepage abrufbar. Ideal für die Prüfungsvorbereitung!

reinhardt
www.reinhardt-verlag.de

Rainer Leonhart

## Psychologische Methodenlehre / Statistik

2008. 187 Seiten. 40 Abb. 21 Tab. 64 Übungsfragen.
UTB-basics (978-3-8252-3064-7) kt

Oftmals ein ungeliebtes Fach – aber fundierte Kenntnisse der Statistik und empirischer Methoden sind für angehende PsychologInnen unverzichtbar! Dieses Basislehrbuch vermittelt die Grundlagen in kompakter Form und hilft beim Pauken für die Prüfung. Die Zusammenstellung und Vermittlung des Lehrstoffes ist insbesondere für Bachelor-Studiengänge geeignet. Die Lösungen zu den Übungsaufgaben aus dem Lehrbuch sind kostenlos als PDF-Datei auf der Verlagshomepage abrufbar.

 reinhardt
www.reinhardt-verlag.de